소설이 내게 말해 준 것들

문학, 공감하게 함께 읽기

홍종락

목차

서문_ 소설이 밥 먹여 주진 않겠지만   6

01 파 한 뿌리 _《카라마조프 씨네 형제들》   14
02 알료사 VS. 스메르자코프 _《카라마조프 씨네 형제들》   32
03 대심문관의 길 _《카라마조프 씨네 형제들》   52
04 운이 좋다는 것에 관하여 _《호빗》   70
05 집보다 중요한 것 _《하우스키핑》   84
06 신앙인 가정교육의 실패에 관하여 _《홈》   108
07 신뢰로 나아가는 길 _《라일라》   132
08 두려움, 복수, 신앙의 증거 _《해리 포터》   154
09 맹인과 함께한 저녁 _《대성당》   168

10 피난처 이용법 _〈주는 나의 피난처〉 182
11 요코를 향한 응원 _〈빙점〉 206
12 누군가가 있다면 _〈속 빙점〉 222
13 회고록, 프리퀄, 초대장 _〈빛이 드리운 자리〉 240
14 생긴 대로 산다는 것 _〈제인 에어〉 256
15 우상과 선물 _〈제인 에어〉 276
16 영문학의 자리 _〈스토너〉 292
17 허기와 탐식이 말해 주는 것 _〈사랑이 한 일〉 316
18 빨치산 아버지의 초상 _〈아버지의 해방일지〉 336

소설이 밥 먹어 주진 않겠지만

서문

이 책의 원고들을 쓰고 있을 때 아내가 물었다. "당신은 소설을 가지고 글을 쓰고 거기서 교훈을 뽑아내잖아. 그런데 소설에서 뽑는 교훈이 무슨 의미가 있을까? 무슨 힘이 있을까? 소설은 사실도 아니잖아." 이 질문은 장모님이 연세가 드시면서 보이신 변화와도 잇닿아 있다. 드라마를 즐겨 보시던 그분은 어느 순간 드라마에 시큰둥해졌다고 하신다. 사실도 아닌 내용에 애태우고 분노하고 했던 것이 부질없게 느껴졌다는 것. 이제는 다큐멘터리나 인간극장 같은 실제 이야기에 관심이 가신다고 했다.

소설이 내게 말해 준 것들

이 책은 두 편의 글을 제외하고는 전부 소설을 읽고 그 안에서 의미를 찾아내고 삶에 적용하는 시도들로 이루어져 있다. 말하자면 소설은 '진실'을 말하고 세상과 인간에 대해 도덕적, 철학적, 실질적으로 의미 있는 통찰을 담고 있다는 전제하에 진행하는 작업인 셈이다. 무슨 근거로 나는 이런 작업이 의미 있다고 여길까? 사실도 아닌 내용이고, 진짜 있었던 일도 아니지 않은가. 이 질문에 몇 가지로 답해 보겠다.

　첫째, 소설이 허구라고 해도 그 재료는 상당 부분 작가가 직간접적으로 경험한 일의 재구성이나 조합이다. 지인들의 사연을 작품 속에 임의로 등장시켜서 문제가 되는 소설가의 경우까지 가지 않더라도, 사람이 어디에도 없던 일을 완전히 새로 창작하는 것은 쉽지 않다. 반면, 회고록이나 평전, 전기 같은 실화에 해당하는 장르라도, 수많은 사건 중에서 특정한 사건과 인물들을 골라내고 부각하고 강조하는 방식으로, 사실의 단순 전달과는 다른 작업이 이루어진다. 우리의 무용담은 과장과 생략, 초점의 조정에 더해 얼마나 허구와 사실을 오가는 것이던가.

　둘째, 좋은 소설은 사실이 아니라도 진실을, 진실한 메시지를 담고 있다. 여기서 사실과 진실의 구분이 중요하다. 사실이라고 해서 그것이 진실이라는 보장은 없다. 합당한 가치를 드러내고 현실의 전반적인 실상을 제대로 그려 내는 것이 아니라 권력자나 지배 집단의 이념을 내세우는 글이라면 선전

물이지 좋은 소설이 되긴 힘들 것이다. 기자의 역할을 포기한 채 양산되는 받아쓰기 기사도 사실과 진실의 차이를 보여 주는 사례로 떠올릴 수 있겠다.

셋째, 소설은 인간의 실상을 드러낸다. 르네 지라르는 가짜 욕망에 사로잡힌 인간의 현실을 반영하는 데 그치는 소설이 있는가 하면, 가짜 욕망의 허위성을 폭로하고 그 모방성을 드러내는 위대한 소설도 있다고 분석한다. 위대한 소설은 인간의 실상을 보여 준다. 욕망하는 주체와 욕망의 대상 사이에는 그 대상을 욕망하게 만든 누군가가 숨어 있다. 지라르는 위대한 소설가들의 소설 속에서 이런 본질적 통찰을 발견할 수 있었다. 소설이 우리가 현실에서 믿고 있는 '낭만적 거짓'을 폭로하고 진실을 드러낸 것이다.

넷째, 소설은 실존하는 누구의 이야기도 아니기 때문에 오히려 모두의 이야기가 될 수 있다. 소설이 밥 먹여 주진 않겠지만, 소설 속 인물의 이야기가 바로 나의 이야기로 다가오고, 거기 담긴 메시지를 통해 깊은 깨우침과 감동, 위로와 성찰을 경험할 수 있다. 나는 시대와 배경을 달리하는 여러 작가들의 작품을 통해서 인간과 인생, 여러 가치와 선택, 하나님과 신앙의 문제에 대해 깊이 있게 생각하고 배울 수 있었다.

사실도 아닌 소설에 무슨 의미가 있느냐는 질문에 길게 답하긴 했지만, 이 책을 집어 든 독자는 이미 소설과 문학이 가진 힘을 경험해서 알고 있기에, 혹은 그런 경험을 기대하기에 이 책을 집어 들었을 테다. 이 책이 그런 독자의 경험과 기대에 부응하기를, 소설이 내게 말해 준 것들이 독자에게도 잘 전해지고 의미 있게 다가가기를 바랄 뿐이다.

이 책은 2022년에 출간한 《악마의 눈이 보여 주는 것》의 시즌 2에 해당한다. 기독교윤리실천운동(기윤실) 〈좋은나무〉에 4년 동안 연재한 글 중 3-4년 차에 쓴 17편과 〈개혁신앙〉에 실은 한 편을 엮었다. 연재를 권해 준 송용원 목사님, 정병오 선생님께 감사를 전한다. 덕분에 문학작품을 꾸준히 읽고 써야 하는 글감옥이 만들어졌고, 잘 써져서 즐거운 나날보다는 안 써져서 괴로운 나날이 많았지만 끝내 써지는 즐거움이 안 써지는 괴로움보다 컸기에 '괴롭지만 즐겁게' 쓸 수 있었다.

이번에도 원고를 좋게 읽어 주시고 출간을 맡아 주신 비아토르 김도완 대표님께 감사한 마음 가득하다. 편집을 맡아 준 사자와어린양 이현주 대표님께도 감사하다. 번역자로 오랜 세월 여러 작업을 함께한 편집자와 내 책의 원고를 상의하는 것은 큰 기쁨이었다. 번번이 책 이야기의 대화상대가 되어 주고 원고를 읽고 서늘한 지적과 따뜻한 격려로 함께해 준 아내에게 감사한다. 어린 시절, 번역 원고 빈 공간을 즐거운 낙서들로 채워 주어 지루한 번역 일에 활력을 안겨 주던 딸이 이번 책에 삽화로 함께해서 더욱 뜻깊게 다가온다. 이 그림들이 독자들에게 책 읽는 즐거움을 더해 주기를 기대한다.

각 장의 말미에 붙은 질문들은 소개한 책들을 좀 더 깊이 읽고 자신에게 적용하고 (모임을 진행한다면) 나누는 데 도움을 주고자 작성했다. 대체로 각 장 본문의 내용을 가지고 만든 질문이니 필요한 내용 위주로 적절히 활용하시면 좋겠다.

이 책이 독자를 책과 나누는 대화로 초대하고 독자의 생각과 감정과 삶이 좀 더 풍성해지는 일의 마중물이 되기를 바란다.

2025년 8월
홍종락

내가 읽은 책들

《대성당》, 레이먼드 카버 지음, 김연수 옮김, 문학동네

《라일라》, 메릴린 로빈슨 지음, 박산호 옮김, 은행나무

《빙점》, 미우라 아야코 지음, 최현 옮김, 범우사

《빛이 드리운 자리》, 필립 얀시 지음, 홍종락 옮김, 비아토르

《사랑이 한 일》, 이승우 지음, 문학동네

《속 빙점》, 미우라 아야코 지음, 최호 옮김, 홍신문화사

《스토너》, 존 윌리엄스 지음, 김승욱 옮김, 알에이치코리아(RHK)

《아버지의 해방일지》, 정지아 지음, 창비

《제인 에어》, 샬럿 브론테 지음, 이미선 옮김, 열린책들

《주는 나의 피난처》, 코리 텐 붐 지음, 오현미 옮김, 좋은씨앗

《카라마조프 씨네 형제들》, 표도르 도스토옙스키 지음, 이대우 옮김, 열린책들

《하우스키핑》, 메릴린 로빈슨 지음, 유향란 옮김, 마로니에북스

《해리 포터》, J. K. 롤링 지음, 강동혁 옮김, 문학수첩

《호빗》, J. R. R. 톨킨 지음, 이미애 옮김, 씨앗을뿌리는사람

《홈》, 메릴린 로빈슨 지음, 유향란 옮김, 랜덤하우스코리아

서문_소설이 밥 먹여 주진 않겠지만

출연진 입장해 주세요!

달려달려!  찍찍!(우리가 늦었어!)

넌 누구야? 첨 보는데?  찍찍찍?(너야말로 누구지?)

[이제 자리에 서 보세요.]
머쓱 찍찍 냠냠

삐질삐질 긁적긁적

[저기 어린 양, 좀 붙어 보세요.] 우르르 찰싹

[자, 출연진 사진 찍습니다~] 김치~ 포르륵

《카라마조프 씨네 형제들》

러시아의 대문호 표도르 도스토옙스키(1821-1881)의 대표작. 1879년부터 1880년까지 연재한 후 1880년에 단행본으로 출간한 작가의 마지막 작품이다. 방탕하고 이기적인 표도르 카라마조프와 그의 세 아들인 충동적이고 열정적인 드미트리, 허무주의적 이성주의자 이반, 신앙과 사랑의 삶을 추구하는 알료사가 이야기의 중심에 있다. 연적 관계였던 표도르와 드미트리의 갈등이 절정으로 치달을 무렵 표도르가 살해된 채 발견된다. 드미트리가 유력한 용의자로 지목되는 가운데 상황을 바로잡아 보려는 알료사의 노력이 펼쳐진다.

파 한 뿌리
《카라마조프 씨네 형제들》

01

욕정에 충실하게 살아가는 파렴치한 인간 표도르 카라마조프에게는 세 아들이 있는데, 그중에서도 첫째 드미트리가 아버지를 가장 많이 닮았다. 그리고 놀랍게도, 두 사람은 연적(戀敵)이다. 상대는 소설의 전반부에서 악녀, 요부로 등장하는 그루센카. 아버지 표도르는 돈을 걸고, 드미트리는 준수한 외모와 젊음과 열정, 관대함을 무기로 그녀의 사랑을 얻고자 경쟁한다. 그녀는 입장을 분명히 밝히지 않고 카라마조프 부자(父子)를 애타게 한다.

그루센카는 카라마조프 형제 중 셋째인 알료샤에게도 관

심을 보인다. 그녀는 알료사의 친구인 자신의 사촌 라키친 편에, 알료사에게 자신의 집을 방문해 달라고 초대한다. 그러나 순수하고 맑은 영혼의 수도사 지망생 알료사는 아버지와 큰형, 그녀의 관계를 알고 있기에 그녀를 '무서워한다.' 게다가 그는 이미 그루셴카가 큰형 드미트리의 약혼녀 카체리나에게 충격적이라 할 만큼 뻔뻔하고 기만적으로 구는 모습을 지켜본 바 있었다. 그루셴카는 알료사와 대척점에 있는 여인인 만큼 그로서는 피하는 것이 마땅한 존재였다.

악취

알료사가 수도원에 들어간 것은 그곳의 수장 조시마 장로 때문이었다. 수도원 사람들은 물론이고 수도원 바깥의 수많은 사람들이 그를 존경했고, 그의 조언과 기도를 받고자 찾아왔다. 그러나 살날이 얼마 남지 않은 조시마 장로는 아들처럼 아끼며 너무나 사랑하는 알료사에게 자신이 죽으면 수도원을 나가라고 권한다. 알료사로서는 두 배로 막막한 앞날이 기다리고 있는 것이다.

　그러나 장로의 죽음을 앞두고 수도원뿐 아니라 주변에도 모종의 설렘이 감돈다. 거의 성인급으로 존경받던 조시마 장로였던 터라, 그가 죽으면 '어떤 기적이 나타날 거라는 기대' 때문이었다. 치유의 기적이 나타난다든지, 시체에서 향기가 난다든지, 하여간 그가 특별한 삶을 살아왔다는 초자연적인

'인증'이 나타날 거라는 예상이 있었다.

그리고 얼마 후 장로는 세상을 떠났다. 그러나 '뜻밖에도' 조시마 장로의 시체에서는 악취가 났다. 기적은 없었고 오히려 보통의 경우보다 시체가 더 빨리 썩는 것처럼 보였다. 이 소식은 금세 주변 마을까지 퍼져 나간다. 이런 상황 앞에서 사람들의 반응은 여러 가지다. 어떤 이들은 오히려 기뻐한다. 조시마 장로를 질투하고 미워하던 사람들이다. 어떤 이는 아예 관이 있는 방으로 와서 시신에서 나오는 악취가 그가 살아온 인생이 실패였음을, 엉터리 신앙이었음을 보여 주는 증거인 것처럼 행패를 부린다. 그 정도는 아니어도 많은 사람들이 찾아와 기웃거리고 비웃고 수군거린다. 기적이 안 일어난 데 대해 당황하며 믿음이 흔들리고 괴로워하는 사람들도 있다.

알료사도 동요하는 모습을 보인다. 그러나 그가 괴로운 것은 기적이 일어나지 않고 시체가 빠르게 부패하고 악취가 풍겨서가 아니었다. '정의'가 훼손된다고 느꼈기 때문이다. 참으로 사랑하고 존경하던 조시마 장로의 인생이 이렇게 한순간에 매도되고 비웃음거리가 되는 상황을 그는 견딜 수가 없다. 그런 상황이 허락되는 "하나님의 세상을 인정"할 수가 없다.•

- 표도르 도스토옙스키, 《카라마조프 씨네 형제들》, 이대우 옮김, 열린책들, 2002, 605쪽.

파 한 뿌리_《카라마조프 씨네 형제들》

파 한 뿌리

라키친은 침울한 알료사의 모습을 보고 비열한 기쁨을 느낀다. 그리고 소시지를 먹겠느냐, 술 한잔 하겠느냐고 물으며 알료사를 시험한다. 알료사가 순순히 그러겠다고 하자, 라키친은 그동안 노리던 기회가 왔음을 감지하고 미끼를 던진다. 그루센카한테 가겠느냐고. 여기에는 두 가지 목적이 있었다. 첫째는 "옛날부터 모색해 왔던 '의인의 수치', 즉 '성자에서 죄인'으로 '타락'하는 알료사의 모습을 봐야겠다"•는 목적이었다. 또 하나는 그루센카가 알료사를 데려오면 주겠다고 약속한 돈을 받으려는 목적이었다.

소중한 장로를 잃은 슬픔과 장로의 인생이 멸시당하는 데 대한 분노와 좌절감은 알료사의 심사를 잔뜩 뒤틀어 놓았다. 그는 이렇게 뒤틀린 심사의 자신을 "비열하고 사악하다" 여기고 자기에게 어울리는 "사악한 영혼의 소유자" 그루센카를 만나러 간다. 그동안 자신을 절제하고 금욕하던 것이 순간적으로 다 부질없게 느껴진 것일 수도 있겠고, 하나님을 향한 반항심의 표현일 수도 있겠다.

그루센카는 자신을 찾아온 알료사를 보고 너무나 기뻐하면서 알료사의 무릎 위에 올라앉는다. 알료사는 그녀가 건넨 술을 한 모금 마신다. 그런데 그녀는 왜 알료사를 데려오라고

• 같은 책, 607-608쪽.

한 것일까? 알료샤는 그동안 그녀가 무서워서 그루셴카의 시선을 피해 왔는데, 그녀는 알료샤가 자기를 무시해서 눈도 맞추지 않는 거라고 생각해 그를 무너뜨리겠다고 다짐했던 것이다. 그녀가 얼마나 자존심이 강한 사람인지 알 수 있는 대목이다.

그러나 알료샤가 조시마 장로가 죽었다는 소식을 전하자 그루셴카는 뜻밖의 반응을 보인다. 외마디 소리를 지르고 전혀 몰랐다며 경건한 자세로 성호를 긋고는 알료샤의 무릎에서 내려온다. 알료샤는 그녀의 반응에 놀라워하며 그녀를 다시 보게 된다. 요부 같던 그녀의 모습 이면에 감추어진 신심과 따뜻한 영혼, 동정심을 알아본 그는 그녀를 '누님'이라 부르며 자신이 보게 된 그녀의 새로운 면모를 말해 준다. 이것을 계기로 두 사람 사이에서는 "서로의 영혼에 큰 감동을 준, 평생에도 흔치 않은 일"이 벌어진다. 그리고 마침내 그루셴카는 알료샤에게 마음을 활짝 열고 자신이 겪은 아픔과 고민을 털어놓는다. 그런데 이에 앞서 그녀가 들려주는 이야기가 하나 있다. '파 한 뿌리' 이야기다.

파 한 뿌리_《카라마조프 씨네 형제들》

옛날 몹시 심술 고약한 할멈이 죽었다. 평생 선행이라곤 해본 적이 없었기에 지옥불에 빠졌다. 할멈의 수호천사가 하나님께 말씀드릴 할멈의 선행 하나를 간신히 떠올렸다. "할멈이 밭에서 파 한 뿌리를 뽑아서 거지에게 준 일이 있습니다." 하나님은 파 한 뿌리를 가져가 지옥불 속으로 내밀어 할멈이 그걸 붙잡고 빠져나오면 천국으로 가게 해 주라고 하셨다. 천사가 할멈이 매달린 파를 조심스럽게 잡아당겨 할멈이 거의 다 빠져나왔을 때, 지옥불 속 다른 죄인들이

소설이 내게 말해 준 것들

자기들도 빠져나가려고 할멈한테 매달리기 시작했다. 할멈은 "이건 내 파지 너희들 파가 아니야"라고 악을 쓰며 발길질을 하다가 파가 뚝 끊겨져 지옥불에 떨어졌다.•

그루센카는 자신을 지금과 같은 요부가 되게 만든, 누구에게도 털어놓지 못했던 과거의 아픔과 가슴속에 있는 고민거리를 알료사에게 털어놓는다. 그리고 자신의 이야기를 들어준 알료사에게 이렇게 고백한다. "나는 평생 당신 같은 분을 기다려 왔어요. 누군가 나를 찾아와 용서해 줄 거라는 사실을 알고 있었어요. 누군가 이 추악한 여자를 수치거리로 여기지 않고 사랑을 베풀어 줄 거라고 믿었어요."••

사실, 알료사가 그녀에게 뭔가 대단한 일을 해 준 것은 없다. 그녀도 알료사의 어떤 말이, 어떤 행동이 그렇게 크게 다가왔는지 말하지 못한다. 그냥 이렇게 말할 뿐이다. "이분은 내 마음에 이야기를 해 주셨고 내 마음을 온통 흔들어 놓으셨어. 이분은 나를 동정한 최초이자 유일한 분이야."••• 그루센카가 자신의 아픈 상처, 연약한 모습을 있는 그대로 드러내도 용납받을 수 있는 분위기를 만들어 준 것이 전부라고 할까. 그래서 그루센카의 감사 인사를 받았을 때 알료사가 자신이

- • 같은 책, 623-624쪽.
- •• 같은 책, 633쪽.
- ••• 같은 책, 633쪽.

파 한 뿌리_《카라마조프 씨네 형제들》

"파 한 뿌리를, 아주 작은 파 한 뿌리를 주었을 뿐"*이라고 한 것은 겸양의 표현이 아니라 진실한 답변이었다.

가나의 혼인잔치

눈물과 안타까움 속에서 수도원을 떠났던 알료샤는 그루셴카를 만난 후 큰 기쁨을 안고 조시마 장로의 관이 놓인 방으로 돌아온다. 그곳에서는 한 신부가 성경을 소리 내어 읽고 있었는데, 마침 갈릴리 가나 혼인잔치에 관한 대목이었다.

  문 옆 구석에 기도하러 앉은 채 낭독되는 성경을 들으며 이런저런 생각을 하던 알료샤의 눈앞에 문득 혼인잔치의 광경이 펼쳐진다. 하객들과 젊은 신랑신부가 보이고, 관에 누워 있어야 할 조시마 장로가 그에게 다가온다. 그는 "나도 잔치에 초대를 받았단다"라고 말한다. 그는 왜 자기를 보고 놀라느냐면서 자신도 파 한 뿌리를 적선해서 그 자리에 있는 거라고 한다. 그곳의 모든 사람이 파 한 뿌리씩, 단지 조그만 파 한 뿌리씩 적선해서 그 자리에 있는 것이라고 전한다. 그러고는 이렇게 묻는다.

> "우리가 할 일이 뭘까? … 너도 오늘 구원의 손길을 뻗는 한 여인에게 파 한 뿌리를 적선했더구나. 이제 시작하거라.

* 같은 책, 633쪽.

소설이 내게 말해 준 것들

사랑하는 내 아들아, 이제 네 임무를 시작해. … 그런데 넌 우리의 태양이 보이니? 그분이 보이냔 말이다."

"전 두렵습니다. … 감히 쳐다볼 수가 없어요." 알료사는 더듬거렸다.

"그분을 겁내지 말거라. 위대한 분이시기에 두렵고 위엄이 크시기에 무섭기도 하지만, 그분은 한없이 자비로우시며 우리를 사랑하셔서 우리 중 하나와 같이 되셨고 우리들과 즐거움을 함께하시며 손님들의 즐거움이 잠시도 멈추지 않도록 물을 포도주로 바꾸시기도 하고 새로운 손님들을 기다리시면서 모든 세기에 걸쳐 끝없이 새로운 손님들을 부르고 계신 거란다. 봐라, 새 술과 음식들이 들어오고 있구나."•

그 순간 알료사의 가슴에서 뭔가 불타오르며 고통스러울 만큼 그의 존재를 가득 채운다. 그의 영혼에서 환희의 눈물이 쏟아져 내린다. 그는 두 손을 뻗쳐 비명을 지르며 잠에서 깨어난다.

몇 가지 단상

《카라마조프 씨네 형제들》의 핵심 가운데 하나라고 할 이 대

• 같은 책, 640-641쪽.

목은 지금의 우리에게 무엇을 말해 줄까? 생각을 정리해 봤다.

조시마 장로의 죽음에 사람들이 기대하는 기적에 대하여

그런 기대가 내 눈에는 이상하게, 심지어 미신적으로 보이는 것이 사실이다. 조시마 장로의 사후에 기적이 나타나지 않고 시신 부패라는 자연적 현상이 전부인 것처럼 보일 때 사람들이 실망하거나 비아냥거리는 반응 또한 이상해 보이기는 마찬가지다. 그래서 독자는 그들을 계몽되지 못한 미신에 빠진 이들로 취급하고 무시하고 그와는 다른 자신의 모습에 우쭐해지는 것으로 끝나기 쉽다.

하지만 그렇게 우월감을 느끼고 넘어가면 중요한 것을 놓치지는 않을까? 이들이 전해 들은 기적담, 이들에게 익숙한 신앙방식, 생각, 신학이 있었고, 그에 따라 이들이 훌륭한 신앙인, 아름다운 삶을 살아온 사람, 성인(聖人, saint)의 죽음이 가져올 결과로서 '당연하게' 기대하는 바가 있었다. 21세기의 지금 한국 땅을 사는 우리에게도 그렇게 믿음의 사람, 의인, '성도(聖徒, saints)'의 삶이, 또는 죽음이 가져올 결과로서 '당연하게' 기대하는 바가 있지 않은가? 성공, 부, 명예, 인정이 그런 것 아닐까. 그런 것이 주어지지 않으면 어떻게 반응하게 되는가? 누구는 실망하고 믿음이 흔들리기도 한다. 누구는 믿음의 삶에 대해 '별것 없다'고 조소하기도 한다. 냉소적이 되기도 한다. 정의가 어그러졌다고 분노하기도 한다. 오늘날 우

소설이 내게 말해 준 것들

리도 그리 다를 바 없지 않을까?

알료샤가 느낀 슬픔과 분노에 대하여

 조시마 장로의 시체가 부패하고 악취가 나는 것에 사람들이 경악하고 수군거리고 그의 인생과 신앙을 폄하하고 비웃는 것을 보면서 알료샤는 정의가 침해를 당한다고 느끼고 분노한다. 그것은 고인의 고귀한 삶에 대한 모욕과 조롱이 허용되는 세상, 그런 질서에 대한 분노였다. 그런 세상과 질서를 허락하신 하나님에 대한 분노라고 할 수도 있겠다. 다른 대단한 보상을 기대한 것도 아니고 장로의 고귀한 인생과 신앙에 걸맞은 최소한의 존중과 예우를 바란 것뿐인데, 그것마저 허락되지 않는 세상이라니. 이런 세상을 다스리는 하나님은 도대체….

 이런 마음은 장로에 대한 사랑과 존경에서 나오는 너무나 자연스러운 반응이다. 알료샤가 이런 더러운 세상에 분개하며 '비뚤어질 테다' 하고 나오는 것이 이해가 된다. 귀한 것을 알아보는 안목을 가진 자가 귀한 것이 존중받지 못하는 상황에 안타까워하고 분노하는 것은 자연스러운 일이다. 그런 것들에 초연한 것은 그 수준을 넘어선 모습이 아니라 그저 미치지 못한 모습일지도 모른다.

 그런데 이런 반발심에서 일탈을 추구한 일이 오히려 알료샤를 진정한 깨달음으로 이끌어 준다. 그리고 이 깨달음의 산파, 매개가 되는 상대가 그런 깨달음의 가장 큰 장애물일 것

파 한 뿌리_《카라마조프 씨네 형제들》

으로 짐작할 만한, 전혀 뜻밖의 두 인물이라는 것이 절묘하다. 한 명은, 알료샤라는 성자의 추락을 기대하는 인물 라키친이다. 알료샤의 타락을 누구보다 바라고 그를 그리로 이끌고자 했던 라키친이 알료샤의 깨달음과 성장을 이끄는 도구가 되다니. 그루센카는 더 말할 것도 없다. 파 한 뿌리 이야기를 들려주고 그 의미를 깨닫게 해 준 사람이 바로 그녀였다.

그루센카가 들려준 파 한 뿌리 이야기에 대하여

이 이야기를 구원의 길을 제시하는 교리처럼 받아들이면 우스꽝스럽게 보일 수 있다. '파 한 뿌리 같은 공로를 붙들고 천국을 기대하게 하다니, 이런 어설픈 공로주의가 있나' 하면서 비웃기 십상이다. 오직 믿음으로 구원받는다는 것을 모른단 말인가. 하지만 그렇게 생각하고 파 한 뿌리 이야기를 날려 버리는 것은 안타까운 일이다. 이 이야기를 구원론적으로 해석하는 것이 아니라, 그리스도인의 소명, '사명'을 말해 주는 탁월한 비유로 받아들이면 어떨까. 그리스도인의 역할이라는 차원에서 해석한다면 말이다. 알료샤도 조시마 장로도 그렇게 받아들인 것이 분명해 보인다.

그루센카에게 파 한 뿌리 건네고 돌아온 알료샤의 꿈속에 조시마 장로가 찾아온다. 그런데 알료샤가 조시마 장로를 만난 곳은 갈릴리 가나의 혼인잔치다. 조시마 장로는 주님의 즐거움에 동참한 것이다. 그리고 그는 자신이 파 한 뿌리 건네고 그 자리에 있는 거라고 말한다. 파 한 뿌리의 공로를 말하는 것이 아니라, 주님의 은혜로 그 자리에 있다는 말이겠다.

여기서 장로는 알료샤의 고민과 분노에 두 가지로 답하고 있다. 우선, 그는 지금 혼인잔치에 참여했으니 가장 귀한 것을 받았다. 그렇다면 조시마 장로의 인생에 대한 세인들의 평가에 분노하는 것은 인간의 평가를 전부로 알고 일희일비하는 것에 불과하다. 또 하나, 대단해 보였던 조시마 장로의 인생도 사람들에게 파 한 뿌리 건넨 것일 뿐이다. 파 한 뿌리 건넨 것을 가지고 뭐 그리 대단한 것처럼 인정을 기대할 것이며, 그것을 몰라준다고 '정의' 운운하며 부들부들 떨겠는가. 우리의 처지는 마치 부모에게 용돈을 받아 그 용돈 중 일부로 부모에게 선물을 하는 아이와 같다. 부모는 선물을 받고 당연히 기뻐하겠지만, 아이가 자신의 선물로 부모의 사랑을 샀다고 생각한다면 어리석은 일이 아니겠는가.

조시마 장로는 파 한 뿌리를 나누는 사명으로 알료샤를 부른 후, 더 나아가 알료샤의 시선을 잔치의 주인께로 향하게 한다. 그리고 그리스도를 위대한 분으로, 천상에 계신 하나님으로만 알고 두려워하는 알료샤에게 사랑의 그리스도를 소개한다. 그리고 그분이 하시는 일을 알린다. 잠이 깬 알료샤는 바깥으로 뛰쳐나간다. 대지에 키스하고 확신으로 가득 찬 투사가 되어 자리에서 일어난다. 그리고 그는 속세로 나간다.

파 한 뿌리_《카라마조프 씨네 형제들》

알료사를 붙들어 세운 파 한 뿌리 은유는 내게도 의미 있게 다가온다. 일단, 어깨에 힘을 좀 빼게 해 준다. 뭔가 대단한 일을 하고 있다는 착각에서 벗어나게 하고, 대단한 일을 해야 한다는 부담을 벗게 한다. 동시에 이 은유 앞에서 나는 이렇게 바라게 된다. 내 인생도, 내가 하는 번역도, 이 글도, 내가 하는 모든 일이 '고작' 파 한 뿌리 건네는 일이면 좋겠다고. 그렇다면 그것이 아주 작은 일일지라도 그분이 맡기신 것일 수 있겠고 가냘픈 은혜의 통로가 될 수 있으리라고.

소설이 내게 말해 준 것들

함께 읽고 나누기 위한 질문

《카라마조프 씨네 형제들》

❶ 조시마 장로의 시체가 썩는 것에 충격을 받는 등장인물들의 모습이 현대의 독자들에게 오히려 더 충격적으로 다가옵니다. 등장인물들은 왜 충격을 받았을까요? 그것은 엉뚱한 것을 기대해서 나오는 마땅한 결과였을까요, 아니면 그런 반응에는 우리가 놓치고 있는 어떤 중요한 의미가 담겨 있을까요?

❷ 의인의 삶에 대해 어떤 기대를 품고 있지 않나요? 그 기대는 무엇이며, 어떤 근거에서 나왔나요?

❸ 조시마 장로의 시체에서 나오는 악취와 그에 따라오는 사람들의 반응에 알료사도 동요합니다. 하지만 알료사가 동요한 이유는 다릅니다. '하나님의 세상을 인정할 수 없다' 식의 생각을 해 본 적이 있나요? 어떤 일로 그런 생각을 하게 되었는지, 그로 인해 어떤 결과가 따라왔는지 나눠 주십시오.

❹ 그루셴카라는 여인은 정반대의 모습을 다 가지고 있습니다. 요부로서의 이미지에만 갇혀서는 결코 그녀의 다른 면을

파 한 뿌리_《카라마조프 씨네 형제들》

볼 수 없었겠지요. 이렇게 누군가의 어떤 한 모습에 눈이 가려서 다른 면을 놓치고 있었음을 알게 된 적이 있나요?

❺ '파 한 뿌리' 이야기에 대한 소감을 부탁드립니다. 작가는 이 이야기로 무슨 말을 하고 싶은 것일까요?

❻ '가나의 혼인잔치 환상'은 우리에게 어떤 의미가 있을까요? 그것은 그저 '환상에 불과한' 것일까요? 환상 또는 신비 체험을 의미 있는 것, 중요한 것으로 만드는 핵심이 있다면 그것은 무엇일까요?

❼ 누군가에게 파 한 뿌리를 받은 적이 있나요? 누군가에게 파 한 뿌리를 준 적이 있나요? 어떤 경우였나요?

"그분을 겁내지 말거라. 위대한 분이시기에 두렵고 위엄이 크시기에 무섭기도 하지만, 그분은 한없이 자비로우시며 우리를 사랑하셔서 우리 중 하나와 같이 되셨고 우리들과 즐거움을 함께하시며 손님들의 즐거움이 잠시도 멈추지 않도록 물을 포도주로 바꾸시기도 하고 새로운 손님들을 기다리시면서 모든 세기에 걸쳐 끝없이 새로운 손님들을 부르고 계신 거란다. 봐라, 새 술과 음식들이 들어오고 있구나."

《카라마조프 씨네 형제들》

러시아의 대문호 표도르 도스토옙스키(1821-1881)의 대표작. 1879년부터 1880년까지 연재한 후 1880년에 단행본으로 출간한 작가의 마지막 작품이다. 방탕하고 이기적인 표도르 카라마조프와 그의 세 아들인 충동적이고 열정적인 드미트리, 허무주의적 이성주의자 이반, 신앙과 사랑의 삶을 추구하는 알료샤가 이야기의 중심에 있다. 연적 관계였던 표도르와 드미트리의 갈등이 절정으로 치달을 무렵 표도르가 살해된 채 발견된다. 드미트리가 유력한 용의자로 지목되는 가운데 상황을 바로잡아 보려는 알료샤의 노력이 펼쳐진다.

알료샤 VS. 스메르자코프
《카라마조프 씨네 형제들》

02

표도르 카라마조프는 욕망에 충실하고 사회적 관습, 평판 따위는 무시하는 짐승 같은 사람이다. 그는 첫째 아들 드미트리와 연적 관계다. 이들의 마음을 사로잡은 여인 그루센카는 모호한 태도로 두 사람을 애태운다. 안 그래도 험악하던 부자지간은 경쟁 과정에서 원수지간이 되어 버린다.

드미트리는 어릴 때 자신을 완전히 방치했던 아버지, 이제는 자기에게 감시자를 붙이고 옭아매려고 계략까지 쓰는 아버지를 증오한다. 그는 욕정에 눈이 멀었고 질투심에 사로잡혀 있으며 폭력적이고 도무지 성질을 죽일 줄 모른다. 아버지에게 폭력을 휘두르기도 하고, 술을 마신 날이면 아버지를 죽이겠다고 사람들 앞에서 떠벌린다.

카라마조프 부자의 갈등은 마을 사람들이 다 안다. 사람들은 여기서 폭력과 범죄의 징후를 읽어 낸다. 그런데 대부분의 사람들에게 이것은 흥미로운 이야깃거리에 불과하다. 막장드라마가 펼쳐지고 있었으니 말이다. 그러나 이를 그냥 지켜보고만 있지 않은 두 사람이 있었다. 하나는 자신의 이익을 위해 그 갈등을 증폭시키려 드는, 아니 아예 폭발시키려 드는 자였다. 또 하나는 그 갈등이 파국으로 끝나지 않도록 막으려는 자였다.

스메르자코프, 설계를 하다

아버지 표도르는 진작 그루센카를 집으로 초대했고, 집에 오면 주겠다고 돈까지 준비해 둔 상태다. 표도르는 집 안에서 그루센카를 만날 생각에 몸이 잔뜩 달아올랐다. 그러나 한편으론 난폭한 큰아들이 무섭다. 그래서 문을 잠그고 방 안에 있으면서 오매불망 그루센카를 기다린다. 요리사 스메르자코프(표도르의 혼외자식이라는 소문이 파다한 인물이다)에게는 그루센카가 올 경우에 방문을 열어 줄 신호를 귀띔한다.

스메르자코프는 드미트리의 정보원이기도 하다. 표도르의 동향을 감시하고 그루센카가 아버지 집에 오면 바로 알려 주는 역할이다. 말하자면 이중첩자인 것이다. 드미트리에게는 마침 아버지가 그루센카에게 주려고 챙겨 놓은 액수와 동일한 3천 루블이 필요하고, 그 돈을 구하지 못해 점점 더 필사적이 되어 간다. 이런 드미트리에게 스메르자코프는 결정적 정보를 제공한다. 그루센카를 맞이하기 위해 표도르가 스메르자코프에게 알려 준 신호 말이다. 표도르의 방으로 들어갈 열쇠를 건넨 셈이다.

이제 스메르자코프는 언제든 부자상봉을 성사시킬 수 있게 되었다. 표도르에게 그루센카가 방문할 시간을 알려서 문을 열어 줄 준비를 시키고, 드미트리에게는 같은 시간에 그루센카가 표도르의 방에 있을 것처럼 말하면 되는 것이다. 그러면 드미트리의 신호에 표도르는 문을 열어 줄 테고, 격정과 질투에 불타는 가운데 이루어질 뜻밖의 상봉은 파국으로 끝날 것이 분명했다. 하지만 둘의 싸움을 말릴 사람, 아니 드미트리의 폭력을 가로막을 훼방꾼이 있다면 모든 것이 수포로 돌아갈 것이다. 방해꾼이 없어야 했다.

셋째 아들 알료사는 수도원에 있으니 문제가 되지 않았다. 집 안의 또 다른 하인인 그리고리 부부는 스메르자코프 자신이 적당히 관리할 수 있다. 문제가 되는 건 둘째 아들 이반이

알료사 VS. 스메르자코프_《카라마조프 씨네 형제들》

다. 이반이 협조를 할까? 스메르자코프는 이반과 이야기가 잘 될 거라고 생각한다. 무신론자 이반은 "내세를 믿지 않는 사람에게는 모든 것이 허용된다"•고 말한 바 있다. 스메르자코프가 늘 막연히 느껴 온 생각을 완벽하게 정의해 준 철학의 소유자가 이반이었다.

스메르자코프가 볼 때 이반도 아버지 표도르를 경멸하고 싫어하는 것이 분명하다. 표도르를 직접 처리할 사람은 이미 확보했으니, 이반이 자리를 비켜 주기만 한다면 일을 도모할 수 있는 모든 조건이 갖추어진 셈이 된다. 스메르자코프는 이반의 의향을 확인하기 위해 그와 대화를 시도한다. 이야기 도중에 당신이 자리를 비우면 큰일이 벌어질 수 있다, 어떤 일이 일어날지 모른다는 말을 흘린다. 일종의 시험이다. 그런데 이반은 그의 말을 듣고도 (어쩌면 그 말을 들었기 때문에!) 집을 떠나 모스크바로 돌아간다.

조시마 장로가 맡긴 사명

소설 앞부분에서 카라마조프 가족 전체, 그러니까 아버지 표도르와 세 아들 모두 알료사가 기거하는 수도원에서 모이는 대목이 있다. 그들은 수도원의 수장인 조시마 장로를 만난다.

• 표도르 도스토옙스키,《카라마조프 씨네 형제들》, 이대우 옮김, 열린책들, 2002, 131쪽.

그러나 화해를 도모하기 위한 그 모임에서 표도르와 드미트리는 서로의 악행을 고발하며 갈등과 적개심이 극에 달하고 만다. 그런데 그때 뜻밖의 장면이 펼쳐진다.

> 장로는 드미트리 표도르비치 앞에 무릎을 꿇더니 그의 발에 대고 이마가 땅에 닿도록 머리를 완전히 조아리며 의식적으로 절을 했다. … 장로의 입가에는 가냘픈 미소가 가느게 빛나고 있었다.•

조시마 장로가 드미트리 발 앞에 엎드려 절을 하다니. 무슨 일일까? 다음 날 조시마 장로는 알료사에게 드미트리를 만났느냐고 묻는다. 알료사가 못 만났다고 하자 장로는 어서 형을 찾아보라고 재촉한다. "내일 다시 나가서 급히 찾아내. 만사를 제쳐놓고라도 말이다. 어쩌면 아직은 끔찍한 일을 사전에 예방할 수도 있을 테니까. 어제 난 앞으로 그에게 닥칠 위대한 고난을 향해 절했던 것이란다." 알료사는 그게 무슨 말인지 알 수가 없다. 그래서 묻는다. "어떤 고난이 형님 앞에 놓여 있다는 말씀이신지요?"

어제 내가 끔찍한 것을 본 것 같았거든. … 어제 네 형의 눈

• 같은 책, 140쪽.

알료사 VS. 스메르자코프_《카라마조프 씨네 형제들》

은 자신의 운명을 이야기하는 것 같았어. 네 형의 눈빛을 보고 나는 순간적으로 얼마나 공포에 떨었는지 몰라. 그 사람이 자신에 대해 준비하고 있는 일이 보였거든. 사람의 얼굴에서 그런 눈빛을 발견한 것은 내 평생 한두 번에 불과해. … 그 눈빛에 장래의 운명 전체가 반영된 듯했는데, 안타깝게도 그 운명은 그대로 실현되었어. 내가 너를 너희 형한테 보냈던 것은, 알렉세이, 형제로서의 너의 얼굴이 그를 도울 수 있을 거라고 생각했기 때문이란다.•

아버지와 형의 갈등은 이미 알려진 사실이다. 스메르쟈코프라는 비상한 지성과 연기력, 냉혹함까지 갖춘 악인이 그 둘의 갈등을 증폭시켜 자신의 뜻을 이루려고 하고 있었다. 알료샤는 과연 스메르쟈코프라는 강적에 맞서 장로가 맡긴 사명을 감당할 수 있을 것인가?

• 같은 책, 504쪽.

첫 번째 오판

스메르자코프가 자신의 모든 불행의 시작인 표도르를, 자기를 무시하고 위협하고 폭력도 휘두르는 망나니 드미트리의 손으로 제거하고 이 지긋지긋한 곳에서 벗어날 수 있게 해 줄 설계가 완성되었다. 자신은 그 시간에 맞춰 적당히 알리바이를 확보하고, 표도르가 그루센카를 위해 챙겨 둔 돈, 자신이 표도르의 아들로서 받아 마땅한 유산에 비하면 정말 약소하기 그지없는, 하지만 아무도 모르기에 안전한 돈을 챙기면 된다. 그리고 그 돈으로 적당한 시기에 프랑스로 떠나면 된다.

소설 전반부에서 작가는 드미트리가 얼마나 즉흥적이고 폭력적이고 감정적인 사람인지, 아버지를 얼마나 경멸하고 증오하는지 묘사하는 데 아주 많은 지면을 할애한다. 그리고 그가 지독한 분노, 질투, 원한, 살의, 초조함, 압박에 얼마나 시달리는지 자세히 소개한다. 그러니 표도르가 살해를 당했을 때 범인은 너무나 분명해 보인다. 그가 범인임을 말해 주는 동기, 정황, 증거, 증인이 수두룩하다. 반면 그가 무죄를 주장하며 내세우는 논리는 허술하고 빈틈투성이다. 그의 말을 뒷받침해 줄 증거도 증인도 없다.

그러나 스메르자코프가 그렇게 모든 조건을 만들어 주었음에도 드미트리는 절호의 기회 앞에서 결국 아버지를 죽이지 않았다. 그가 아버지를 미워하고, 폭력적이고, 아버지를 죽일 거라고 누구이 말해 왔으며 절굿공이로 사람을 죽일 뻔했

알료샤 VS. 스메르자코프_《카라마조프 씨네 형제들》

고 난폭한 행동으로 다른 가족에게 큰 피해를 주기도 했지만, 그래도 아버지를 죽일 수 있는 사람은 아니었던 것이다. 스메르자코프로서는 실망스럽기 그지없는 일이었다.

스메르자코프는 할 수 없이 손에 피를 묻혀야 했다. 성가신 일이긴 했지만, 표도르가 죽으면 드미트리가 유력한 용의자가 될 것이 분명했기 때문에 스메르자코프로서는 달라질 것이 없었다. 그저 일이 좀 복잡해졌을 뿐, 표도르가 죽는다는 사실도 살인죄의 책임을 질 사람도 그대로였다. 그러나 기껏 자기 손으로 일을 완수하고 보니 또 하나의 변수가 발생한다. 긴말하지 않아도 상황을 파악하고 알아서 자리를 피해 준 '공범' 이반이 찾아와 이상한 소리를 해대는 것이다. 그는 아무 것도 몰랐다는 듯 '뻔뻔하게' 스메르자코프를 몰아붙인다. 무슨 일이 벌어지고 있는 것일까?

작은형은 아니에요!

이반은 아버지가 살해당했다는 소식을 듣고 급히 고향으로 돌아왔다. 그는 형 드미트리가 범인이라고 확신한다. 그래서 길에서 만난 동생 알료샤에게 드미트리를 두고 '살인범', '짐승 같은 형'이라고 부른다. 하지만 알료샤는 드미트리가 범인이 아니라고 주장한다. 그러자 이반은 "묘한 냉기를 풍기며" 그럼 누가 살인범이라는 거냐고 묻는다. 그의 질문에 알료샤는 이렇게 대답한다. "한 가지 사실만은 알고 있어요. 아버지를 살해한 사람이 이반 형은 아니라는 거죠."

이런 뜻밖의 말에 이반은 깜짝 놀란다. 알료샤가 왜 그런 말을 하는 것일까? 아버지가 죽고 이반이 고향으로 돌아온 두 달 사이에, 이반이 혼자 있을 때마다 수없이 그렇게 말했기 때문이다. 알료샤는 이반 형의 거처를 방문했다가 정신이 나간 상태로 그렇게 혼잣말을 하는 그의 모습을 여러 번 봤던 터였다. 이반은 자신이 집을 떠난 행동에 대해 무의식적으로 깊이 자책하고 있었다. 스메르자코프와 이반의 암묵적인 합의를 알지 못했던 알료샤는 이렇게 말한다.

> 형은 자신을 책망했고, 자기 말고는 그 누구도 범인이 아니라고 고백했어요. 하지만 살인을 한 것은 형이 아니에요. 형이 잘못 생각한 거예요. 형은 살인범이 아니에요. 내 말 좀 들어 보세요. 그건 형이 아니라고요! 이 말을 전하려고 하나님께서 날 보내신 거예요.•

이 부담스러운 말을 듣고 이반은 발끈하며 알료샤에게 인연을 끊자고, 자기를 찾아오지 말라고 하고는 거처로 발걸음을 옮긴다. 하지만 도중에 어떤 충동에 이끌려 스메르자코프를 찾아간다. 막연한 죄책감에 괴로워하던 이반이 알료샤의

• 같은 책, 1051쪽.

알료샤 VS. 스메르자코프_《카라마조프 씨네 형제들》

말에 자극을 받아, 또는 용기를 얻어 진실을 대면하기로 하는 선택을 내린 것이다.

두 번째 오판

스메르자코프는 자신을 찾아온 이반의 속을 알 수가 없다. 두 사람 사이의 합의로 이반은 손쉽게 드미트리 몫의 유산 절반까지 차지하게 된 '윈윈' 상황 아닌가. 그런데 왜 자꾸 찾아와서 성질을 부리고 다 끝난 얘기를 다시 끄집어내는 것일까. 그가 아는 이반답지 않은 모습이다. 그는 "내세가 없다면 모든 것이 허용된다"고 믿는 사람이요, 도덕적인 부담이나 형제애 같은 것에 매일 사람이 아니지 않던가.

그런데 이반은 자신이 그런 사람이 아니라고 생각하는 것 같다. 스메르자코프를 무시하고 모욕하고 자신은 고결한 사람인 것처럼 군다. 결국 스메르자코프는 약이 바짝 올라 승부수를 던진다. 자신의 실체를 보지 않으려 하고 여전히 도덕원칙에 매이는 사람 행세를 하는 이반에게 던지는 돌직구다.

먼저, 스메르자코프는 "당신이 주범이요. 난 당신의 생각을 수행했을 뿐"이라고 이반에게 도발한다. "당신은 뭔가 일이 벌어질 거라는 내 말을 듣고도, 당신이 없으면 형이 아버지를 죽일 수 있다는 것을 알면서도 자리를 피한 것 아니냐?"는 질문도 이반을 주범으로 몰아세우는 주장과 맥을 같이한다. 스메르자코프는 이반에게 결국 이건 당신 때문에 벌어진 일이라고 말하고 있었다.

이반은 살인사건 전 스메르자코프와 대화를 나눈 뒤에 모스크바로 떠나는 기차에 올라 "난 비열한 놈이야"*라고 혼잣말을 한 바 있다. 그는 자신이 떳떳하지 못한 일에 공모하고 있음을 감지했던 것이다. 그래서 사건이 벌어진 후에 혼자 있을 때마다 자신을 책망했던 것이다. 자신이 아버지를 어떻게 할 마음은 전혀 없었지만, 자기가 자리를 비우면 큰일이 벌어질 수 있다는 가능성을 인지한 상태에서 집을 떠났기 때문이다.

그다음, 스메르자코프는 이반이 동요하는 것을 보고는 양말에 숨겨 둔 3천 루블을 꺼낸다. 드미트리의 주장이 거짓이고 그가 범인임을 보여 주는 가장 큰 물적 증거로 여겨진, 사라진 3천 루블이 스메르자코프에게 있었던 것이다. 그는 이렇게 말하는 것 같다. "그 돈이 여기 있어. 자, 어쩔 건데? 법원에 가져가기라도 할 건가? 그렇게 해서 얻는 게 뭐가 있다고 그래? 내가 범인이라고 밝혀서 너도 같은 놈이라는 사실이 드러나면 사람들이 퍽 좋아할 거야. 너는 얼굴을 들고 다닐 수 없겠지. 현실을 똑바로 보라고. 우리는 운명 공동체야."

이것은 대단한 자신감에서 나오는 행동이다. 이반이 자신과 '같은 과'라는 확신에 자신의 운명을 건 셈이다. 그런데 그

- 같은 책, 497쪽.

알료샤 VS. 스메르자코프_《카라마조프 씨네 형제들》

것은 이반에게 한 줄기 빛과 같은 소식이었다. 자신이 아버지와 형이 만나 일이 벌어지게 하려는 스메르자코프의 계략에 수동적 방식으로 협력했었지만, 형이 아버지를 만나고도 자제력을 발휘했다는 사실을 알게 된 것이다. 이제 그에게 남은 일은 하나였다. 진범을 밝혀 억울하게 재판을 받게 된 형이 혐의를 벗도록 돕는 것이었다.

이반이 그 돈을 챙기더니 다음 날 법정에서 증언할 것이고 그 돈을 증거로 제시하겠다고 하자 스메르자코프는 깜짝 놀란다. 스메르자코프가 볼 때는 더없이 불합리한 행동이었기 때문이다. 이반 본인에게 물질적으로도 이득이 될 게 없고, 평판만 땅에 떨어질 수 있는 길을 선택한 것이다.

스메르자코프는 드미트리에 대해 오판했던 것처럼, 이반에 대해서도 오판을 했던 것이다. 그래서 완전히 자기 발등을 찍은 꼴이 되었다. 이반을 압박하여 확실하게 상황을 정리하려다 오히려 이반에게 죄책감을 벗고 바른길을 선택할 수 있는 길을 알려 주었던 것이다. 스메르자코프는 냉철하고 비상한 머리를 가진 악한이었지만 그가 이기적이고 불순한 의도에서 던진 승부수는 뜻밖의 결과를 낳았다. 스메르자코프는 모든 것을 꿰고 있다고 생각했으나, 사실 그는 제대로 아는 것이 아무것도 없었다.

소설이 내게 말해 준 것들

넌 날 부활시킨 거야

한편, 비슷한 시간에 알료사는 갇혀 있는 드미트리를 만나러 간다. 그날은 재판 전날이었다. 드미트리는 이미 오랜 시간 검사의 조사를 받았고 자신에게 불리한 증인들의 수많은 증언을 들었다. 자신이 무슨 말을 해도 누구 하나 믿어 주지 않고 그것이 오히려 자기에게 불리한 증거로 바뀌는 것을 무력하게 지켜봐야 했다. 드미트리와 알료사는 무죄판결을 기대할 수 없는 암담한 상황에 대해 이야기하고, 이반이 내놓은 탈출계획을 나눈다. 헤어지기 전에 드미트리는 이반이 "탈출을 권하면서도 정말로 내가 살인을 저질렀다고 믿고 있다"•고 말한다. 직접 물어본 것은 아니었다. 차마 용기가 나지 않았기 때문이다. 눈빛으로 이반의 생각을 짐작했을 따름이다.

그리고 드미트리가 알료사에게 묻는다. "너는 내가 살인을 했다고 믿는 거냐?" 그는 진실만을 말해 달라고, 거짓말하지 말라고 몇 번이나 당부하며 질문한다. 알료사는 그 물음에 "송곳으로 찔린 듯" 몸을 비틀거리면서도 이렇게 대답한다. 마치 하나님 앞에서 서약이라도 하듯 오른손을 치켜들고서. "나는 단 한순간도 형님이 살인자라고 생각해 본 적이 없습니다."

• 같은 책, 1043쪽.

알료사 VS. 스메르자코프_《카라마조프 씨네 형제들》

그 순간 미짜[드미트리]의 얼굴에는 다행스런 기색이 역력히 나타났다. "고맙구나!" 그는 기절했다가 숨을 몰아쉬며 깨어나는 사람처럼 말꼬리를 길게 끌었다. "이제 너는 나를 부활시킨 거야. … 믿을지 모르겠지만, 이제까지 난 네게 그 말을 물어보는 것이 얼마나 두려웠는지 몰라! 자, 어서, 어서 가! 넌 내게 내일을 대비할 수 있는 용기를 준 거란다."•

알료사는 눈물을 펑펑 쏟으며 밖으로 나왔다. 형이 "출구 없는 영혼의 비애와 절망의 깊은 심연"••을 드러냈음을 느꼈기 때문이다. 아무도 자신을 믿어 주지 않는다는 절망, 비애, 한 명이라도 자기를 믿어 주는 사람이 있기를 바라지만 혹시 아무도 없을까 봐, 그 사실을 확인하게 될까 봐 두려워하는 사람에게 그는 한 줄기 빛을 비춰 준 것이었다.

그것이 없이 드미트리가 재판과 수형 생활을 맞이해야 했다면, 그가 얼마나 많은 억울함과 원통함에 사로잡혔을까, 과연 그에게 희망이 있었을까 생각하게 된다.

- • 같은 책, 1044쪽.
- •• 같은 책, 1044쪽.

밀알 하나

모든 면에서 스메르자코프가 성공한 것 같았다. 표도르가 살해당하고 드미트리가 범인으로 몰리고 이반이 공모자가 되는 그림이 완성된 듯했다. 스메르자코프는 뛰어난 감각과 지성, 냉혹함으로 배후에서 은밀하게 상황을 조종하는 '어둠의 군주'와도 같았다. 그런 스메르자코프의 큰 그림 앞에서 알료사가 열심히 뛰어다니며 사람들을 만나고 대화하는 일은 하찮고 부질없어 보였다. 그는 이반이 스메르자코프와 합의하는 것을 몰랐고, 아버지의 죽음을 막지 못했다. 형 드미트리의 무죄를 확신하고 그를 위한 증인으로 나섰지만, 심정적이고 직관적인 확신에 근거한 그의 증언은 형의 유죄판결을 막기에는 한참 역부족이었다.

그러나 스메르자코프의 계획은 결코 완전하지 않았다. 그는 드미트리를 다 알지 못했고, 이반 역시 그가 아는 모습이 전부가 아니었다. 알료사의 고군분투는 바로 그 지점에서 절묘하게 작용했다. 그는 절망에 빠진 드미트리에게 그의 무죄를 믿어 주는 한 사람이 되어 그를 "부활시킨다." 그리하여 이후에 드미트리가 더 많은 난관들 앞에서 무너지지 않게 막아 줄 최소한의 버팀목이 되어 준다. 알료사는 또한 막연한 죄책감의 구덩이에서 허덕이던 이반에게 사실을 직시할 수 있는 계기를 제공한다. 알료사의 작은 몸부림들은 미세한 균열을 내고, 희망의 불을 붙인 것이다. 이것은 알료사가 사건

알료사 VS. 스메르자코프_《카라마조프 씨네 형제들》

의 내막을 다 파악했기에 찾아온 성과가 아니었다. 자기가 아는 선에서 자신이 할 수 있는 일을 열심히 감당했는데, 그 결과로 자신이 아는 것보다 훨씬 큰일이 이루어진 것이었다.

조시마 장로는 알료사에게 드미트리를 찾아가서 동생의 얼굴을 보여 주라고, 그를 도우라고 하면서 이런 말을 덧붙였다. "하지만 만사는 하느님의 뜻에 달려 있는 것이고 또 우리 모두의 운명도 마찬가지겠지. '밀알 하나가 땅에 떨어져 죽지 않으면 한 알 그대로 남아 있고, 죽으면 많은 열매를 맺는다'라는 말씀 있잖니. 이 말씀을 꼭 기억해 두거라."• 장로가 아끼는 제자에게 건넨 유언과도 같은 이 당부는 자신의 작은 존재가, 자신이 하는 자그마한 일이 어떤 의미가 있으며, 어떤 결과를 낼지 모르는 상황에서 낙심하기 쉬운 오늘의 '알료사'들에게도 의미심장한 조언으로 다가온다.

• 같은 책, 504-505쪽.

함께 읽고 나누기 위한 질문

《카라마조프 씨네 형제들》

❶ 카라마조프 가문에 존재하는 심각한 갈등을 생각할 때, 스메르자코프와 알료사 중 누구의 뜻대로 될지는 뻔해 보입니다. 그런데 결과가 너무 뻔한 싸움에서 때로는 뜻밖의 결과가 나오기도 하지요. 그런 일을 경험해 보았거나 목격한 적이 있나요?

❷ 스메르자코프가 오늘날의 유튜버라면 그의 주장과 선동에 많은 이들이 넘어갈 것 같습니다. 사람들에 대한 그의 통찰력은 간담을 서늘하게 만들 정도고, 그의 계획은 빈틈이 없어 보입니다. 모든 것이 그의 뜻대로 될 것만 같습니다. 그런데 결과적으로 볼 때 그의 통찰력이니 계획이니 하는 것들이 다 반쪽짜리에 불과한 것으로 드러납니다. 너무 대단해 보이는 사람의 예상이나 계획이 이렇게 어그러지는 것을 본 적이 있나요? 그런 경험에서 무엇을 배웠나요?

❸ 우리는 누군가를 다 안다고, 다 꿰고 있다고 생각하지만 그것이 오산일 때가 많습니다. 가까운 사람일수록 더 그럴 수 있는 것 같습니다. 혹시 잘 안다고 생각했던 누군가에 대해

알료사 VS. 스메르자코프_《카라마조프 씨네 형제들》

사실은 잘 몰랐다든지 잘못 알았음을 깨닫게 된 경험이 있나요?

❹ 스메르자코프가 자신이 무엇을 해야 할지 알고 그것을 하다가 실패했다면, 알료사는 자신이 무엇을 해야 할지 명확히 알지 못한 채 형들을 돕고자 동분서주하다가, 뜻밖의 방식으로 형들을 돕게 됩니다. 알료사의 노력에 따른 '열매'가 의미 있게 다가오나요? 그가 거둔 뜻밖의 성과는 우리에게 무엇을 말해 줄까요?

❺ 이반과 드미트리를 각각 살린 알료사의 말을 기억하십니까? 이처럼 나를 살린 누군가의 한마디가 있나요? 그 말이 왜 그렇게 의미 있게 다가왔나요?

❻ 카라마조프 씨네 사람들, 즉 표도르, 스메르자코프, 드미트리, 이반, 알료사는 어떤 원형적인 인물들, 또는 인간에게 있는 어떤 특성들을 그림처럼 보여 주는 캐릭터로 읽히기도 합니다. 혹시 이들 중에서 자신과 같은 면모를 보여 준 캐릭터가 있나요? 어떤 면이 그런가요?

"형은 자신을 책망했고, 자기 말고는 그 누구도 범인이 아니라고 고백했어요. 하지만 살인을 한 것은 형이 아니에요. 형이 잘못 생각한 거예요. 형은 살인범이 아니에요. 내 말 좀 들어 보세요. 그건 형이 아니라고요! 이 말을 전하려고 하나님께서 날 보내신 거예요."

《카라마조프 씨네 형제들》

러시아의 대문호 표도르 도스토옙스키(1821-1881)의 대표작. 1879년부터 1880년까지 연재한 후 1880년에 단행본으로 출간한 작가의 마지막 작품이다. 방탕하고 이기적인 표도르 카라마조프와 그의 세 아들인 충동적이고 열정적인 드미트리, 허무주의적 이성주의자 이반, 신앙과 사랑의 삶을 추구하는 알료샤가 이야기의 중심에 있다. 연적 관계였던 표도르와 드미트리의 갈등이 절정으로 치달을 무렵 표도르가 살해된 채 발견된다. 드미트리가 유력한 용의자로 지목되는 가운데 상황을 바로잡아 보려는 알료샤의 노력이 펼쳐진다.

대심문관의 길
《카라마조프 씨네 형제들》

03

"난 신을 받아들이지 않겠다는 게 아니야. 이 점을 알아 둬. 난 그가 창조한 세계를, 신의 그 세계를 받아들이지 않겠다는 거야. 받아들이는 것에 동의할 수가 없어."•

무신론자를 자처하는 카라마조프 씨네 둘째 아들 이반이 수도사를 지망하는 동생 알료사에게 하는 말이다. 그는 기하학 증명도 제대로 이해하지 못하는 자신이 어찌 신을 이해한

• 표도르 도스토옙스키, 《카라마조프 씨네 형제들》, 이대우 옮김, 열린책들, 2002, 419쪽.

다고 말할 수 있겠느냐면서, 자신은 신의 존재를 부정할 만한 능력이 안 된다고 한다. 하지만 신이 창조한 세계라면 아는 바가 있고, 그 지식에 따라 신의 세계를 받아들일 수 없다고 항변한다.

이반이 일컫는 것은 세상의 고통이다. 그중에서도 무고한 아이들의 부당한 고통. 그는 그런 사례들을 줄줄이 나열한다. 어느 집에 침입해 아이들을 포함해 일가족을 죽인 강도, 어머니 눈앞에서 아이를 총검으로 찔러 죽이는 군인, 어린 딸을 무자비하게 채찍질한 아버지, 엄동설한에 화장실 문제로 부모 손에 밤새 변소에 갇혀야 했던 다섯 살배기 소녀. 소녀는 가슴을 두드리며 자기를 꺼내 달라고 밤새 하나님께 기도했다. 돌을 던지며 놀다가 잘못해서 지주가 아끼는 개의 다리를 다치게 했다는 이유로 밤새 헛간에 갇혀 있다가 어머니가 보는 앞에서 벌거벗긴 채 사냥개에게 쫓기다 갈기갈기 찢겨 죽은 여덟 살 아이의 이야기….

이런 부당한 고통에 대해 이반이 요구하는 것은 한 가지다. "내겐 응보가 필요해. … 응보는 무한 속의 언제 어디선가가 아니라, 내가 직접 확인할 수 있도록 지금 이 땅에 필요한 거야."• 신을 부정하겠다는 게 아니라 신의 세상, 정의가 부정되는 상황을 받아들일 수 없다는 선언. 어딘가 낯이 익다. 알

• 같은 책, 434쪽.

소설이 내게 말해 준 것들

료사가 비슷한 문제제기를 한 바 있다.

알료사는 존경하고 사랑하던 조시마 장로가 죽고 나서 엉뚱한 이유로 그의 인생이 부정되는 현실 앞에서 '정의'가 훼손된다고 느꼈다. 사랑하고 존경하던 조시마 장로의 인생이 한순간에 매도되고 비웃음거리가 되는 상황을 견딜 수가 없었다. 그런 상황이 허락되는 "하나님의 세상을 인정"할 수가 없었다.• 그러나 알료사는 가나의 혼인잔치에 대한 환상을 통해, 거기 등장하는 조시마 장로의 권고를 통해 내세까지 아우르는 큰 시각에서 장로의 인생을, 더 나아가 인간 삶의 가치와 목적을 다시 보게 된다.

그런데 이반은 내세를 받아들일 수가 없다. 내세에 화해가 있을 가능성을 부정하지는 않는다. 그건 어차피 모르는 일이니까. 아이에게 고통을 가한 가해자와 아이, 아이 엄마의 화해가 이루어지는 천상의 결합의 가능성도 인정한다. 하지만 설령 만물이 '주님이 옳으셨나이다!'라고 외치는 순간이 온다 해도 자신은 그렇게 외치고 싶지 않다고 한다. 이 세상에 용서할 수 있고 용서할 권리를 가진 사람은 존재하지 않는다고 믿기 때문이다. 자신은 "보상받지 못한 고통과 해소되지 못한 분노를 품은 채로 남겠다"••고 말한다. 그 자리로 가는 "입장

- 같은 책, 605쪽.
- • 같은 책, 436쪽.

대심문관의 길_《카라마조프 씨네 형제들》

권을 정중히 사양하겠다"•고 한다.

그런 지옥을 안고 어떻게 살 수 있겠어요?

이반이 아이의 고통에 근거하여 신이 만들어 가는 현세와 내세 모두 인정할 수 없다고 선언하자, 알료샤는 그것이 반역이라고 말한다. 그 말에 이반은 도리어 이렇게 묻는다.

> 내가 궁극적으로 인류를 행복하게 만들고 평화와 안정을 가져다줄 목적으로 인류의 운명의 건물을 건설한다면, 그러나 그 일을 위해서 단 하나의 미약한 창조물이라도, 아까 조그만 주먹으로 자기 가슴을 치던 불쌍한 계집애라도 괴롭히는 것이 불가피하여 그애의 보상받을 수 없는 눈물을 토대로 그 건물을 세워야 한다면, 그런 조건 아래 건축가가 되는 것에 동의할 수 있겠니?••

이 질문 앞에서 많은 이들이 마음의 동요를 경험할 것이다. 그런 반응의 뿌리에는 한 아이의 생명이 갖는 무엇과도 비교할 수 없는 가치에 대한 믿음이 자리한다. 이 질문에는 인간의 고귀함에 대한 극한의 선언이 담겨 있다. 오로지 목적이어

• 같은 책, 436쪽.
•• 같은 책, 437쪽.

야 할 인간이, 더구나 순수한 아이가 그 어떤 고고한 목적을 위해서일지라도 희생되는 것을 용납할 수 없다는 선언이다.

이반은 아이의 목숨과 고귀함이라는 가치를 고스란히 지키고 싶어 한다. 어떤 타협도 없이 말이다. 그의 입장은 비극을 예고한다. 아이와 약자들이 희생되고 고통당하는 것이 현실이기 때문이다. 옳다는 게 아니다. 고통이 엄연한 현실이라는 거다. 그런데 이반은 이런 세상을 거부할 뿐 아니라, 내세에서의 화해 가능성조차 받아들일 수 없다고 선언한다. 알료사는 이런 형을 걱정한다. 그가 입 밖에 꺼낸 '반역'은 이반의 외통수 상황을 부각시키는 단어다. 해결이 불가능한 상황 속으로 스스로를 몰아넣었다는 것이다. 알료사는 머릿속에 그런 지옥을 안고 어떻게 살 수 있겠느냐고 형에게 묻는다.

알료사는 이반을 그의 지옥에서 구해 내기 위해서라도 답변을 찾아내야 한다. 그는 이반의 말에서 그 단서를 찾는다. 이반은 세상에서 누가 용서할 권리가 있느냐고 물었고, 알료사는 그런 분이 있다고 말한다.

그리스도의 길

용서할 권리가 있는 분, 그는 누구일까? 알료사는 그리스도에게 용서할 권리가 있다고 말한다. "그분은 모든 것을, 그리고 (모든 것에 대해서) 사람들이든 어떤 죄악이든 용서하실 수 있어요. 왜냐하면 그분은 모든 사람을 대신해서 그리고 모든 것을 대신해서 무고한 피를 스스로 내놓으셨기 때문이죠. … 건물은 그분을 토대로 만들어졌고 사람들은 그분을 향해 '주여, 당신이 옳았나이다. 이는 당신의 길이 열렸기 때문입니다'라고 외칠 거예요."•

이반은 알료사의 대답에 기다렸다는 듯이 한 편의 서사시를 소개한다. 이른바 '대심문관'이다. 이 시에서 이단 심문과 처형이 횡행하던 15세기 스페인에 그리스도가 강림한다. 세상을 심판하는 분으로 재림하는 것이 아니라 초림 때 3년간 공생애 기간에 보여 준 모습으로 와서 기적을 행하고 사람들을 고친다. 그런데 대심문관이 나타나 그리스도를 체포해서 심문한다.

그는 종교재판소를 통해 자신이 이룬 '성과'를 내세우며 그리스도에게 말한다. "당신은 경고와 지적을 충분히 받았지만 그 경고에 귀를 기울이지 않았고, 사람들을 행복하게 해 줄 수 있는 유일한 길을 거절했다"••고 말이다. 여기서 "경고와 지적"은 광야에서 사탄에게 받았던 세 가지 시험을 가리킨다. 하나씩 살펴보자.

대심문관은 사탄이 첫 번째 시험을 통해 이렇게 말했다고 생각한다.

- • 같은 책, 437쪽.
- •• 같은 책, 436쪽.

너는 세상에 나가고 싶어 하는구나. 자유에 대한 약속만 있을 뿐 빈손으로 말이다. 하지만 순진하고 본래 비천한 인간들은 그 약속의 의미를 깨닫지 못하여 두려워하고 무서워할 뿐이다. 왜냐하면 인간에게나 인간 사회에서 자유보다 더 견디기 힘든 것은 결코 아무것도 없었으니까! 네 눈에도 뜨겁게 달아오른 이 벌거숭이 광야에서 뒹구는 저 돌들이 보이겠지? 그 돌들을 빵으로 변화시켜라. 그러면 인류는 네가 손을 거둬들여 빵을 주지 않으면 어쩌나 하고 영원히 불안에 떨면서 착하고 온순한 양 떼처럼 네 뒤를 따를 테니.•

그리스도는 여기에 어떻게 반응했던가? 사람이 빵만으로 사는 것이 아니라며 거부했다. 대심문관은 그리스도가 "인간들로부터 자유를 빼앗고 싶지 않았기에, 빵으로 복종을 산다면 그게 무슨 자유인가라고 판단하여 그 제안을 거절했다"••고 평가한다. 그러나 인간들은 자유를 감당할 수 없었다. 아니, 인간에게 "태어나면서부터 지녔던 자유라는 선물을 한시바삐 넘겨줄 수 있는 사람을 찾아내는 것보다 더 고통스러운 고민은 없다."••• 그렇기에 인간들은 숱한 시행착오와 고통을 겪은 끝에 자신들의 자유를 대심문관 같은 이들의 "발밑에

- 같은 책, 449-450쪽.
- •• 같은 책, 450쪽.
- ••• 같은 책, 452-453쪽.

대심문관의 길 _《카라마조프 씨네 형제들》

공손히 바쳤다."

두 번째 시험으로 넘어가 보자. "무섭고 지혜로운 악마"는 그리스도를 성전 꼭대기에 세워 놓고 이렇게 말했다.

> 네가 하느님의 아들인지 아닌지 알기를 원한다면 밑으로 뛰어내려라. 성서에 천사들이 그리스도를 받쳐 주어 땅에 떨어져도 다치지 않으리라고 기록되어 있으니 말이다. 그러면 네가 하느님의 아들인지 아닌지 알 수 있을 것이며, 네 아버지에 대한 너의 믿음이 어떠한지도 입증되지 않겠느냐.•

그러나 그리스도는 그 말에 굴복하지 않았고 뛰어내리지 않았다. 그 말대로 했다면 어떻게 되었을까? "한 걸음만 앞으로 내디뎠더라도, 밑으로 몸을 던지기 위해 움직이기만 했더라도" 그것은 "하나님을 시험한 것이 되어 그분에 대한 모든 믿음을 잃고 당신이 구원하러 온 그 대지와 충돌하여" 악마를 기쁘게 했을 것이다.•• 대심문관은 그리스도가 "신처럼 당당하고 훌륭하게 행동했다"고 평가한다. 그러면서 되묻는다. 당신과 같은 부류의 사람들이 얼마나 되겠느냐고. "인간의 본

• 같은 책, 454쪽.
•• 같은 책, 454-455쪽.

성이 기적을 거부하고 그 무서운 생사의 갈림길에서 가장 본질적이고 고통스러운 정신적 의혹의 순간에 자유로운 결정을 내릴 수 있도록 창조되었을 것 같소?"라고.•

그리스도는 성경에 기록될 자신의 행적을 인간들이 보고 "자신의 뒤를 따라 기적을 물리치고 하나님과 함께하기를 기대"했겠지만, 인간은 하나님보다 기적을 찾는 존재라고 대심문관은 일갈한다. 사람들이 십자가에 매달린 그리스도를 향해 '십자가에서 내려와 봐라. 그러면 네가 그리스도라는 사실을 믿겠다'고 조롱하고 놀려 대도 그리스도는 십자가에서 내려오지 않았다. "인간을 기적의 노예로 만들고 싶지 않았기" 때문이며, "기적에 의한 신앙이 아닌 자유로운 신앙을 열망했기" 때문이다. 그리스도는 "단번에 인간을 영원히 공포에 떨게 할 권세 앞에서 드러나는 예속적인 노예들의 환희가 아니라, 자유로운 사랑을 열망했던" 것이다.••

대심문관의 비밀

대심문관은 그리스도의 세 번째 시험에 대해 말하기 전에 자신의 비밀을 털어놓는다.

• 같은 책, 455쪽.
•• 같은 책, 455쪽.

대심문관의 길_《카라마조프 씨네 형제들》

내가 당신한테 우리의 비밀을 숨길 것 같소? 당신은 내 입을 통해 그걸 듣고 싶은 모양이니 말해 주겠소. 우리가 함께하는 것은 당신이 아니라, '그'요. 그것이 우리의 비밀이지! 우리는 오래전부터 당신이 아닌 '그'와 함께했고, … 당신이 화를 내며 거부했던 그것을, 악마가 지상의 모든 왕국을 가리키며 당신에게 제의했던 그 마지막 재능을 그에게서 얻어 냈소.•

대심문관은 세 번째 시험에서 악마가 로마와 시저의 칼을 제의했다고 말한다. 그리고 이렇게 묻는다. "당신은 그때 이미 시저의 칼을 얻을 수도 있었소. 어째서 당신은 그 마지막 선물을 거부했던 거요?" 그리고 그는 그리스도가 거부한 그것을 자신들은 얻어 냈고, 그리하여 아직 갈 길이 멀기는 하지만 "지상의 제왕"이 되어 인류의 행복을 생각하게 되었다고 선언한다.••

그리스도가 거부한 길을 대심문관이 선택한 이유가 무엇일까? 대부분의 인간은 그리스도가 그렇게 소중하게 여긴 자유를, 자유로운 섬김을 감당할 수 없기 때문이다. 대심문관은 그리스도의 초청에 응할 수 있는 '신 같은' 이들은 얼마나 되

• 같은 책, 458쪽.
•• 같은 책, 458쪽.

소설이 내게 말해 준 것들

겠느냐고 묻는다. 기껏해야 수만 명? 그것은 극소수의 특별한 인간들만 따라갈 수 있는 길이다. 그렇다면 나머지 수많은 약한 자들은 어찌하라는 것인가?

대심문관은 자기도 한때 그리스도의 길을 따라가려 했노라고 주장한다. 그러나 결국 그 길은 선택된 소수만의 길이라는 결론을 내렸다. 그리고 자신이 그리스도에게 버림받은 절대다수를 떠안기로 결심했다. 그 길은 그리스도를 유혹할 때 드러난 사탄의 지혜를 따라가는 길이었다. 그것은 그리스도의 이름으로 포장된 악마의 길이었다. 그리고 대심문관은 그 진실을 아는 괴로움을 안고 가는 비운을 이야기한다. 비밀을 간직한 자신의 불행은 자유를 감당할 수 없는 절대다수의 행복을 위해 치러야 할 대가라고 주장한다.

그래서 대심문관은 그리스도에게 최후의 심판 자리에서 이렇게 대답할 거라고 선언한다. "그들[그리스도의 길을 따라간 소수의 사람들]은 자기 자신들만을 구원했을 뿐이지만 우리들은 모든 사람들을 구원했노라."• "나는 죄를 모른 채 행복에 젖어 있는 수억 명의 갓난애들을 가리키겠소. 그들의 행복을 위해 스스로 죄를 떠맡은 우리는 당신 앞에서 '우리를 심판하라. 그것이 가능하며 또 그럴 능력이 있다면!' 하고 말할 것이오."••

- • 같은 책, 462쪽.
- •• 같은 책, 463쪽.

대심문관의 길_《카라마조프 씨네 형제들》

대심문관은 그리스도의 이름으로 모든 일을 하고 있지만 실상 악마의 길을 따르는 자들을 대표한다. 그리스도의 길을 따를 생각은 없지만 그분의 이름이 주는 아우라를 거부할 생각도 없다. 자기가 그리스도보다 지혜롭고 자비롭다고 생각한다. 그래서 그리스도보다 나은 길로 사람들을 이끌겠다고 나선다. 예수의 이름을 걸고 있다고 다 그 길을 따르는 것은 아니라는 점을 그들은 섬뜩하게 보여 준다.

대심문관만 이런 길을 간 것은 아니었다. 예수님 당시에도 여럿이 예수님을 자기 길로 끌어들이려 했다. 이것은 오병이어 기적 후 예수님을 강제로 왕으로 세우려던 이스라엘 사람들의 길이었고, 십자가로 가지 말라고 예수님을 꾸짖었던 베드로의 길이었으며, 십자가에서 뛰어내리면 믿겠다던 구경꾼들이 제시한 길이었다. 지금도 많은 이들이 이 길을 걸어간다.

대심문관의 말은 '어떤 대목에서는' 진정성 있게 들린다. 특히 자유롭게 그리스도의 길을 따라갈 수 있는 사람이 몇이나 되겠느냐는 지적 앞에 절로 고개가 끄덕여진다. 하지만 그가 몰랐던 것이 있었다. 예수님이 제시하신 길은 원래 누구도 '자기 힘으로는 갈 수 없는 길'이라는 사실이다. 이것은 원래 인간의 힘으로는 아무도 못 가는 길이다. 낙타가 바늘귀로 들어가는 것 같은 길이다. 누구에게나 열려 있고 모두가 초청받는 길이지만, 자기 힘으로는 누구도 갈 수 없는 길이다. 그

소설이 내게 말해 준 것들

렇지 않다면 그리스도의 십자가 죽음과 부활은 필요하지 않았을 테고, 성령을 좇아 행하라는 바울의 권고도 없었을 것이다.

대심문관의 행태를 비판하는 것으로 이 대목을 끝낼 수 있으면 좋겠지만, 그렇게 되면 여기서 가장 중요한 것을 빠뜨린 셈이 될 것이다. 나 자신에게서 근본적으로 대심문관의 면모를 본다는 두려운 사실 말이다. 나도 그리스도의 이름을 내건 그리스도인이라 자처하지만, 내 삶의 방식, 원리, 원동력은 사실 다른 자의 것이 아닌가? 내 길이 그분의 간판만 걸고 사탄의 지혜, 에너지, 원리, 방식을 따라가는 것이 아니라고 말할 수 있을까. 두려운 일이다.

두 입맞춤

대심문관이 장황하게 자기를 변호하고 정당성을 내세우는 동안 그리스도는 침묵한다. 대심문관은 말을 마치며 다음 날 그리스도를 화형에 처하겠다고 한다. 그런 다음, 잠자코 그리스도의 답변을 기다린다. "두렵고 듣기 싫은 이야기라도 좋으니 무슨 말이든" 해 주기를 바란다. 그러나 아무 말 없던 그리스도는 대심문관에게 다가와 "아흔 살 노인의 핏기 없는 입술에 조용히 입을 맞춘다."•

• 같은 책, 467쪽.

이것이 어떤 의미일까? "네게는 아직 기회가 남아 있다, 나는 너를 사랑한다, 돌아와라." 이런 의미가 아닐까? 그렇게 판단하는 근거는 심문관의 반응에 있다. 심문관은 "입술을 부르르 떨면서" 감옥 문을 열고 죄수에게 말한다. "어서 나가시오. 그리고 다시는 찾아오지 마시오. … 앞으론 절대 찾아와선 안 되오. … 절대, 절대로."• 대심문관은 자신을 속이며 그리스도의 이름 아래 사탄의 길을 가고 있었지만, 그리스도의 출현으로 크게 동요한 것이다. 그리스도의 입맞춤은 그런 노회한 성직자에게 그리스도의 진심을 전하기에 충분했다.

하지만 이반에 따르면, "그 입맞춤이 가슴속에서 불타고 있지만"•• 대심문관은 과거의 사상을 고수할 것이다. 그리스도와의 만남은 대심문관에게 다시 찾아온 기회였다. 그리스도 앞에서 자신의 길을 정직하게 돌아볼 기회. 어쩌면 마지막일지 모를 기회. 그러나 그는 결국 그 기회를 날리고, 두 사람은 각자의 길을 걸어간다.

이야기를 마친 이반에게 알료사는 그리스도와 똑같이 반응한다. "자리에서 일어나 형한테 다가가서 그의 입술에 입을 맞추었다."••• 형은 동생의 입맞춤에 문학적 표절이라고 말하면서도 환희에 차서 작별을 고한다. 두 사람도 각자의 길을

• 같은 책, 467쪽.
•• 같은 책, 467쪽.
••• 같은 책, 469쪽.

소설이 내게 말해 준 것들

간다. 이반의 길은 부친 살해를 방조하는 길이다(이것은 무고한 자들의 고통이 만연한 세상을 만든 하늘 아버지에 대한 전면적 거부의 상징으로도 읽힌다). 알료사의 길은 (본인도 정확히 인지하지는 못했지만 알고 보면) 부친 살해를 막기 위한 동분서주의 길이었다.

그 동분서주 와중에 알료사는 일류사라는 아이와 맞닥뜨린다. 무고한 아이들의 고통에 대해 알료사의 입을 빌려 '그리스도'라는 신학적 답변을 제시했던 작가는 이제 일류사라는 아이의 고통과 알료사의 만남을 통해 문학적 답변을 내놓고 있다. 한 아이의 구체적인 고통을 생생하게 그려 내고 그 아이의 고통에 대한 알료사의 연민과 수고를 통해 그가 생각하는 답변을 형상화하고 있다. 그것은 그리스도의 길을 따라 자유롭게 섬기는 이의 모습이기도 하다. 작가의 답변이 성공적이었는지는 독자가 직접 읽고 판단하는 수밖에 없겠다.

대심문관의 길_《카라마조프 씨네 형제들》

함께 읽고 나누기 위한 질문

《카라마조프 씨네 형제들》

❶ "난 신을 받아들이지 않겠다는 게 아니야. 이 점을 알아 둬. 난 그가 창조한 세계를, 신의 그 세계를 받아들이지 않겠다는 거야. 받아들이는 것에 동의할 수가 없어." 이반의 이 말을 듣고 당신의 일차적인 반응은 어떠했나요? 그 반응은 당신에 대해 무엇을 말해 주나요?

❷ 이런 부당한 고통이 가득한 세상에는 응보가 필요하다는 이반의 말에는 어떤 답변을 해 줄 수 있을까요?

❸ 기독교에서는 정의가 온전히 실현될 가능성으로서 내세를 제시합니다. 그런데 이반은 고통이 가득한 현세도 인정할 수 없고, 현세의 그 고통을 보상하지도 그에 따른 분노를 해소하지도 못한다며 내세도 거부합니다. 알료샤는 이런 이반의 상태를 '지옥'이라고 부르며 형을 걱정하지요. 현세의 고통을 가볍게 치부해서는 절대 안 되겠지만, 내세가 없이 현세만으로 정의와 회복을 온전히 기대할 수 있을까요? 내세신앙에 대한 생각을 나눠 주십시오.

소설이 내게 말해 준 것들

❹ 이반이 들려주는 '대심문관 이야기'를 듣고 어떤 생각이 드나요?

❺ 대심문관은 사탄의 세 가지 시험의 본질이 무엇이라고 생각하나요? 그 시험들은 우리에게 어떤 의미가 있을까요?

❻ 대심문관은 자신이 그리스도의 길보다 나은 길을 선택했노라고 선언합니다. 그리스도의 길은 극소수의 사람들만 갈 수 있는 길이라면서 말입니다.
- 그의 주장에 대해 어떻게 생각하나요? 설득력이 있나요? 어떤 면에서 그렇게 생각하나요?
- 그런데 그리스도는 이미 '좁은 길로 가라'고 말씀하신 바 있습니다. 대심문관이 말한 '나은 길'은 결국 그리스도가 피하라고 하셨던 '넓은 길'과 같은 것이 아닐까요?

❼ 대심문관이 그리스도를 풀어 주자 그리스도는 대심문관에게 키스를 합니다. 그리스도의 키스는 무엇을 의미할까요?

대심문관의 길_《카라마조프 씨네 형제들》

《호빗》

영국의 작가 J. R. R. 톨킨(1892–1973)이 1937년에 출간한 동화. 이 작품의 속편에 해당하는 책이 1954–1955년에 나온 《반지의 제왕》이다. 주인공 빌보 배긴스는 호빗인데, 키가 사람의 절반쯤 되고 먹고 마시는 것을 좋아하는 종족이다. 빌보는 마법사 간달프가 데려온 열두 명의 난쟁이들이 사악한 용 스마우그에게 빼앗긴 보물을 되찾으러 가는 모험에 합류한다. 빌보는 그 여정에서 자신에게 있는 줄도 몰랐던 용기와 행운과 지혜를 발견하게 되지만, 힘없는 호빗이 트롤, 고블린, 골룸, 용을 과연 상대할 수 있을까?

운이 좋다는 것에 관하여
《호빗》

04

《호빗》의 주인공 빌보 배긴스는 "부유할 뿐 아니라, 모험이나 예상 밖의 일을 한 적이 없었던" 골목쟁이 집안의 호빗이다. 그런 빌보의 인생에 간달프가 찾아와 "자네를 모험에 보내 주겠다"고 제안한다. 그는 모험을 원한 적 없다며 정중히 거절하지만 간달프는 아랑곳하지 않고 열두 명의 난쟁이라는 커다란 혹을 주렁주렁 달고 되돌아온다. 간달프가 훅 들어오면서 빌보의 인생이 제대로 꼬였다. 운도 나쁘지. 그런 존재와 엮이다니.

　《호빗》은 빌보 배긴스가 열두 명의 난쟁이들에게 '좀도둑'(전문 보물 사냥꾼)으로 고용되어 사악한 용 스마우그에게 빼앗긴 난쟁이들의 보물을 되찾으러 떠나는 모험 판타지다. 간달프의 꾐에 넘어가 모험에 나서게 된 빌보는 몇 번이나 이런 생각을 한다. '도둑질이니 뭐니 다 성가시고 귀찮은 일이야. 내 멋진 굴집 불가에 앉아 있었으면 얼마나 좋을까. 찻주전자에서 물이 보글보글 끓기 시작하는 것을 들으면서 말이야!'

사실 그 정도가 아니었다. 그는 모험 과정에서 수없이 위험에 처하고 몇 번은 말 그대로 죽을 뻔했다. 그러나 그때마다 기막힌 행운으로 위기를 모면한다. 빌보는 '운 좋은' 호빗이었다. 극도의 불운 가운데 빌보에게 찾아온 행운. 그중 두 사례만 생각해 보자.

골룸과의 만남

빌보 일행은 고블린들에게 잡혀가 "다시는 햇빛을 못 보게 뱀이 우글거리는 어두운 구멍 속"*에 처박힐 위기에 처하지만 때맞춰 나타난 간달프의 도움으로 탈출에 나선다. 그런데 빌보는 탈출 과정에서 큰 위기에 처한다. 일행의 맨 끝에서 자신을 업고 가던 난쟁이 도리가 갑자기 뭔가에 낚아채이면서 그의 등에서 굴러떨어진 것이다. 빌보는 단단한 바위에 머리를 부딪혀 정신을 잃고 만다.

• J. R. R. 톨킨, 《호빗》, 이미애 옮김, 씨앗을뿌리는사람들, 2021, 103쪽.

소설이 내게 말해 준 것들

빌보가 눈을 떴을 때 사방이 깜깜했고, 주위에는 아무것도 없었다. 참으로 막막한 상황이었다. 큰 불운이라 할 만했다. 어떤 적들이 있는지 모르는 동굴에 혼자 떨어지다니. 도리에게 업힌 채 자신이 어디로 가고 있는지도 몰랐던 그는 그곳이 어디쯤이고 일행을 어디에서 만나야 할지도 알 수 없었다. 이런 불운의 정점에서 동굴 바닥을 기어가던 그의 손에 차가운 금속이 닿았다. 작은 반지였다.

어두운 동굴 속에서 빌보는 골룸을 만난다. 당시에는 몰랐지만 골룸은 반지의 주인이었고 그 반지는 골룸에게 무엇보다 소중한 보물이었다. 골룸은 빌보에게 내기를 제안한다. 자기가 낸 문제를 못 맞히면 잡아먹고, 자기가 빌보의 문제를 못 맞히면 나가는 길을 알려 주겠다고. 이런 불평등 계약을 수락한 것을 보면 빌보의 처지가 얼마나 다급했는지 알 수 있다. 내기에서 이겨 살아남으려면 빌보에게 지성과 함께 큰 행운이 필요했는데, 여기서도 과연 행운이 따라 주었다.

운이 좋다는 것에 관하여_《호빗》

수수께끼 내기의 결과가 여의치 않자 골룸은 빌보를 내버려두고 은신처로 돌아간다. 반지를 끼고 돌아와 빌보를 처치할 생각이었다. 그런데 반지가 보이지 않았다! 빌보가 반지를 훔쳤다고 생각한 골룸은 비명을 지르고 눈을 초록빛으로 불태우며 그에게 다가온다. 빌보는 골룸이 자기를 죽일 생각임을 직감하고 황급히 도망친다. 그 와중에 주머니에 손을 넣었다가 손가락에 반지가 스르륵 끼워진다.

빌보는 서두르다 나무뿌리에 걸려 엎어지는데, 미처 대처할 틈도 없이 바짝 다가온 골룸이 자신을 못 보고 지나가는 것을 보고 자신이 발견한 반지가 사람을 안 보이게 만드는 마법 반지임을 알게 된다. 그가 동굴 속에서 만난 가장 큰 행운이 바로 이 반지였다. 반지의 힘을 적절한 때에 알게 된 것도 행운이었다. 반지가 없었다면, 있었어도 그 힘을 몰랐다면 그는 골룸에게 잡아먹혔을 가능성이 크다. 반지가 골룸의 손에 남아 있었다면 백 퍼센트 그렇게 되었을 것이다.

골룸은 빌보가 반지를 훔쳐서 달아났다고 생각한다. 하지만 아직 반지의 힘은 모를 거라고 짐작한다. 그렇게 생각하니 빌보가 나가는 길을 모른다고 한 말도 거짓처럼 느껴졌고, 빌보가 동굴을 빠져나가려다가 고블린들에게 붙잡힐 거라는 생각이 따라왔다. 그러면 반지를 빼앗길 테고, 고블린이 반지의 힘을 발견하고 그것을 낀 채 자기를 죽이러 오면 꼼짝없이 당하게 될 거라는 걱정이 든다. 반지의 힘을 써서 여러 고블린

소설이 내게 말해 준 것들

을 잡아먹었던 골룸이기에 가질 수 있는 생각이자 두려움이 었다.

골룸은 고블린들보다 빌보를 먼저 잡으려고 입구 쪽으로 걸어간다. 빌보는 그 뒤를 따라가 결국 입구 앞까지 이르게 된다. 그런데 입구 앞에서 골룸은 주저앉는다. 고블린들의 냄새가 난 것이다. 그때 빌보가 몸을 움직이자 골룸은 빌보의 냄새도 맡는다. 입구를 딱 막은 채 활시위처럼 몸을 긴장한 채 주위를 경계하는 골룸.

빌보는 그런 골룸을 보면서 녀석을 죽이고 빠져나가야 한다고 생각한다. 힘이 조금이라도 남아 있을 때, 가능하면 빨리. 그때 빌보의 마음에 "느닷없는 이해심, 공포와 뒤섞인 갑작스런 연민"•이 솟는다. 그는 이미 동굴에서 골룸이 어떻게 사는지 보았다. 곁에 아무도 없고 애지중지하던 반지까지 잃어버린 골룸의 비참한 처지가, "더 나아질 희망도 햇빛도 없

• 같은 책, 132쪽.

이 단단한 돌에 둘러싸여 차가운 물고기만 먹으며 몰래 숨어 속삭이며 살아온 셀 수 없이 긴 세월이"• 느껴진 것이다.

그때 빌보는 참으로 용감한 행동을 한다. 자신을 죽이려 했던 골룸을 죽이지 않고 위험을 감수하며 그대로 뛰어넘는다. 마법의 반지라는 행운이 열어 준 새로운 가능성 중에서 불쌍한 골룸을 살려 주고 자기는 빠져나갈 좁은 길을 선택한 것이다. 그는 자신에게 행운으로 주어진 힘에 도취되지 않았다. 행운이 안겨 준 힘을 절제하고 자신에게 필요한 선까지만 능력을 쓰는 데 자족했다. 그런 선택은 나중에《반지의 제왕》에서 대단히 중요한 결과를 만들어 내는데, 궁금하신 분들은 책이나 영화를 참고하시길.

스마우그와의 만남

'대진운'이 최악이었다. 빌보가 도둑질을 해야 하는 상대는 스마우그. 어마어마한 덩치에 불을 뿜고 하늘을 날며 온몸은

• 같은 책, 132쪽.

방탄 비늘로 덮인 최강 신체의 빌런이다. 탐욕은 끝이 없고 눈이 매섭기 그지없으며 교묘한 지능에 달변이다! 도저히 어떻게 해 볼 수 있는 상대가 아니다.

그런데 불 뿜는 용 스마우그는 이야기 전개에서 아주 흥미로운 역할을 한다. 스마우그는 빌보가 난쟁이들과 함께 왔음을 알고 보물에 관한 의미심장한 질문을 던진다. "14분의 1이나 그 정도가 계약 조건이었겠지. 하지만 어떻게 운반할 건가? 수레에 실어서 운반할 건가? 무장한 경비병이나 통행료는 어떻게 하고?"• 빌보는 실제로 보물의 14분의 1을 받기로 되어 있었는데, 스마우그의 그 말을 듣기 전까지는 보물 운반 문제는 생각도 하지 못하고 있었다.

스마우그가 난쟁이들에게서 빼앗아서 깔고 앉은 보물의 양은 어마어마했다. "용의 몸 아래로, 여러 개의 다리와 사리를 틀고 있는 거대한 꼬리 아래, 바닥을 가로질러 사방으로 펼쳐진 그의 몸 주위로, 헤아릴 수도 없는 귀금속들이 산더미처럼 쌓여 있었다. 정련한 금과 정련하지 않은 금, 보석과 장신구, 그리고 불그스름한 빛 속에서 붉게 물든 은이 있었다."•• 그중에서 14분의 1이라니. 너무 많은 양이었다. 대부분은 가져갈 수 없을 만큼.

- 같은 책, 290쪽.
- • 같은 책, 277쪽.

운이 좋다는 것에 관하여_《호빗》

    스마우그가 이런 질문을 한 목적은 난쟁이들에 대한 불신을 심어 주기 위해서였다. 빌보는 당황했고 정말 그런 의문을 갖게 되었다. '난쟁이들도 이 중요한 문제를 잊고 있었던 것일까, 아니면 뒤에서 내내 나를 비웃고 있었던 것일까?' 그러나 빌보는 "친구들을 배신하지 않고 자기 목적에 충실하려고 노력"하며 스마우그와의 말씨름을 이어 갔다.•

    스마우그는 나쁜 의도로 던진 질문이었지만, 이 대목에서 빌보가 이 문제를 생각하게 된 일은 나중에 난쟁이 무리와 호수마을 사람들(스마우그의 거처가 있는 산 아래, 난쟁이들의 모험을 후원했던 이들) 사이의 보물 분배 문제를 해결하는 데 중요한 역할을 한다. 악인의 악한 꾀가 결국 우여곡절 끝에 선한 결과를 만들어 내는 이야기는 언제 봐도 짜릿하고 놀랍다. 그것이 책 속 이야기만이 아니라 현실의 역사에서도 나타나는 현상

• 같은 책, 290쪽.

이라고 생각하면 더욱 그렇다.

　강적 스마우그와의 대결이라니, 정말 최악의 '대진운'이었다. 그러나 그 강적이 머리를 굴려서 던진 회심의 질문이 빌보에게는 커다란 행운을 안겨 주었다. 덕분에 그는 보물과 관련된 자신의 상황을 객관적으로 볼 수 있었기 때문이다. 스마우그의 미끼는 현실을 받아들이고 자족할 줄 아는 빌보 앞에서 끔찍한 충돌과 희생을 막게 해 줄 실마리로 바뀌었다. 빌보의 덕스러운 성품이라는 필터를 거치자 무서운 유혹이 '위장된 행운'으로서의 면모를 드러냈다. 자신에게 주어진 것이 불운이든 행운이든, 결국 그것을 본인과 주위의 사람들에게 복이 되게 만드는 빌보의 모습은 많은 것을 생각하게 해 준다.

소린의 불운과 행운

난쟁이들의 왕 소린은 참으로 불행한 과거를 갖고 있었다. 스마우그에게 가족과 왕국, 보물까지, 한마디로 모든 것을 빼앗긴 비운의 주인공이었다. 그런데 오랜 세월 불행에 시달리던 그에게 연거푸 행운이 찾아왔다. 우선, 충직한 신하들이 있었다. 간달프가 난쟁이들의 역사에 개입하고 그들을 도와주기로 결정한 것도 엄청난 행운이었다. 간달프가 얼마나 많은 위기에서 소린 일행을 구해 주었던가. 그리고 무엇보다 운 좋은 좀도둑 빌보가 있었다. 빌보의 행운은 고스란히 소린의 행운이 되었다.

 마침내 스마우그가 사라지고 보물을 모두 되찾는 더없는 행운이 찾아온다. 그러나 그 엄청난 행운이 최악의 덫으로 변한다. 소린이 어마어마한 보물을 독차지하기로 마음먹었기 때문이다. 그래서 보물을 찾은 이후로 소린은 완전히 다른 난쟁이가 되고 그의 최대의 행운 때문에 호수마을의 인간들 및 엘프와 전쟁까지 벌어질 수 있는 일촉즉발의 위기가 펼쳐진다. 소린의 탐욕이 그 위기를 만들었고, 모험 내내 목숨을 아끼지 않고 헌신했던 빌보를 의심하고 밀쳐 내는 결과로 이어진다. 자신의 행운을 제대로 소화하지 못할 때 자칫 모두의 불행으로 끝날 수 있다는 두려운 사실을 소린은 잘 보여 준다.

 난쟁이들의 왕 소린이 보물에 대한 욕심에서 끝까지 벗어나지 못했다면 본인도 완전히 망가졌을 테고, 수많은 이들에게 커다란 희생을 안겨 주었을 것이다. 소린이 탐욕에서 벗어나도록 도운 것은 고블린과 늑대, 오크들의 공격이었다. 그들의 침략이 없었다면 소린은 자신을 도와주었던 엘프, 그리고 인간들과 추악한 싸움을 벌였을 것이다. 진짜 적들이 나타나자 소린은 욕심을 떨쳐 내고 용감하게 전투에 나선다. 싸워야 할 상대가 누구인지 제대로 아는 것이 얼마나 중요한 일인지.

 소린을 보면서 한심하게 여기면 곤란하다. 누구에게나 스스로의 힘으로는 벗어날 수 없는 유혹이 있음을 드러내는 모

소설이 내게 말해 준 것들

델로 보는 것이 합당할 것이다. 그래서 다른 사람의 도움이 필요한 것 아니겠나. 사랑하는 친구들의 충심 어린 조언은 소린의 귀에 들어오지 않았다. 그를 정신 차리게 만든 주역이 그를 죽이러 오는 적들이었다니, 정말 아이러니다. 자신의 상황을 빌보처럼 스스로 깨달을 수 있으면 제일 좋겠지만, 다른 이들을 통해서라도 깨닫고 돌이킬 수 있다면 그것도 큰 복이겠다. 《호빗》을 덮으며, 볼 수 있는 눈과 들을 줄 아는 귀를 달라는 기도가 절로 나온다. 빌보보다는 소린에 훨씬 가까운 나이기에.

운이 좋다는 것에 관하여_《호빗》

함께 읽고 나누기 위한 질문

《호빗》

❶ 당신은 운이 좋은 사람인가요, 나쁜 사람인가요? 왜 그렇게 생각하나요?

❷ 안락하고 편안하던 집에 간달프가 난쟁이들을 데리고 들어오면서 빌보 배긴스의 인생이 꼬이고 맙니다. 운도 나쁘지요. 하지만 그 결과로 그는 대단히 운이 좋은 호빗이라는 사실이 드러나는데요, 운이 좋다 나쁘다는 건 무엇을 의미할까요? 운이라는 건 뭘까요? 장기적인 결과를 생각하지 않고 단기적으로 운이 좋니 나쁘니 하는 것이 과연 의미가 있을까요?

❸ 스마우그는 빌보가 어찌할 수 없는 무적의 상대로 보였습니다. 그런데 스마우그가 회심의 일격으로 던진 질문, 기억하나요? 자신의 몫으로 주어질 14분의 1의 보물을 어떻게 할 거냐는 질문은 이후 난쟁이 무리와 호수 마을 사람들의 보물 문제를 해결하는 데 중요한 계기로 작용하지요. 무서운 유혹이 '위장된 행운'의 면모를 드러낸 것이지요. 이런 경험을 해본 적이 있나요?

❹ 필자는 '덕스러운 성품'을 행운이 행운되게 하는 필터라고 부르는데요, 이 표현에 대해 어떻게 생각하나요? 그렇게 생각하는 이유는 무엇인가요?

❺ 소린은 불운한 과거를 갖고 있었지만 간달프의 개입으로 많은 행운이 덩굴째 굴러들어 왔습니다. 결국 스마우그까지 처리하면서 소린에게 최대의 행운이 찾아오지요. 그런데 그 행운이 곧 최악의 덫이 되고 맙니다. 이런 아이러니를 겪어 본 적이 있나요? 혹은 주위에서 본 적이 있나요? 이와 관련하여 나눌 이야기가 있나요?

❻ 필자는 《호빗》을 '운이 좋다'는 화두로 풀어냈습니다. 이 주제 외에 《호빗》 작품으로 이야기하고 싶은 내용이 있다면 말씀해 주십시오.

《하우스키핑》

미국의 작가 메릴린 로빈슨(1943-)이 1980년에 출간한 데뷔작. 이 작품으로 작가는 문학계에 강렬한 인상을 남겼다. 미국 아이다호주의 작은 가상 마을 핑거본을 배경으로, 부모를 잃고 이모 실비의 손에 맡겨진 루스와 루실의 성장 이야기를 그린다. 이모는 조카들을 사랑하지만 방랑 생활에 익숙하여 집안일과 집을 돌보는 것에 서툴다. 그런 이모 밑에서 어린 시절을 남들과 다른 모습으로 살아가던 두 자매는 마침내 어떤 집에서 누구와 함께하는 삶을 붙들어야 할지 선택해야 할 시점에 이른다.

집보다 중요한 것
《하우스키핑》

05

루스와 루실 자매는 도시의 허름한 아파트에 살았다. 어느 날, 엄마가 이웃의 차를 빌려 그들을 태우고 어딘가로 간다. 엄마가 운전하는 모습에 아이들은 신기할 따름이다. 엄마가 아이들을 데려간 곳은 고향 핑거본이다. 할머니가 교회에 가서 없는 시간에 집에 도착한 엄마는 아이들에게 크래커를 쥐어 주고 베란다에서 기다리라고 한다. 그리고 차를 몰고 떠나간다.

    엄마는 그 길로 절벽 아래로 차를 몰아 호수의 물속으로 사라졌다. 졸지에 아이들은 고아가 되고, 할머니는 둘째 딸을 잃고 두 손녀를 맡아 기른다. 아이들의 첫 번째 양육자 할머니 이야기부터 해 보자.

할머니

외할머니는 젊은 날 남편을 기차 사고로 잃은 슬픔을 겪었다. 기차가 호수에 추락하면서 타고 있던 남편도 함께 빠진 것이다. 남편은 언덕에 직접 지은 집과 연금을 남기고 갔다.

남편을 잃은 그녀 곁을 사춘기의 세 딸이 지켰다. 마치 어린 시절이 돌아온 듯, 세 딸은 엄마 옆에 꼭 붙어 있었다. 각자가 집안일을 나눠 하면서 서로에게 힘이 되었다. 그렇게 남편이 떠난 5년 동안 오히려 평화로운 시기가 이어졌다.

물론 남편을 잃은 할머니의 슬픔은 컸다. 그러나 남편이 죽은 후에도 그녀는 일상을 꾸리고 아이들을 돌봐야 했다. 그녀는 검은 상복을 입고 지내던 날에도 "믿음의 행위로서 일상의 의식을 치르듯"• 집안일을 감당했다. 그녀가 어떤 자세로 살아갔는지, 큰 슬픔의 시간 속에서 그녀를 붙든 것이 무엇인지 보여 주는 대목이다.

할머니는 딸들을 속박하거나 간섭하지 않고 지극하지만 공평하게 사랑했고, 너그러우면서도 원칙에 충실하게 대했다. 그러던 어느 날, 흙과 하늘과 정원이 달라 보인다. 그날,

• 메릴린 로빈슨, 《하우스키핑》, 유향란 옮김, 마로니에북스, 2013, 26쪽.

딸들의 얼굴도 늘 보던 것과 달라 마치 다른 사람 얼굴 같았다. 그때도 그녀는 조용하고 태연하고 조심스럽게 행동한다.

그렇게 달라진 딸들은 다 떠나갔다. 그중에서도 둘째 딸 헬렌은 7년 후 돌아와 두 딸을 데려다 놓고 영영 떠났다. 꽤 여러 날 방에서 꼼짝도 하지 않던 할머니는 결국 떨치고 일어나 손녀들을 지극 정성으로 돌본다. 딸들을 돌보았던 그 정성으로. 그러나 정성껏 돌보았던 딸들은 결국 다 떠나갔고 둘째 딸은 그렇게 되어 버렸기에 이제 할머니는 자신이 없다. "비행기에서 아기가 떨어지는 것을 보고 앞치마로 받으려"는 꿈, "차 여과기를 가지고 우물 속에서 아기를 건지려는"• 꿈처럼 자신이 가진 부족한 것으로 어떻게든 애쓸 따름이다.

5년 동안 손녀들을 지극정성으로 돌본 할머니는 마침내 두 가지를 마련해 놓고 노환으로 세상을 떠난다. 양육자로 시누이 자매가 오게 주선했고, 집과 약간의 수입을 남겨 준 것이다. 사람이 할 수 있는 것은 다해 주고 떠났다고 할 수 있겠다.

실비 이모

할머니의 시누이 자매는 아이들을 어떻게 대하고 훈육해야 하는지 몰랐고 새로운 집에도 적응하지 못했다. 결국 그들은

- 같은 책, 39쪽.

집보다 중요한 것_《하우스키핑》

할머니의 셋째 딸 실비와 연락이 닿자 그녀에게 양육의 책임을 넘기고 원래 살던 곳으로 돌아간다.

처음 실비 이모가 왔을 때만 해도 아이들은 그녀가 금세 떠날까 봐 불안해하고 졸졸 따라다녔다. 이모는 외할머니와 많이 달랐다. 오랫동안 떠돌이로 살아온 사람인 터라 그 생활 습관이 몸에 배어 있었고, 그런 생활을 선택하게 만든 성향과 습관도 그대로 남아 있었다.

잘 때도 신발을 잘 벗지 않고 웅크리고 잤다. 깡통과 신문을 모으고, 집의 상태에는 크게 개의치 않고 정돈과 꾸미는 데 관심이 없었다. 햇볕을 쬐게 한다고 소파를 밖에 내놓았다가 깜빡해서 소파가 탈색되기도 했다. 먼 곳을 바라보거나 불쑥 나갔다가 호수에서 시간을 보내고, 철로에 위태롭게 서 있기도 했다.

하지만 그녀는 조카들 곁에 남아 그들을 돌보았다. 어두워진 후에 불을 꺼 놓고 하는 저녁식사처럼 좀 특이한 부분도 있었지만, 그녀가 떠돌이 생활의 자유를 상당 부분 포기하고 조카들을 돌보는 데 전념한 것만은 분명했다.

물론 부족함이 있었다. 아이들에게 필요한 신발 같은 물품을 사 줄 때도 제대로 된 물건이 아니라 자기 취향에 맞는 싸구려들을 사댔다. 할머니가 남겨 준 돈은 있었지만 보통 사람들에게 있는 안목이 없었던 것이다. '좀 더 잘할 수 없었는가'라고 물을 수는 있겠으나 누구도 자기에게 없는 것을 줄 수는

소설이 내게 말해 준 것들

없는 법. 결국 자기에게 있는 것을 어떻게 진실하게 내어 주느냐가 본질이겠다. 그런 면에서 이모도 할머니 못지않게 진정성 있게 조카들을 돌보았다고 할 수 있다.

이모의 그런 생활방식과 취향, 한계가 조카들이 어릴 때는 문제가 되지 않았다. 하지만 아이들이 자라면서 상황이 달라진다. 특히 루실에게 그것은 큰 문제가 된다. 이제 루실 이야기로 넘어가 보자.

루실이 원한 것

루실과 루스는 한 살 터울의 자매다. 둘은 어린 나이일 때부터 많은 일을 함께 겪었다. 둘은 오랫동안 서로에게 유일한 친구였다. 그러나 나이가 들면서 상황이 달라진다. 키만 큰 어린이에 지나지 않던 언니와 달리, 루실은 빨리 여자가 되었던 탓이다.

이모가 사다 주는 물건, 이모의 살림살이, 이모가 꾸려 가는 집구석, 이 모든 것이 루실의 마음에 안 드는 때가 온다. 루실은 이웃집의 어느 부인처럼 집을 근사하게 관리하지 못하는, 살림과 패션에 무능한 이모가 싫다. 다른 사람들처럼 살고 싶고, 또래 여자애들처럼 되고 싶다.

루실이 원한 것은 대다수 사람이 원하는 것이었다. 사람들의 딱한 눈길, 이상한 시선은 지긋지긋했다. 어릴 때야 어쩔 수 없었다고 해도, 이제 나이가 들었으니 달라질 수 있지 않

집보다 중요한 것_《하우스키핑》

을까? 그래서 루실은 구제불능 이모는 제쳐 두고 언니를 자기와 같은 길에 끌어들이려고 한다. 언니를 개선시키려고 시도한다. 그러던 어느 날 루실은 가게로 가는 길에 언니를 데려간다. 하지만 마음이 없던 루스는 먼저 집에 돌아온다.

옷본과 옷감을 구해서 귀가한 루실은 옷본의 설명서를 읽기 위해 언니의 도움을 구한다. 두 사람은 사전을 꺼내 온다. 그런데 루스가 설명서에 등장하는 단어를 하나씩 찾을 때마다 사전 사이에 끼워진 꽃잎이 눈에 들어온다. 쓸모없는 꽃잎에 정신이 팔린 언니의 모습에 화가 난 루실은 사전의 양쪽 모서리를 잡고 흔들어 댄다.

루실이 떨어진 꽃잎을 난로에 넣어 버리자고 했지만 루스가 다른 책에 넣겠다고 나서자 루실은 그것들을 손바닥 사이에 놓고 짓뭉갠다. 두 사람은 몸싸움에 돌입하고 결국 루스는 이렇게 선언한다. "좋아, 난 안 도와줄 거야."•

루실은 언니가 애초부터 도와줄 마음이 없었다고, 도와주

소설이 내게 말해 준 것들

지 않을 핑곗거리만 찾고 있었다고 비난한다. 여기서 두 사람의 관계는 결정적으로 틀어진다. 며칠 뒤 루실이 옷핀도 빼지 않은 옷감을 태우는 것을 보고 루스는 사과했으나 화해는 제대로 이루어지지 않는다. 루실이 그 사건을 계기로 언니와 자신이 다르다는 것, 같은 길을 갈 수 없다는 것을 확인한 탓이다.

"언니가 어쩔 수 없다는 거, 나도 알아."
"너 역시 어쩔 수 없다는 거, 나도 알고 있어."
"나는 그래서는 안 돼, 나는 달라."
"무엇과 다르다는 거야?"
"실비 이모하고 다르다고."••

하지만 남들처럼 입고, 남들만큼 사는 것은 얼마나 어려운 일인지. 루실 또래의 여자 청소년들은 대부분 엄마의 전폭적 지원에 힘입어 그 일을 어렵사리 해낸다. 많은 이들에게 그건 온 힘을 다 기울여야 할 수 있는 힘든 일이다. 루실은 언니가 그 부분에서 도울 마음도 능력도 없는 데다 앞으로도 달라지지 않을 거라고 확신하게 되었다.

- 같은 책, 177쪽.
-- 같은 책, 181쪽.

집보다 중요한 것 《하우스키핑》

이모가 차지한 집에서 언니에 대한 기대마저 접게 된 루실은 외부로 시선을 돌린다. 가정 과목을 가르치는, 혼자 사는 로이스 선생님을 찾아가 사정을 이야기하고 몸을 의탁한다. 루실은 로이스 선생님을 엄마로 선택한 것이다. 그날 실비 이모는 조카를, 루스는 동생을 잃었다.

루스가 잃어버린 것과 잃어버릴 만한 것

루실과 달리 루스는 남에게 어떻게 보이는지 크게 개의치 않는다. 아니, 남에게 어떻게 보일지 알아내는 동생이 신기할 따름이다. 그런데 루스와 루실의 차이 배후에는 이렇게 남의 눈을 의식하는 성향과 심미안보다 더 결정적인 원인이 따로 있었다.

동생에게 이끌려 가게로 간 그날, 그곳에서 동생이 또래 여자아이들이 보여 주는 최신 헤어스타일, 옷본과 옷감에 홀딱 빠지는 것을 보고 루스는 집으로 가려고 한다. 루실은 언니를 말리고 "우리는 좀 더 세련돼져야 한다"고 말하지만 루스는 혼자 집으로 돌아온다. 동생이 루스를 끌어들이려 하는 세상이 루스에게는 전혀 다르게 다가온 탓이다.

[그곳은] 나로서는 가고 싶은 마음이 전혀 없던 세상이었다. 왜냐하면 그곳에서는 내가 잃어버린 것, 또는 잃어버릴 만한 것을 전혀 찾을 수 없을 것 같았기 때문이다. 다른 말

로 하면, 내가 잃어버린 무언가를 이모의 집에서 찾을 수 있을 것 같았다.●

 루스가 잃어버린 것, 또는 잃어버릴 만한 것이 무엇이었을까? 이모의 집에서 찾을 수 있을 것 같았던, 루스가 잃어버린 것은 무엇일까? 루스는 그것을 콕 집어서 말하지 않는다. 아니, 말하지 못한다고 해야 할지도 모른다. 그 장면 이후로 여러 사건을 겪고 그에 따른 여러 사색을 거친 끝에 비로소 자신이 원하는 것을 직시하게 되는 까닭이다.

 결론부터 말하자면 그것은 엄마다. 루스가 잃어버린 것은 엄마다. 잃어버릴 만한 것은 루스가 명시적으로 인정하지 않지만 막연히 엄마처럼 생각하는 이모다. 엄마에 대한 생각의 차이가 자매의 진로를 극명하게 갈라놓았다. 두 자매가 기억하는 엄마의 모습부터 달랐다.

 엄마가 어떤 사람이었는지를 두고 자매가 다투는 대목에서 그것을 확인할 수 있다. 루실이 기억하는 엄마는 "정리정돈을 잘하고 활기차고 분별 있는 미망인"●●이었다. 그러나 루스의 기억은 달랐다. 엄마는 "대단한 관심을 기울이고 말 것도 없이 매우 단순하고 제한된 삶을 영위한 사람. 차라리 혼

● 같은 책, 172쪽.
●● 같은 책, 152쪽.

집보다 중요한 것_《하우스키핑》

자인 것을 더 좋아하지 않았나 싶을 정도로 부드러운 무관심으로 아이들을 키운"• 사람이었다. 엄마의 사인에서도 둘은 갈라진다. 루실은 차가 움직이지 않아서 액셀을 세게 밟는 바람에 발생한 사고라고 말한다. 루스는 정황상 자살이 분명하다고 근거를 대어 반박하지만, 루실은 언니가 엄마를 깔아뭉개서 이모를 옹호하려 한다고 비난한다.

루실에게 엄마는 원하는 것을 채워 줄 수 있는 보호자다. 죽은 엄마는 루실의 기억 속에서 바로 그런 모습으로 재구성되어 있고, 그렇지 못한 이모는 루실에게 엄마의 자격이 없다. 그래서 루실은 자신의 엄마가 될 만한 사람을 찾아가 엄마가 되어 달라고 부탁한다. 그런 계획을 실행에 옮기는 것은 쉽지 않았겠지만, 그런 생각의 전개 자체는 어려울 것이 없었다. 자신을 버린 존재를 갈망하는 치욕감과 싸울 필요가 없었던 탓이다.

루스는 달랐다. 루스는 엄마가 자신을 버리고 자살했음을 알았기 때문이다. 그런 엄마에게 연연하는 마음은 아무래도 인정하기 어려웠다. 그러나 엄마를 향한 그리움, 엄마 같은 존재에 대한 욕구는 사라질 줄 모른다. 엄마에게 받은 상처와 엄마에 대한 갈망, 이 둘의 충돌이 해소되어야 했다. 그전까지는 엄마를 향한 갈망은 제대로 직시되고 채워질 수 없었다.

• 같은 책, 152-153쪽.

그리고 상처와 갈망의 충돌 해소를 위해 소설 앞부분부터 등장하는 것이 바로 '죽음과 부활'의 이미지다. 한 가지 사례만 살펴보자.

가게에서 루실과 헤어져 혼자 집으로 돌아가는 루스에게 친숙한 것이 하나둘 눈에 들어온다. 그녀는 봄에 찾아오는 만물의 소생을 부활이라고, 새롭게 움트는 나무들을 나사로라고 부른다. 그런데 그중에서 죽어 버린 두 나무를 거론하면서 그 나무들에서 잎이 나온다고 해도 놀라운 일이 아니라 일상적 변화일 거라고 말한다. 그러면서 소멸한 것, 죽은 것이라고 해서 잃어버린 것이 될 필요는 없다고 한다. 그리고 이모는 소멸한 것의 생명을 느꼈다고 덧붙인다.

봄에 일어나는 생명의 소생을 죽음과 부활에 비유하고, 그러므로 죽음과 부활이 기적이 아니라 일상적 변화라는 말. 따라서 죽은 나무가 잎을 맺어도 그건 늘 있는 일이라는 말. 이건 객관적 진술이 아니라 비유와 사실을 뒤섞은 논리적 비약이자 루스의 일방적 주장이다. 죽은 것이라고 해서 잃어버린 것이 될 필요는 없다, 소멸한 것의 생명 같은 알쏭달쏭한 구절들을 루스 엄마의 죽음과 새로운 엄마에 대한 기대로 읽어 내면 그 의미가 명료해진다. 엄마는 죽었지만 그래도 내게 엄마가 생길 수 없는 것은 아니라는 말이다. 하지만 그것을 입 밖에 내지는 못한다.

집보다 중요한 것_《하우스키핑》

엄마를 엄마라 부르기까지

루실이 떠나간 그날, 루스는 이모가 전에 제안했던 호숫가의 보트와 집, 그곳의 아이들을 보러 가겠다고 한다. 학교 시험 때문에 루스가 시간을 낼 수 없었던 소풍인데, 시험을 때려치우고 가겠다고 나선 것이다. 루실이 집을 떠난 반동으로 루스는 이모 쪽으로 쏠리게 된 셈이다.

　그 여행에서 두 사람은 이모가 말한 호숫가의 허물어진 집이 있는 곳으로 간다. 그런데 이모는 루실을 거기 혼자 두고 밤이 늦도록 자리를 비운다. 루스는 혼자 있으면서 이런저런 생각을 하다가 엄마를 떠올린다. "만약 엄마만 볼 수 있다면, 그것이 꼭 엄마의 눈이고 엄마의 머리카락일 필요는 없으리라. 엄마의 옷소매를 만지지 않아도 되리라."• 엄마가 물리적으로 존재하지 않는 것은 루스도 알았다. 그러나 엄마는 여전히 루스에게 돌아오는 존재였다. "엄마는 내가 더 이상 들을 수 없는 음악이었으나, 다른 것이 아닌 음악 자체로 내 마음속에서 울리고 있는 바, 모든 감각을 다 잃어버렸으되 그래도 죽지는, 죽지는 않았다."•• 엄마는 자신을 버리고 자살한 사람. 자신을 버린 사람. 루스는 엄마를 물리적으로 잃었으되 엄마를 놓지 않으려 한다.

• 같은 책, 222쪽.
•• 같은 책, 223쪽.

소설이 내게 말해 준 것들

루스가 이런 생각을 하고 있을 때, 오랫동안 자리를 비웠던 이모가 돌아와 안아 주고 코트를 덮어 준다. 루스는 자신을 오랜 시간 방치한 이모에게 화가 나면서도 이모에게 안긴 채 그렇게 자기를 안아 주던 할머니를 떠올린다. 이모와 떨어지고 싶어 하지 않는다. 자리에서 일어날 때 이모가 루스를 특별하게 여긴다는 것을 느낀다. 이모는 루스를 맹인처럼, 넘어질 것처럼 팔을 두르고 데려간다. 이후 실비 이모가 루스를 딸처럼 대하는 것이 자세히 그려진다. 루스도 드디어 이모를 명시적으로 엄마처럼 생각한다. '만일 내 눈에 이모가 엄마로 보인다면 사실상 어떻게 이모가 엄마가 아닐 수 있을까?'• 그리고 한번은 아예 "엄마"라고 부르기까지 한다. 한마디로, 호수 여행을 통해 실비 이모와 루스는 친모녀 사이처럼 *끈끈하게 이어진다.*

이모의 선택

그러나 두 사람의 호수 여행은 또 다른 뜻밖의 결과를 낳는다. 그로부터 몇 주 사이에 보안관이 두 번이나 집으로 찾아온다. 두 사람이 철야 호수여행을 마치고 돌아올 때 화물열차에 올라탄 것이 문제였다. 그 모습을 본 마을 사람들은 이모가 떠돌이 증세가 가라앉지 않았을뿐더러 조카딸마저 떠돌이

• 같은 책, 233쪽.

집보다 중요한 것_《하우스키핑》

로 만들고 있다고 의심하게 된다. 이모가 화물열차를 타게 된 정황을 설명하느라 호수에서 밤을 새운 이야기까지 하면서 떠돌이 생활에 대한 의심은 짙어진다.

핑거본은 기반이 취약한 동네였다. 해마다 홍수가 나고 화재도 한 번 일어난, 한마디로 살기 힘든 곳이었다. 이런 동네에서 간신히 정착 생활을 이어 가는 주민들에게 떠돌이는 언제라도 자신들의 신세가 될 수 있는 존재로 다가와 심각한 위기감을 안겨 주었다. 집에서 살지만 떠돌이 비슷하게 지내는 루스를 그런 생활로부터 구해 내는 것은 그들에게 중요한 일이었다. 그것으로 자신들의 핑거본 생활이 안정된 것이라는 확신을 얻고자 했다고 할까. (물론 이것은 루스의 설명이다.)

이모는 상황이 심상치 않게 돌아가자 자신이 떠돌이가 아니라 멀쩡하게 하우스키핑(집안관리, 살림)을 할 수 있음을 보여 주려 한다. 집 안에 쌓인 깡통도 정리하고 종이들도 태운다. 청소도 하고 떨어진 커튼도 단다. 기존의 하우스키핑 방식을 변경하고 남들이 용인할 만한 방식을 시도한다. 어느 날은 잠도 포기한 채.

그러나 상황은 계속 악화되고 마침내 공청회를 앞둔 날, 이모는 이대로라면 루스를 빼앗길 거라는 판단을 내린다. 그간의 모든 노력이 부질없음을 알게 된 터다. 이모는 결단을 내린다. 할머니가 남긴 모든 것을 과감히 버리기로. 그러고는 루스에게 떠나자고 제안한다. 떠돌이 생활도 그리 나쁘지 않다면서.

 남들에게는 어떻게 보였을지 몰라도 이모는 조카들을 위해 떠돌이 생활을 접고 정착해서 여러 해 동안 조카들을 돌봤다. 그런데 둘째 조카는 그녀의 보살핌을 거부하고 집을 나갔다. 이제 하나 남은 조카와 함께하고자 이모는 다시 떠돌이 생활을 선택한다. 이모는 늘 조카들이 일 순위였고, 그 마음을 아는 루스는 이모에게 호응한다. 둘은 집을 버리고 서로를 선택한다.

집이란 무엇인가

루실의 선택은 합리적이고 상식적인 사람들이 바람직하다고 여길 만한 것이다. 살길을 찾은 거라고 할 수 있겠다. 루실은 자신이 원하는 것을 얻기 위해 이모와 언니와 함께 집을 떠났다. 다른 사람들처럼 세련되게 살 가능성이 없는 집은 루실에게 쓸모가 없었던 것이다.

 그런데 의미심장하게도, 이 소설은 루스의 관점에서 서술된다. 루스와 이모는 함께하고자 떠돌이 생활을 선택한다. 둘은 서로가 함께할 수 없는 집을 과감하게 포기한다.

 하우스키핑은 '집안관리, 살림, 가사'라는 의미이지만, 문자적으로 읽으면 '집을 지킴', '집을 보유함'이라는 뜻이 된다. 책 전반부에 첫 번째 의미의 하우스키핑의 이야기가 펼쳐지고, 후반부에서는 루실도, 루스와 이모도 '하우스키핑'이라는 제목과 달리 원하는 것을 얻고자 집을 떠난다. 할머니가 외손녀들의 안정적인 삶에 최소한의 기반이 되어 줄 것으로 기대했던 집이 두 손녀 모두에게 떠나야 할 곳이 되다니, 지독한 아이러니다.

　루스와 이모의 선택이 충격적이었던 것은 내게 집이 근본적인 삶의 조건이기 때문이다. 집을 포기할 수 있는 상황이라는 것 자체가 생각하기 어려웠다. 나와 같은 '정착자'에게 떠돌이의 삶은 열등하고 불온해 보인다. 이런 주류의 고정관념, 편견을 강화하는 소설이라면 텔레비전 아침드라마 수준에 불과할 것이다. 주류의 시각과 다른 것을 보게 만들고, 가려진 자들, 소수의 목소리들을 듣게 하는 것이 문학이다. 저자가 루실이 아니라 굳이 루스를 화자로 삼은 것도 그렇게 떠돌이의 목소리를 대변하겠다는 의도일 테다. 당신의 삶은 그렇게 안정적인가? 혹시 집을 붙들고자 다른 중요한 것을 놓치고 있지는 않은가? 마치 이렇게 묻는 것 같다.

떠돌이 그리스도인

앞에서도 지적한 바 있지만, 핑거본 마을의 생활은 만만하지 않다. 홍수와 화재는 이미 거론했다. 마을의 가장 중요한 지형적 특성인 호수는 어떤가. 승객을 가득 태운 기차를 통째로 삼킨 채 품고 있는 호수. 호수는 할아버지, 엄마가 죽은 곳이다. 마을의 놀이터이기도 하지만 봄이 되면 얼음이 갈라지고 주저앉는 소리가 세상을 흔든다. 핑거본에는 살인사건, 가정폭력, 온갖 사건 사고가 유난히 많다.

마을 사람들은 핑거본이 든든하고 안전한 곳인 양 떠돌이를 경계하지만, 소설을 처음부터 따라온 독자는 보안관이 루스 집을 찾아올 무렵이면 '뭐 그리 대단한 곳이라고 그러느냐?' 하는 생각마저 슬며시 들 지경이다. 그곳의 삶이 불안정하고 일시적이고 덧없음을 다각도로 보았기 때문이다.

루스와 이모가 함께하기 위해 집을 버리고 떠돌이 생활을 선택하는 것을 보면서, 집에 평생 매여 사는 우리네 모습이 떠올랐다. 예수님이 난민이셨다는 사실을, 난민을 다룬 책 《보시는 하나님》(바람이불어오는곳 역간)을 읽고서야 새롭게 깨달았듯, 이 소설은 우리가 불안정한 세상에 사는 사람들이라는 사실을, 잠시 머물다 가는 '나그네'라는 사실을 떠올려 준다. 떠돌이 루스가 펼쳐 놓는 단상과 추억, 상상은 기독교 신자가 대부분 그대로 받을 만한 내용이다. 그리스도인이 이 세상에서 나그네라는 성경의 가르침은 우리 삶의 구체적인 선택에서 어떤 의미가 있을까? 과연 아무 의미도 없을까?

다른 사람들처럼 되고자 집과 가족을 떠나 새엄마를 찾아간 루실, 서로 함께하기 위해 집을 떠나는 이모와 루스. 양측 모두 귀중한 것을 얻고 지키고자 커다란 것을 포기한다. 둘 다 그 만만치 않은 선택을 통해 얻는 것과 잃는 것이 있었다. 《하우스키핑》은 자신이 원하는 것이 무엇인지 분명히 알고 그것을 선택한 사람들의 이야기다. 나는 무엇을 원하는가, 그것을 얻기 위해 혹은 지키기 위해 포기해야 할 것은 무엇인가, 이 책은 내게 그렇게 묻고 있다.

소설이 내게 말해 준 것들

함께 읽고 나누기 위한 질문

《하우스키핑》

❶ 할머니는 남편의 죽음 이후에도 "믿음의 행위로서 일상의 의식을 치르듯" 삶을 유지했고, 딸들을 지극정성으로 보살피면서도 그들의 자율을 존중했습니다. 둘째가 두 딸을 맡겨 놓고 세상을 떠난 충격적인 일을 겪고도 며칠 만에 떨치고 일어나 손녀들을 보살폈고요. 여러모로 그녀는 손녀들에게 최선의/최상의 양육자, 보호자였습니다. 그러나 딸들을 존중하고 지극정성으로 키워도 그들의 미래는 자신의 통제 밖에 있음을 경험한 그녀는 어느 정도 무력감에 시달리는 것 같기도 합니다. 이런 할머니를 첫 양육자로 설정함으로써 저자는 양육자의 역할에 대해 무엇을 말하고 싶었을까요?

❷ 실비 이모가 자신의 한계 안에서 두 조카의 양육자로서 최선을 다했다는 필자의 해석에 동의하나요? '누구도 자기에게 없는 것을 줄 수는 없는 법'이라는 말은 당연한 말이지만 그 이상의 의미가 담길 수도 있을 것 같은데, 어머니/할머니라는 양극단의 양육자와는 또 다른 양육자상을 제시하는 이모의 모습에 대한 전반적 소감을 말씀해 주십시오.

❸ 루실이 원하는 것에 대해 어떻게 생각하나요? '다른 사람들처럼 살고 싶다'는 바람은 너무나 소박한 바람 아닐까요? 루실이 집에서 원하는 것에 대한 생각을 말씀해 주십시오. 루실은 자신의 선택으로 과연 원하는 것을 얻었을까요? 왜 그렇게 생각하나요?

❹ 루스는 루실이 원한 것에는 자기가 원하는 것이 없음을 알았습니다. 루실이 원한 것이 '정상적 가정'이었다면, 루스가 원한 것은 무엇이었나요? 그것은 루스가 얻을 수 있는 것이었나요?

❺ 루스와 루실 사이의 '사전 사건'은 둘의 관계에서 돌이킬 수 없는 간극을 만든 사건이었을까요, 아니면 두 사람 사이에 돌이킬 수 없는 경계가 존재함을 확인하는 사건이었을까요? 아니면 둘은 결국 같은 것일까요? 소중한 누군가와의 사이에서 이런 사건을 경험한 적이 있나요?

❻ 루스가 이모를 엄마로 인식하고 그렇게 부르기까지의 과정에 공감이 되나요? 루스가 아는 유일한 엄마는 엄마답지 못한 엄마였고, 나름의 방식으로 진정 사랑해 준 '엄마 같은' 존재는 이모였습니다. 하지만 자신을 저버린 엄마 대신에 그 이모를 엄마로 받아들이는 것은 어려웠습니다. 왜 그것이 그

렇게 힘들었을까요? 이와 비슷한 경험을 해 봤다면 그 상황에 어떻게 대처했는지 말씀해 주십시오.

❼ 루실은 원하는 것이 분명했고, 이모는 그것을 줄 수 없었습니다. 따라서 루실은 그것을 줄 사람을 집 바깥에서 찾아 나섭니다. 이후 남은 조카 루스를 지키기 위한 이모의 노력은 눈물겹습니다. 그것은 루스를 향한 애정의 깊이와 자신이 내려야 할 선택의 불가피성을 확인하는 절차였는지도 모르겠습니다. 그런 의미에서 그 모든 과정은 '부질없는' 동시에 꼭 필요한 것이었다는 생각이 듭니다. 유사한 경험이 있나요? 그러한 과정이 갖는 의미에 대해 이야기해 주십시오.

❽ 루실과 루스는 원하는 것을 얻기 위해 뭔가를 포기해야 한다는 것을 각자의 방식으로 보여 줍니다. 그것은 어떤 면에서는 상식적인 것이기도 하지요. 이것을 분명하게 깨닫게 된 경험을 나눠 주실 수 있나요?

❾ 이 소설이 루스의 관점에서 쓰였다는 것은 무엇을 말해 줄까요? 루실은 사회적 기대에 부응하여 살려는 이들, 루스는 자신의 욕구와 원함에 충실하게 살려는 이들을 대표한다고 할 때, 어느 쪽으로 마음이 기우나요? 그 이유는 무엇인가요?

집보다 중요한 것_《하우스키핑》

❿ 실비 이모와 루스는 서로를 잃지 않고자 떠돌이 생활을 선택하지요. 루스의 시각에서 애절한 사랑으로 그려진 실비 이모의 선택을 누군가는 이기적인 행동, 심지어 범죄로 비판할 수도 있을 것입니다. 실비 이모의 선택을 어떻게 보나요? 왜 그렇게 생각하나요?

⓫ 실비 이모와 루스의 선택을 통해 필자는 그리스도인의 나그네 됨을 이야기했습니다. 인간은 이 세상에 영원히 머물 수 없는, 결국 떠나야 할 존재이지요. 어떤 이유로든 타향살이를 하면서 그 사실을 뼈저리게 느끼게 된 분도 있겠습니다. 부모님이 돌아가시고 돌아갈 고향 집이 없어질 때도 비슷한 느낌을 받을 수 있겠지요. 인생이 나그네의 여정 같다는 느낌을 받은 적이 있나요?

"[그곳은] 나로서는 가고 싶은 마음이 전혀 없던 세상이었다. 왜냐하면 그곳에서는 내가 잃어버린 것, 또는 잃어버릴 만한 것을 전혀 찾을 수 없을 것 같았기 때문이다. 다른 말로 하면, 내가 잃어버린 무언가를 이모의 집에서 찾을 수 있을 것 같았다."

《홈》

메릴린 로빈슨(1943-)이 2008년에 발표한 소설이다. 대표작 《길리아드》의 자매편이자 독립적인 작품. 독립하여 집을 나갔던 글로리는 마음의 상처를 안고 집으로 돌아와 병든 아버지 보턴 목사를 돌보고 있다. 그러던 어느 날, 오랜 방황 끝에 오빠 잭이 집에 돌아오고 두 사람 사이에는 호의와 더불어 긴장감과 어색함이 흐른다. 둘은 서로를 탐색하고 오해하기도 하지만 마침내 상처를 나누고 깊이 이해하게 된다. 《길리아드》에서도 중요한 인물로 등장했던 잭이 가진 내면의 상처와 죄책감, 구원에 대한 갈망이 이 작품에서 더욱 세밀하게 그려진다.

신앙인 가정교육의 실패에 관하여
《홈》

06

《홈》은 메릴린 로빈슨의 대표작 《길리아드》(마로니에북스 역간)의 자매 소설이다. 《홈》에는 《길리아드》에서 존 에임스 목사의 평온한 만년을 긴장과 의혹과 갈등으로 흔들어 놓았던 잭 보턴이 중심인물로 등장한다. 20년 동안 고향을 떠나 있던 잭 보턴이 집에 돌아와 보낸 시간, 즉 《길리아드》 후반부의 상황을 보턴 가의 입장에서 (막내딸 글로리를 화자로 삼아) 잭을 중심으로 펼쳐 놓는다.

《홈》은 다양한 관점에서 읽어 갈 수 있는 작품으로, (실패한 것처럼 보이는) 신앙교육의 한 가지 사례로 읽을 수도 있다. 신앙인 부모가 신앙 안에서 실시하는 가정교육을 자녀가 불편하게 여기고 받아들이지 못할 때, 부모는 어떻게 해야 할까?

중년이 되고 아이들이 커 가면서 신앙인 부모들의 고민도 덩달아 커진다. 어릴 때는 부모 뜻대로 아이들을 교회에 데리고 다니고 자신들의 신앙적 확신에 따라 자녀를 교육했다. 그 과정에서 '자연스럽게', '가랑비에 옷 젖듯' 신앙이 아이들에게 '스며들기'를 기대했다. 감사하게도, 기대대로 그렇게 신앙 안에서 잘 자라난 아이들도 있다. 그러나 머리가 굵어진 후, 부모의 생각과 다른 반응을 보이는 아이들도 있다. 그런 아이들에 대해 신앙인 부모는 어떻게 할 것인가?

아버지가 알았던 아들

집에서 불편해한다

잭은 아버지 보턴 목사에게 아픈 손가락 같은 아들이다. 일곱 명의 자녀 중에서 여섯 명은 반듯하게 자랐지만 잭만은 예외였다. 어릴 때부터 그럴 기미가 보였다. 일단 잭은 집에서 안식하지 못했고 불편해했으며 겉돌았다. 잭 이외의 다른 아이들은 다 아버지의 가르침과 교육에 순응하며 그 가운데서 기쁨과 안정을 누렸다. 그러나 잭은 달랐다.

형제들은 "다들 붙잡고 끌어안고 난장판을 벌이고 서로 거칠게 다뤘지만"* 잭에게만은 그렇게 하지 못했다. 잭 앞에서는 엄마도 아버지도 예의를 갖추고 조심스럽게 대했다. 그에게선 외로움이 진하게 느껴졌다. 잭은 "늘 가족들로부터 저만치 떨어진 채 미소를 지었고, 그 미소조차 슬프고 힘겹게 보였다." 가족들과 함께 있을 때 그의 미소에는 "진한 소외감이 배어 있었다."**

왜 그랬을까? 잭은 원래부터 어쩔 수 없이 그런 사람이었다고 할 수도 있겠다. 하지만 그런 식으로 말해 버리면 잭을 이해할 여지가 없어지고, 독자는 그로부터 어떤 교훈도 얻을 수 없을 터. 조심스럽게 추측해 보기로 하자. 보턴 목사의 가정교육이 독실한 기독교 신앙을 기반으로 한 것이라는 점이 크게 작용한 것으로 보인다. 잭은 신앙교육이 순순히 받아들여지지가 않았다. 다른 형제들처럼 고분고분 받들고 따라가면 긴장과 갈등도 없고 편할 텐데, 그게 잘 되지 않았다.

불신자들 사이에서 신자가 불편하고 거북하고 외로운 것처럼, 신자들 사이에서 불신자 잭은 외로움과 소외감에 시달렸다. 그에게는 기독교 신앙을 중심으로 돌아가는 집안이, 신앙을 전제로 이루어지는 여러 활동이 거북하고 불편했다. 그래서 잭은 슬프고 힘겨웠던 것 같다.

- * 메릴린 로빈슨,《홈》, 유향란 옮김, 랜덤하우스코리아, 2011, 262쪽.
- ** 같은 책, 263쪽.

이걸 흔히 신자 부모들은 자녀의 순종/불순종의 문제로 규정한다. 하지만 이것을 자녀가 자신의 불신앙을 인정하는 정직한 태도로 볼 수는 없을까. 잠든 척하는 사람을 깨울 수 없는 것처럼, 믿는 척하는 사람이 회개하긴 어려울 테니까. 어떤 사람에게 신앙이 자연스럽고 편하게 다가오는 것처럼, 어떤 사람에게는 그렇게 다가오지 않을 가능성을 인정하자는 것이다. 신앙은 인격적 순복으로 이루어져야 할 일이지, 강요하거나 강제할 수 있는 것이 아니니 말이다. 그렇다면 부모는 선택의 기로에 선다. 부모는 자신이 너무나 귀하게 여기는 신앙을 중심으로 한 가정교육을 명백히 거부하는 자녀를 어떻게 대해야 할까. 그 자녀의 근본적인 질문에 답하는 방식으로 대해야 할 것이다. 이 질문 말이다. "내가 엄마아빠가 가르치는 내용, 믿는 바를 받아들일 수 없어도, 그래도 날 사랑할 수 있겠어요?"

연락을 완전히 끊고 지내다 20년 만에 돌아온 아들 잭에게 보턴 목사는 자신이 좋은 아버지가 아니었다고 말한다. 아들이 무슨 말이냐고 묻자, 아버지는 "네가 나한테서 필요로 하는 게 있는데, 그게 무언지 전혀 몰랐던 것 같다"고 대답한다. 아들은 아버지가 아주 좋은 아버지였다고 늘 생각했다고, 황송할 정도로 그랬다고 대답한다. 아버지의 생각은 다르다.

아니다. 다시 한번 생각해 보렴. 너는 늘 어딘가로 도망치고 있었다. 항상 어딘가에 숨어 있었지. 아마 너도 네가 왜 그랬는지 잘 기억나지는 않겠지만, 그래도 무언가 내게 설명해 줄 말이 있을 게야."•

그러나 아들은 설명하지 못한다. 나쁜 놈이라 그런 거 아니겠느냐고, 죄송하다고 대답한다. 아버지는 자신이 하고 싶었던 말을 다시 설명한다.

내 말은, 네가 살아오면서 한 번도 진정한 기쁨을 누리지 못한 것 같다는 뜻이다. 행복이라는 걸 별로 누려 보지 못한 것 같아서…."••

아닌 게 아니라, 소설의 뒷부분에서 잭은 남동생 테디에게 자신도 신앙이 있으면 좋겠다고, 진심이라고 말한다. "내게 신앙이 있었다면 일이 좀 쉬워졌을지도 몰라. 적어도 그럴 가능성은 있었을 거야."••• 그러나 집안에서 편의를 위해 신앙을 가장하지 않았던 그는 성인이 되어서도 원하는 것을 얻고자 신앙을 가장하지 않았다. 위선만은 범하지 않았다. 불신앙으로 인한 고난을 감수했다고 할까. 지금까지 말한 것처럼,

• 같은 책, 178쪽.
•• 같은 책, 179쪽.
••• 같은 책, 401쪽.

신앙인 가정교육의 실패에 관하여_《홈》

이런 태도를 긍정적으로 볼 여지는 있지만, 어린 잭에게 이 태도는 두 가지 부정적 결과를 낳았다. 갖가지 말썽과 툭하면 집을 빠져나가는 습관이었다.

말썽을 부린다

잭은 '고결한 불신자'가 아니었다. 천만의 말씀이다. 그는 말썽을 많이 부렸다. 읍장 아들의 사냥용 라이플을 집 헛간에 갖다 놓았다가 들키기도 했다. 그 때문에 일주일간 읍사무소 층계 청소라는 벌이 내려졌지만 한 번도 하지 않았다. 그리로 가지도 않았다.

아버지의 절친 에임스 목사의 서재에서 책들을 빼다가 여기저기 엉뚱한 데 갖다 놓아서 책 주인을 골탕 먹이기도 했다. 에임스 목사가 잭의 이런저런 잘못에 대해 왜 그런 일을 했느냐고 물었을 때, 잭은 대답할 말이 없었다. (20년 후 본인의 고백에 따르면) 낡은 글러브를 훔쳤지만 그 글러브로 하고 싶은 일이 있었던 것은 아니었다. 왜 훔쳤는지 스스로도 설명할 수가 없었다. 이것은 신앙교육에 순복할 수 없었고, 그로 인해 부모와 중요한 어른에게 사랑받는다는 자신감을 얻을 수 없었던 잭이 그 신앙교육과 직결된 도덕적 계율, 양심적이고 분별 있는 행동의 기준을 어기는 방식으로 자신의 위치를 확인하고 있는 것 아니었을까? 이래도 나를 사랑하느냐고. 난 받아들여질 수 있는 거냐고.

소설이 내게 말해 준 것들

아버지 보턴 목사는 어떻게 대응했을까? 일단, 잭이 저지른 일들에 대해서 아버지도 설명을 들을 수 없었다. 설명할 수 없었기 때문이다. 그러나 아버지는 그런 잭에게 한 번도 손찌검을 하지 않았고 언성을 높이는 일도 거의 없었다. 그저 차분하게 물을 뿐이었다. 네가 한 짓이 잘못이라는 건 알고 있느냐고. 아들은 그렇다고 대답한다. 그러나 "좀 더 양심적이고 분별력 있게 행동하게 해 달라고 기도하겠느냐?"는 아버지의 권고에 아들은 부정적으로 대응한다. 당장 듣기 좋으라고 안 될 것 같은 말을 하지 않는 태도다. '위선 사절'이랄까. 아버지는 그 대답에 "그럼 내가 너를 위해 기도하마"라고 답하고, 아들은 감사를 표한다.•

그러나 보턴 목사는 말썽쟁이 아들을 부끄러워하지 않았다. 보턴 목사에게 적대적인 이웃이 잭을 보고 "꼬마 도둑에 술주정뱅이 머슴애"라고 부르며 "네 애비라는 작자는 점잔을 떨면서 사람들에게 이래저래 살라고 설교"하느냐고 비아냥대며 "너한테 딱 어울리는 애비로구나!" 말한 적이 있다. 그 말을 전해 들은 아버지는 잭에게 이렇게 대답한다. "그 부인이 그렇게 말하디? 정말 친절한 분이로구나. 내 반드시 그분한테 고맙다고 해야겠구나. 잭, 나는 너한테 어울리는 아버지이고 싶단다."••

- 같은 책, 104쪽.
- • 같은 책, 30쪽.

좀 더 엄하게 했어야 하지 않느냐고? 보턴 목사는 사람들이 늘 이렇게 말했다고 했다. "엄하게 하세요! 야단을 치세요! 그 애를 위해서 그렇게 하세요!"* 하지만 그럴 수가 없었다. 아들에게서 늘 슬픔이나 우울함 같은 것을 보았기 때문이다. 그러니 화를 낼 수 없었다. 아들을 어떻게 도와줘야 할지 몰라서 안타까울 뿐이었다. 하지만 아들의 평가는 사뭇 달랐다.

"아버지께서는 늘 저를 도와주셨어요. 그러니까, 저보다 더 형편없는 인생도 있다는 말씀입니다. 아버지가 그러지 않으셨다면 제 삶은 더 나빠졌을 거예요." 잭이 웃으면서 손으로 얼굴을 덮었다.**

슬그머니 집을 나간다

늘 청개구리처럼 부모의 바람과 정반대로만 행동하는 아들에게 아버지가 무엇을 바랄 수 있을까? 딱 한 가지. 그는 "아들을 잃지만 않는다면 아무것도 바라지 않으려고" 했다. 그게 그가 "끝까지 포기할 수 없었던 소망"이었다.***

잭은 툭 하면 집을 슬그머니 빠져나가 행방이 묘연해져서

---

* 같은 책, 179쪽.
** 같은 책, 180쪽.
*** 같은 책, 180쪽.

부모의 속을 태웠다. 그런데 온 가족이 잭을 찾으러 다니다가 못 찾고 돌아오면, 잭은 어느새 집에 들어와 있는 경우가 많았다. 부모는 어딘가 비밀스럽고 냉소적이고 다가가기 쉽지 않은 아들을 잃어버릴까 봐 노심초사하며 늘 언행에 조심했다.

한번은 잭이 보턴 목사의 절친 에임스 목사 댁 우편함을 폭발시켰다. 그날 이후로 부모는 잭에게 밤늦게 나가지 못하게 했고, 잭은 창문으로 몰래 집을 빠져나갔다. 그런데 그가 창문에서 뛰어내리다가 울타리에 떨어지는 바람에 부모가 깜짝 놀란 적이 있다. 부모는 창문 아래 현관 지붕이 있는 방으로 옮겨 주었다. 창문으로 나가다가 떨어져 죽을까 봐.

잭은 자신이 울타리를 넘지 못하게 하려고 부모가 그런 조치를 취했다고만 생각했다. 하지만 부모의 주관심사는 잭의 안전이었다. 그들은 잭에게 "그렇게 나가고 싶으면 그냥 문으로 나가도 된다"고 말하고 싶어 했다. "하지만 그렇게 대놓고 말하면 나가라고 부추기는 것처럼 보일까 봐 겁이" 났다.* 그러다 마침내 아들을 향한 부모의 단 하나의 소망마저 날려 버리는 일이 터진다.

• 같은 책, 197쪽.

신앙인 가정교육의 실패에 관하여_《홈》

결정적 사건

20년 전, 잭이 집을 떠난 이유는 빈민촌의 어느 소녀와의 관계로 아이가 생겼기 때문이었다. 그는 아이 아버지로서의 책임을 외면한 채 대학으로 달아나 버렸다. 잭이라고 마음이 편했을 리가 없다. 그는 집을 떠나기 전 아버지와 마지막 대화를 나눌 때, 자신이 용서받지 못할 짓을 저질렀음을 알았다. 그는 집에서 늙은 아버지를 보살피는 막내동생에게 이렇게 말한다.

> 아버지는 용서했다고 생각하고 그렇다고 말씀도 하셨지만 그건 거짓말이었어. 내가 아버지한테 엄청난 상처를 줬다고 생각하니 너무 두려웠어. 그럴 줄 알았으면서도 정말 겁이 났단다. 낭떠러지에서 떨어지는 기분이었지.•

대부분의 사람들이 교회에 다니던 시절, 미국 남부의 마을에서 목사 아들이 사고를 쳤다. 안 그래도 말썽쟁이로 알려져 있었는데 이번에는 차원이 다른 사고였다. 그러나 잭은 자신의 행동으로 두려움과 절망감만 느낀 것이 아니었다.

> 그러면서도 한편으로는 짐을 벗어 버린 기분이기도 했어.

• 같은 책, 417쪽.

내 이럴 줄 알았지, 하면서 그 기분을 즐겼어.•

잭이 짊어졌던 짐은 무엇이었을까? 목사 아들로서 가정과 교회, 마을에서 받는 기대였을 것이다. 장로교 목사 보턴은 신앙과 생활의 본이 되고자 했고 자녀들을 가르쳐 그 길로 이끌고자 했다. 그 기대에 부응할 수 없었던 잭은 그에 따른 부담도 고스란히 짊어져야 했다. 그런데 소녀와 아이에 대한 책임에서 달아나면서 그 부담마저 벗어 버린 기분을 느낀다.

잭의 생각대로 아버지는 그 일로 커다란 고통을 겪었고 오랫동안 괴로워했다. 아들을 용서하고자 발버둥 쳤지만 이번만큼은 그 일이 참 힘들었다. 그리고 그 와중에도 아들이 저지른 잘못의 책임을 아버지로서 감당하려 했다. 그 소녀와 아이를 책임지고 돌보고 싶어 했다. 그러나 소녀는 그것을 완강히 거부했고 아이는 오래 살지 못했다.

잭은 그 일에 대해서만은 아버지가 자신을 용서할 수 없을 거라고 생각했다. 용서의 사전적 의미는 "지은 죄나 잘못한 일에 대하여 꾸짖거나 벌하지 아니하고 덮어 줌"이다. 그렇다면 아들은 집을 떠나는 것으로 스스로를 꾸짖고 벌한 셈이라고 할 수도 있겠다. 하지만 아버지는 변명의 여지가 없는 아들의 행동 때문에 괴로워하면서도 아들을 극진히 사랑했고,

• 같은 책, 417쪽.

신앙인 가정교육의 실패에 관하여_《홈》

그 사랑 때문에 아들을 그리워했다. 아들의 행동이 없던 일이 될 수는 없겠지만, 자신이 도무지 받아들일 수 없었던 그 일에도 불구하고 여전히 아들을 사랑하고 아들과 이어지고 싶어 했다. 아버지에게 잭을 용서하는 일은 "습관보다 뿌리 깊은 습성"이었다. 아들이 떠나 버린 후, 물리적 대상을 잃어버린 그의 용서와 사랑은 어떻게 표현될까? 이제 그 얘기를 해 보자.

잃어버린 아들을 그리워하다

아들이 결국 그렇게 떠나고 아버지는 무엇을 할 수 있었을까? 짝사랑은 사랑의 크기가 클수록 더 큰 괴로움을 안겨 주는 법. 아버지는 사랑의 괴로움에서 벗어나야겠다고 생각한다. 균형감각을 갖추리라 생각하고 마음을 모질게 먹어 본다. 아들을 "지나치게 사랑하지 않으려고 참 무던히도 애를 썼다." 하지만 아무 소용이 없었다. 주문도 외워 봤다. '그 녀석은 우리한테 손톱만큼도 관심 없어. 그저 이따금 돈이나 좀 필요로 할 뿐이지.'• 그것도 여의치 않았다. 그의 사랑은 일방적인 내리사랑이었으니까.

특별한 일이 생기면 어떨까? 아내가 죽었을 때, 그 소식을 전하면서 그래도 엄마 장례식 때는 아들이 집에 올 줄 알았

• 같은 책, 410쪽.

다. 그의 인생에서 가장 힘든 시기에 잭이 와 주었다면 아주 큰 위로가 됐을 것이다. 그러나 아들은 오지 않았다. 그는 그것이 어리석은 기대였다며, 도대체 왜 그런 기대를 했을까 자문한다.

그렇게 집을 나가 연락도 없이 지내던 잭이 20년 만에 마침내 집에 오겠다는 연락을 보낸다. 아버지는 설렌다. 잭이 오겠다는 시간이 자꾸 밀리다가 이제 안 오나 보다 싶어졌을 무렵, 잭은 집에 도착한다. 그동안 보턴 목사의 마음에는 아들 걱정과 아들에 대한 그리움이 가득했다. 아들에 대한 그리움이 어느 정도였느냐 하면, 돌아온 아들에게 "만일 네 얼굴을 못 보고 죽었다면, 나는 주님의 선하심을 의심했을 거다"• 라고 털어놓을 정도였다. 돌아온 아들을 보는 아버지의 마음은 기쁨으로 벅차오른다.

아들이 그동안 어떻게 지냈는지, 이번에는 왜 돌아온 건지 모르지만 묻지 않는다. 그것이 아들을 밀어내는 일이 될까 봐 두려웠기 때문이다. 그래서 보턴 목사는 집에 머물며 자신을 돌봐주는 막내딸 글로리에게 끊임없이 묻는다. '잭이 어디 있느냐? 안 떠났느냐? 어디 있는지 알아보렴. 잭을 불러다 주렴. 목소리가 듣고 싶다.' 잭에게는 피아노를 쳐 달라고 거듭 부탁한다. 아들의 존재를 끊임없이 확인하고 싶어 한다. 아들이

• 같은 책, 412쪽.

곧 떠날 것만 같아 집에 있으면서도 아들을 그리워하는 아버지의 마음이 애틋하다.

아버지가 몰랐던 아들

변화

보턴 목사는 몰랐지만 잭은 변했고 변하려고 노력 중이었다. 뭔가 아쉬운 게 있어서 집에 돌아온 것이기도 했지만, 적극적으로 변화를 모색하고자 집을 다시 찾은 것도 사실이었다. 그의 인생에서 너무나 중요한 문제에서 돌파구를 찾고자, 새로운 가능성을 모색하고자 자존심과 불편함을 누르고 절박한 심정으로 찾아온 것이었다. 그런데 아버지에게 도움을 받으려고 돌아와 보니 아버지가 너무 늙어 있어서 놀랐다.

 20년 전, 탕자를 사랑한 목사 아버지는 아들이 벌인 일을 책임지고자 했다. 20년 후, 아버지는 같은 일이 재현되고 있다고 지레짐작하고 이번에도 아들이 벌인 일을 책임지고자 한다. "쇠약한 와중에도 여전히 씩씩하게 다시 한번 슬픔을 맞이할 준비"를 하고 "또 한 번 무거운 짐을 질 채비를 마치고"• 아들에게 상황을 이야기해 달라고 한다.

• 같은 책, 358쪽.

한편 잭은 상황을 털어놓지 않는다. 이렇게 대답할 뿐이다. "만일 제가 책임져야 할 문제가 있다면 제가 해결할 겁니다."• 잭은 이번에도 어려운 상황에 처해 있었다. 혼자 힘으로 해결하기에 막막한 상황에서 집으로 돌아온 터였다. 막연히 아버지의 도움을 바랐던 것도 사실이다. 하지만 여자와 아이가 있다는 의미에서 잭의 상황이 20년 전과 비슷해 보여도, 잭의 대처 방식은 달랐다. 20년 전에는 달아나는 방식으로 문제를 회피했지만, 이제 그는 문제 해결을 모색하며 돌아온 것이었다.

아들에게 보낸 돈의 나비효과

아내가 죽었을 때, 보턴 목사는 잭에게 편지를 보내 그 사실을 알렸다. 장례식에 참석하는 데 필요한 경비를 동봉해서 말이다. 그런데 얼마 전 교도소에서 나온 잭은 그 돈으로 양복을 사고 나머지 돈으로 술을 마셨다. 교인들을 다시 만날 일이 엄두가 나지 않았다. 아무래도 그 양복을 입으면 목사처럼 보여 나중에는 그 옷마저 팔아 버렸다. 그러나 그것이 이야기의 전부가 아니다.

그 양복으로 인해 그는 한 사람을 만나게 된다. 당시의 법 때문에 결혼할 수 없는 상대였지만 실질적인 아내가 된 사람,

• 같은 책, 357쪽.

델라였다.

> 델라가 잭을 만난 건 어느 비 오는 오후였다. 잭이 막 교도소에서 나온 때로 새 양복을 입고 있었다. … 어쨌거나 그날 그는 그 양복을 입고 있었고 손에는 우산을 들고 있었다. 이제 영원히 가족에게 돌아가지 못하리라 생각하며 바라본 세상은 두렵기도 하고 눈부시기도 했다. 그때 그의 앞에 도움을 필요로 하는 숙녀가 나타났다. 그가 우산을 씌워주자 그녀가 말했다. "고맙습니다. 목사님." 온화한 눈길에 부드러운 목소리였다. 오랫동안 그는 누군가가 자신에게 상냥하게 말하는 목소리를 듣는 기쁨을 잊고 살아온 터였다. 그는 그녀에게 자신은 목사가 아니라고 털어놓았다. 아울러 그녀가 용서할 거라고 여겨지는 것은 무엇이든 다 털어놓았다.•

아버지는 끝내 알지 못했다. 자신이 아들에게 보낸 돈. 그냥 아들이 술이나 사 먹고 말았나 보다 생각했던 그 돈이 어떤 나비효과를 낳았는지. 아버지가 모르는 가운데, 그의 그리움과 관심과 사랑은 전혀 뜻밖의 방향으로 결실을 낳았다고 할 수 있겠다. 아버지가 보낸 그 돈은 잭에게 델라를 만날 준

• 같은 책, 486쪽.

비를 시켜 준 셈이었다. 델라는 따뜻한 사랑과 용서와 보살핌으로 "잭을 안전하게 지켜 준 사람"이고, 덕분에 잭은 "세상을 살 만한 곳으로 여기게" 되었다.

몇 해 전 많은 사람에게 감동을 안겨 준 봉화 광산 생존자의 이야기가 떠오른다. 그가 막막한 상황에서 절망하지 않을 수 있었던 것은 바깥에서 들려오는 발파 작업 소리 덕분이었다고 한다. 바깥에서는 광산 내의 사정을 몰랐지만 사람들은 해야 할 일을 했고, 그것이 광산 생존자에게 희망의 끈이 되어 준 것이다.

부모가 하는 일에 당장에는 열매가 없을지라도, 무엇이 어떻게 쓰일지는 아무도 모르는 일이다. 결과를 확인할 수 없으면 또 어떤가, 낙심하지 말자고 작가는 말하는 것 같다. 열매를 당장 확인할 수 없어도 된다고, 뿌린 씨앗이 어디로 날아서 어디서 결실할지 우리는 모른다고, 그저 묵묵히 사랑의 씨를 뿌리라고.

생각보다 가까이

잭이 다시 떠나기 얼마 전, 글로리는 새로운 사실을 알게 된다. 집에 돌아온 오빠가 보이지 않아서 가슴 졸였던 시간들, 오빠를 찾아 집 안팎을 뒤지다 걱정에 빠졌던 대부분의 순간에 잭은 집에 있었다는 사실이다. 그는 헛간 다락을 아지트로 꾸며 놓고 올라가서 혼자 시간을 보냈다. 자신이 밖에서 돌아다니다 괜히 보턴 가의 평판을 떨어뜨릴까 봐 우려한 탓이기도 했지만, 무엇보다 그는 그 속에서 자기만의 방식으로 외로움을 달래고 있었다.

그리고 소설의 마지막에 등장한 뜻밖의 인물을 통해 잭이 어릴 때도 비슷했다는 것이 드러난다. 잭이 없어졌다고 온 가족이 걱정하며 동네를 뒤지고 다닐 때도 정작 잭은 집 옆의 높은 나무에 올라가 있었다. 나무에 걸려 있었던 그네 줄을 타고 맨 꼭대기까지 올라가 거기 숨어 있었다. 그는 집에서 편안하지 않았고 가족과 섞여 들지는 못했지만, 가족들이 생각하는 것보다 훨씬 가까이 있었던 것이다.

더 나아가, 집에 대한 추억은 '놀랍게도' 잭에게도 소중했다. 그렇기에 아버지가 글로리에게 집을 물려주겠다고 했을 때, 잭은 아버지가 돌아가신 후에도 집이 그대로 남아 있기를

소설이 내게 말해 준 것들

바란다는 뜻을 글로리에게 명확하게 전달한다. 그 집은 그가 아내와 아이에게 수없이 이야기한 소중한 추억의 장소로 이미 자리 잡은 지 오래였다. 방식과 정도는 달랐지만 집은 잭에게도 특별한 곳이었다. 잭의 반응이 시원찮거나 실망스러웠을 때도 변함없이 사랑을 쏟았던 부모가 있었기에 가능한 일이었다.

보턴 목사가 고전하는 신앙인 부모에게

정리해 보자. 잭이 제멋대로 집을 떠났다가 20년 후에 돌아올 수 있었던 것은 아버지의 사랑을 믿었기 때문이었다. 아버지가 자신을 내치지 않을 것은 물론이고, 힘닿는 한 자신을 도와줄 거라는 믿음이 있었다. 아버지의 한결같고 아낌없는 사랑은 그의 귀향을 가능하게 만든 근본 조건이었다.

잭은 아버지뿐 아니라 에임스 목사, 형제들에 대해서도 거리감과 불편함을 느끼기는 해도 기본적으로는 호의를 품고 있다. 그들이 자기를 사랑한다는 것을 안다. 주변에 있던 그들이 부족하나마 꾸준히 호의와 사랑의 본을 보여 준 덕분이다. 진실한 사랑을 보여 주는 신앙인들의 존재는 기독교 신앙과 신앙인에 대한 잭의 태도에 흔적을 남겼다.

잭은 기독교 신앙이 믿어지지 않아서 불신자로 남았을 뿐,

신앙에 환멸을 느끼거나 신앙인들이 위선자라고 생각하는 것은 아니다. 잭이 정직한 불신자로 설 수 있었던 것은 이들 신자들의 진지하고 정직한 모습을 본 까닭이리라. 그래서 저들 같은 믿음이 없으면서 믿는 척해서는 안 된다고 다짐하게 된 것 같다.

이렇게 보면 불신자 잭의 상황이 나쁘게만 다가오지는 않는다. 신자 부모의 순전한 신앙과 진실한 사랑은 잭의 내면을 채우고 주위를 감쌌다. 거기서부터 잭이 어디까지 더 나아가게 될지, 누가 알겠는가. 보턴 목사와 잭의 이야기가 오늘날을 사는 (자녀의 신앙교육에 실패한 것처럼 보이는) 신앙인 부모들에게도 위로와 격려가 되기를.

소설이 내게 말해 준 것들

함께 읽고 나누기 위한 질문

《홈》

❶ 잭이 집안에서 느낀 소외감과 불편함은 신앙 중심의 가정교육의 억압성을 보여 준다고 생각할 수도 있겠습니다.
- 하지만 한편으로는 자녀에게 아무 부담도 주지 않는 교육이 존재할까요? 그것을 과연 교육이라고 할 수 있을까요? 모든 면에서 방임형 교육은 불가능하고, 자녀를 방치하는 무책임한 부모가 아닌 한 누구도 그렇게 하지 않을 것 같은데, 어떻게 생각하나요?
- 결국 모든 부모는 자신이 중요하게 여기고 자녀에게 꼭 알려 주고/전해 주고 싶은 것은 어떻게든 전하려고 노력합니다. 물론 그것이 무엇인가에 따라 차이가 있긴 하겠습니다. 이것만은 자녀가 꼭 배웠으면, 알았으면, 간직했으면 하는 것이 있나요?

❷ 보턴 목사는 잭이 반복적으로 집을 빠져나가고 문제를 일으켜도 한결같은 사랑과 용서를 보여 줍니다. 이러한 양육방식이 잭이라는 사람에게 어떤 영향을 미쳤을까요? 보턴 목사의 양육방식을 긍정적으로 보는지 부정적으로 보는지, 어떤 면에서 그렇게 생각하는지 말씀해 주십시오.

신앙인 가정교육의 실패에 관하여_《홈》

❸ 보턴 목사는 잭을 꾸짖거나 체벌하기보다는 차분하게 물어보고 기도하겠다고 말하는 등 온화한 태도를 유지했습니다. 물론, 자신이 좀 더 엄했어야 하는 건가 돌아보기도 하지요. 신앙인 부모는 자신의 신앙을 자녀에게 어떤 방식으로 어느 정도 교육할 수 있을까요? 신앙의 내용뿐 아니라 부모의 태도 자체가 이미 신앙의 '본'이 되는 건 아닐까요?

❹ 자녀가 신앙인 부모에게 "부모님이 가르치는 신앙을 내가 받아들이지 않아도, 그래도 날 사랑할 수 있겠어요?"라고 물었다고 생각해 봅시다. 이 질문이 신앙인 가정교육의 지향점과 한계를 어떻게 드러내고 있나요? 부모가 전해 주기 원하는 가장 귀한 것을 거부하는 자녀를 부모는 어떻게 사랑해야 할까요?

❺ 잭이 집을 자주 빠져나가고, 말썽을 부리며 자신을 드러내는 행동은 신앙가정에서 받은 부담에 대한 반작용으로 보입니다. 그런데 그것이 단순히 반항을 넘어 내면의 갈등과 외로움을 표현하는 방식일 수도 있다고 소설은 말합니다. 신앙인 부모는 이를 어떻게 이해해야 할까요?

❻ 잭이 20년 만에 집으로 돌아오면서 보여 준 변화는 과거의 상처와 갈등을 어느 정도 극복한 신호일까요? 그의 귀향이

가족에게 어떤 의미로 다가왔을지 함께 논의해 봅시다.

❼ 잭은 신앙가정에서도 신앙을 억지로 가장하지 않고 정직한 불신자로 남았습니다. 이런 선택이 어떤 면에서는 신앙을 가장하는 것보다 낫지 않을까요? 노력과 위선의 차이가 무엇일까요? 그의 선택은 신앙가정과 공동체에 어떤 메시지를 전달한다고 볼 수 있을까요?

❽ 보턴 목사가 잭에게 보내 준 돈은 결국 잭이 델라를 만나게 하는 '나비효과'를 일으켰습니다. 부모의 사랑과 관심이 자녀의 삶에 전혀 예상치 못한, 그리고 부모 자신은 어쩌면 결코 확인할 길 없는 긍정적 변화를 불러올 수 있다는 것인데, 혹시 이런 사랑의 나비효과를 직간접적으로 경험한 적이 있나요?

《라일라》

미국 작가 메릴린 로빈슨(1943~)이 2014년에 발표한 장편소설. 길리아드 시리즈 가운데 한 편으로 《길리아드》, 《홈》, 《잭》과 같은 시공간을 공유한다. 이 작품은 《길리아드》의 주인공이자 화자였던 존 에임스 목사의 아내 라일라의 시선으로 이야기를 풀어낸다. 버림받고 유랑하는 삶을 살아온 라일라가 작은 마을 길리아드에 정착하고, 에임스 목사를 만나면서 사랑과 신앙, 존재의 의미를 발견하는 여정을 섬세하게 그린다. 《길리아드》에서는 가려져 있던 라일라의 불안정하고 외로운 내면이 깊이 있게 드러난다.

신뢰로 나아가는 길
《라일라》

07

메릴린 로빈슨의 소설 《라일라》에 관심을 갖게 된 것은 그녀의 소설 《길리아드》의 주인공 존 에임스 목사의 젊은 아내 라일라의 사연이 궁금했기 때문이다.* 그 소설과 후속작 《홈》**에서 《길리아드》의 주요 등장인물들의 사정을 웬만큼 짐작할 수 있었지만, 라일라의 경우만은 상당 부분 베일에 싸여 있었다.

- *《길리아드》는 필자의 전작 《악마의 눈이 보여 주는 것》에서 다룬 바 있다.
- **《홈》에 대해서는 이 책에 실린 6장 "신앙인 가정교육의 실패에 관하여_《홈》"을 참고하라.

젊은 시절, 출산 중이던 아내와 아이를 떠나보내고 오랜 세월 외로움을 견디며 성실하게 교회를 이끌고 교인들을 섬겨온 존 에임스 목사에게 새처럼 날아온 라일라는 마치 그동안의 인내의 세월에 대한 보상처럼 늘그막에 주어진 커다란 선물이었다. 불쑥 마을에 찾아와 살다가 어느 날 비를 피해 예배 중간에 예배당으로 들어와 존 에임스 목사의 마음을 사로잡은 여인 라일라. 나 같은 독자를 염두에 둔 것마냥 작가는 《라일라》에서 그녀의 과거와 속내를 세밀하고 생생하게 그려 낸다.

그런데 라일라가 존 에임스 목사를 만나게 되는 장면은 의외로 이 소설의 앞부분에 등장한다. 작가는 라일라와 노목사가 만나 관계가 깊어져 가는 과정을 라일라의 과거 사건들과 교차해서 펼쳐 간다. 한 사람이 다 감당하기에는 참 어려운 여러 시련을 겪었던 한 여인이 어떻게 노목사를 사랑할 뿐 아니라 신뢰하기에 이르는지 아름답게 그려 나간다. 일단, 라일라가 길리아드에 오기 전까지 겪었던 일들을 정리해 보자.

돌(Doll)이라는 사람

라일라의 과거에서 가장 중요한 인물은 돌이다. 어느 날 돌은 쇠약한 상태로 집 안에 방치되어 있던 어린 라일라를 납치한다. 그리고 라일라를 열심히 돌보아 건강을 회복시키고는 엄마처럼 데리고 다니면서 기른다. 돌은 제 한 몸 건사하기도 쉽지 않은 떠돌이 노동자이면서도 라일라를 한시도 떼어 놓지 않고 끼고 살다시피 한다.

아이를 찾아 쫓아올지 모르는 가족들을 따돌리기 위해 계속 이동하는 그녀였지만, 라일라가 학교에 다니며 쓰기와 셈을 배울 시간을 주려고 꽤 오랜 시간 한곳에 머물기도 한다. 어느 집의 입주식모 일을 하면서 말이다. 아이의 장래에 대한 관심과 애정 없이는 있을 수 없는 위험한 선택이었다. 덕분에 라일라는 이후 일자리를 구하는 데 어려움이 없었다. 이외에도 작가는 돌과 라일라의 특별한 관계를 그려 내는 데 많은 지면을 할애한다.

라일라에게 돌은 이중적이고 모순적인 존재다. 라일라의 보호자이자 엄마 같은 인물이면서도 가족의 품에서 라일라를 훔쳐 낸 납치범이기도 하다. 돌이 라일라에게 사랑을 베푸는 것은 분명하지만 경제적 형편이 아주 어려워졌을 때 라일라를 버리고 떠나기도 한다. 며칠 만에 라일라에게 돌아오기는 했어도, 이후 둘의 관계는 이전과 같을 수 없었다. 돌에 대한 라일라의 절대적 신뢰가 깨어졌기 때문이다.

이후에도 돌은 건강상태가 악화되어 라일라를 돌보기 힘들겠다 싶어지자 어느 노인에게 라일라를 신부로 주려고 한다. 노인의 심경 변화로 성사되지는 않았지만, 라일라로서는 또 한 번의 배신이었던 셈이다. 결국 돌은 살인을 저지르고 보안관에게 체포되었고, 라일라가 자기를 찾아오자 그녀를 모른다고 말한다. 라일라는 주변을 돌면서 돌을 계속 챙기고 싶어 했지만 돌은 라일라를 거부하고 외면한다.

돌이 라일라에게 보여 준 헌신적 사랑과 배신, 결정적 순간의 유기와 부정 등을 생각하면 라일라가 돌에 대해 얼마나 마음이 복잡했을지, 라일라가 이후 참된 사랑에 얼마나 목말랐을지, 그러면서도 사람을 믿는 것이 얼마나 어려운 일이었을지 능히 짐작할 수 있다.

시설 생활

돌과 헤어진 후 라일라는 혼자 살아야 하는 처지가 된다. 막막한 상황에서 그녀는 한 가게 주인의 소개로 자기 같은 여자들을 위한 시설을 찾아가게 된다. 그곳은 그들을 보호하는 시설이기도 했지만 '신사들'에게 돈을 받고 공연을 보여 주고 그들을 기쁘게 해 주는 활동도 하는 곳이었다.

라일라는 거기서 여러 해를 지낸다. 하지만 그녀는 신사들을 즐겁게 해 주는 쪽으로는 재주가 없었다. 관리자인 미시즈가 원하는 표정이나 행동을 하지 못할 뿐 아니라 표정 관리조차 되지 않았다. 그 때문에 미시즈에게 뺨을 맞기도 했다. 신사들에게 못된 짓을 하고 있다고 말하는 듯한 표정 좀 치우라는 말과 함께.

그러나 라일라는 여전히 사랑에 굶주린 처지였고 사랑을 갈구했다. 미시즈는 거기 있는 처녀들에게 소중한 물건을 맡기라고 한다. 안전하게 보관해 준다는 약속과 함께. 하지만 그것은 처녀들을 붙잡아 두고 통제하는 방편이었다. 그런데 라일라는 돌에게 받은 유일한 물건, 유품 같은 칼을 미시즈에게 맡긴다. 자신에게 소중한 것을 맡기면 자기를 사랑해 주고 인정해 줄지도 모른다고 생각한 것이다. 아니, 그렇게 해서라도 믿음과 사랑을 얻기를 바란 것이다. 그만큼 사랑에 목말라 있었다. 하지만 그건 헛된 꿈이었다.

시설에 있을 때 라일라의 마음을 흔들어 놓은 사람이 한 명 있었다. 아무에게도 관심을 받지 못하는 라일라에게 눈길을 주고 관심을 준, 공연을 보러 오는 젊은 남자 맥이었다. 그가 좋아하는 아가씨는 미시였지만, 지나가며 장난처럼 라일라에게 웃음을 흘리고 칭찬의 말을 해서 라일라의 마음을 갖고 놀았다. 라일라는 맥의 행동이 아무 의미가 없는 줄 잘 알면서도 그의 손길과 웃음, 말에 흔들리는 것을 느낀다.

시설에서 무력하게 시간을 보내던 어느 날, 라일라는 잘할 수 있는 일을 찾아낸다. 육체노동이었다. 난방용 석탄을 채워 넣는 일, 지저분하게 방치된 시설 곳곳을 청소하는 일이었다. 미시즈는 라일라가 일하는 것을 보고는 마음에 들었는지 내버려둔다. 라일라는 건물 바깥에 정원을 만들기까지 한다. 그녀는 일을 잘했고, 일을 함으로써 자신의 입지를 확보했다.

라일라는 혼자 일하는 가운데 자신과 대화를 나누었고, 그 과정에서 돌에게 들었던 말들을 떠올리고 자신이 처한 상황을 돌아보게 된다. 칼을 미시즈에게 갖다 바친 것이 얼마나 말도 안 되는 행동이었는지도 깨닫는다. 그리고 돌이 절대 시설에 가서는 안 된다고 했던 말도 떠올린다. 돌은 노동의 가치, 자기 몸으로 일해서 먹고 사는 주체적인 삶의 소중함을 온몸으로 가르쳤던 것이었다. 라일라는 기회를 봐서 칼을 되찾아 그곳을 떠나기로 한다.

그런데 맥이 좋아한 아가씨 미시가 임신을 한다. 태어날 아이를 생각하며 라일라는 자신과 돌의 관계를 떠올린다. 아이가 태어나면 제대로 보살핌을 받을 리가 없으니, 자기가 데리고 시설을 빠져나가기로 마음먹는다. 돌과의 관계에서 좋았던 시절을 떠올리며, 그렇게 자신도 아이를 돌보고 가르치고 함께할 것을 기대한다. 그런 기대를 품게 되자 하루하루 생활에 힘이 넘친다. 사랑에 빠졌느냐고 의심을 받을 만큼.

그러나 라일라의 기대와 달리, 어느 날 미시의 언니가 동생을 구하러 온다. 라일라는 미시즈의 물품보관함을 부수어 미시의 물건을 꺼내 주고 자신도 칼을 챙겨 시설에서 나온다.

소설이 내게 말해 준 것들

호텔 잡역부 생활

시설을 나온 라일라는 어느 호텔에서 일자리를 구한다. 객실을 정리하고 청소하는 일이었다. 자신의 일을 마치고 나면 동료들의 일도 돕는다. 동료들이 좋아할 수밖에 없었다. 라일라는 가끔 극장에 가서 영화를 보는 낙에 산다. 영화는 그녀의 팍팍하고 칙칙한 인생에 숨통을 틔워 주었다.

그렇게 호텔 청소부로 몇 년을 지내다 그곳에서 맥을 만난다. 맥은 쓰레기 수거원으로 호텔에 온 것이었다. 맥의 눈빛과 표정을 보고 라일라는 등을 돌리지만 한편으로는 여전히 그의 관심과 눈길을 바라는 자신을 발견한다. 그래서 라일라는 그 길로 짐을 싸 들고 나온다. 맥은 라일라가 벗어나고자 했던 어둡고 아픈 과거를 과거의 일이 아니게 만드는 존재였다. 계속 거기 머물면 어떤 일이 더 있을지, 과거가 어떻게 라일라의 발목을 잡게 될지 알 수 없었다.

그동안 숙박비와 영화비로 쓴 돈을 빼고 나면 남은 돈은 얼마 되지 않았다. 다른 지역으로 떠나는 데 쓸 버스비 정도에 불과했다. 하지만 어느 여성이 그녀에게 카풀을 제안한다. 그녀는 병든 어머니를 모시러 먼 고향으로 차를 몰고 가야 했는데, 운전에 서툴고 밤새 운전을 해야 하는 터라 동행을 찾고 있었던 것이다. 덕분에 라일라는 버스비를 아낀다. 버스비로 생각했던 그 돈은, 라일라가 떠나고 싶을 때는 언제든 떠날 수 있는 가능성으로 의미심장하게 계속 등장한다.

신뢰로 나아가는 길_《라일라》

길리아드에 오다

라일라가 그 차를 얻어 탄 것을 시작으로 몇 번 더 차를 얻어 타고 한참을 걸어간 끝에 자기도 모르게 도착한 곳이 길리아드였다. 거기서 부서진 빈 오두막을 발견하고 임시 거처로 삼는다. 그녀는 집집마다 다니며 일거리를 얻는다. 그러던 어느 날, 교회 예배에 참석하여 목사를 보게 된다. 라일라는 부드럽고 친절한 목사에게 호감을 갖게 되고, 그가 젊은 날에 떠나보낸 어린 신부와 아이의 무덤을 보고 연민을 품게 된다. 그녀는 두 무덤 주위에 장미 정원을 가꾼다.

《길리아드》에 등장하는 늙은 존 에임스 목사의 눈에 보이는 라일라는 마냥 신비롭고 자유롭고 아름다운 존재다. 그러나 《라일라》에서는 라일라의 속내가 다 드러난다. 에임스 목사에게 너무나 뜻밖이고 쿨하게 보였던 라일라의 청혼은 라일라의 관점에선 좀 다른 사건이었다. 그것은 불쑥 튀어나온 말이었다. 라일라는 자신의 청혼에 얼어 버린 존 에임스 목사

앞에서 돌아서면서 얼마나 후회했는지 모른다. 그러나 존 에임스 목사가 급히 뒤따라와 "그럽시다"라고 하면서 둘의 관계는 본격적인 단계에 접어들게 된다.

  나는 앞에서 돌에 대해 이야기하면서 라일라에게 사람을 신뢰하는 것은 아주 어려운 일이었다고 밝힌 바 있다. 라일라가 사랑을 갈구하면서도 사람을 믿기 어려워하는 것은 충분히 이해가 된다. 물론 그녀가 존 에임스 목사에게 상당한 관심과 호감과 일말의 애정이 있었기에 결혼하자는 말이 튀어나왔을 것이다. 하지만 남은 생을 죽 함께하고 싶을 정도로 상대에 대한 신뢰가 굳은 상태에서 나온 말은 아니었다. 그녀는 노목사를 향한 호감과 끌림, 의심과 주저가 혼재된 상태에서 그에게 청혼했다. 라일라의 청혼에 상응하는 실체, 신뢰의 내용은 앞으로 채워져야 할 그 무엇이었다. 청혼이니 사랑이니 하는 것에는 본래 어느 정도 그런 면이 있다. 라일라가 보통의 경우보다 훨씬 더 큰 상처와 장애물을 안고 있기는 했지만.

신뢰의 문제

라일라는 존 에임스 목사에게 호감과 연민을 느끼고 그 마음에 이끌려 청혼을 하고 목사의 화답으로 관계가 급진전하는 과정에서도 줄곧 관계에 확신을 갖지 못한다. 빠져나갈 생각, 도망갈 궁리가 늘 머릿속 한구석에 있다. 크나큰 배신을 경험했던 그녀가 또다시 상처받을 수 있는 가능성에 자신을 내어

신뢰로 나아가는 길_《라일라》

맡기는 것은 두려운 일이었다.

불신이 다 정리될 때까지 기다려서 사랑을 하려 했다면 사랑은 불가능했을 것이다. 어느 정도 마음이 넘어갔을 때, 말하자면 일을 저지른 것이다. 그런데 존 에임스 목사는 진정한 '신사'였다. 그는 라일라의 청혼을 받아들이고 일을 진행해 나가면서도 그녀에게 계속 숨 쉴 여지를 남겨 둔다. 청혼을 올가미 삼아 라일라를 얽어매려 하지 않는다. 늘 예의를 갖추어 대하고 언제든 생각이 바뀌면 말하라고 이야기한다. 라일라처럼 젊고 아름다운 여인은 자기 같은 늙은이에게 과분하다고 생각한다. 그래서 여자가 떠나고 싶어질 수 있다고 인정하고 그럴 가능성을 항상 열어 주려고 한다.

결혼 후에도 존 목사의 이런 태도는 기본적으로 달라지지 않는다. 라일라를 사랑하고 그녀의 과거, 생각, 마음에 대해 이야기를 듣고 싶어 하지만, 결코 부담을 주지 않는다. 자신은 그녀의 모든 것에 관심이 있지만, 말하고 싶을 때 마음의 준비가 되면 말해 달라고 한다. 결혼했다는 이유로 그녀에 대한 '권리'를 내세우며 군림하거나 옥죄지 않는다.

라일라는 남편의 부드럽고 친절하고 한결같은 사랑을 알아갈수록, 남편에 대한 자신의 사랑이 커져 갈수록 과거를 말하는 것이 오히려 더 부담스러워진다. '불우하고 어두운 나의 과거를 어디까지 말해도 될까? 내가 그런 얘기를 해도 나를 이전과 똑같이 대하고 받아들일까? 혹시 나를 싫어하게 되진 않을까? 나를 불결하게 여기거나, 무서워하게 되진 않을까?' 이런 마음이 드는 것이다.

결국 이 소설은 라일라가 에임스 목사를 신뢰하게 되는 과정을 다룬다고 할 수 있다. 소설 속에서 그녀의 과거 속 주요 사건들은 에임스 목사와의 관계와 병행해서 소개된다. 양파 껍질을 벗기듯 하나하나 과거가 드러나고 과거의 사건들을 에임스 목사와의 관계 속에서 떠올리고 해석하고 처리하고 소화해 내는 것이다. 그 모든 과정 가운데 에임스 목사의 한결같은 존중과 애정, 정직하고 조심스러운 태도가 지속적으로 축적되면서 남편에 대한 라일라의 신뢰도 점차 두터워진다. 이런 신뢰의 발전을 가장 잘 보여 주는 장치가 위에서 언급했던 버스비다.

버스비

라일라의 버스비는 호텔에서 일하면서 모은 돈과 길리아드에 와서 일하고 번 돈까지 더해진 돈뭉치다. 버스비는 길리아드에서 언제든 벗어날 수 있는 가능성이자 점점 더 진지하고 공식화되는 목사와의 관계에서 언제든 빠져나갈 수 있는 탈출 수단이었다. 오랫동안 라일라는 그 낙하산을 버리지 못한다. 언제든 발을 뺄 수 있게 준비한다. 남편이 돌처럼 언제 자기를 버릴지 모르니까. 호텔을 떠날 때처럼 언제 여기를 떠나야 할지 모르니까.

라일라는 무슨 일이 생길 때마다 계속해서 그 버스비를 떠올린다. 캘리포니아로 떠나면 된다고 생각한다. 그리고 똑같은 사고방식을 세례에도 적용한다. 자신의 요청으로 존 에임스 목사에게 세례를 받고 나서도 그녀는 슬그머니 혼자서 세례 무효의식을 진행한다. 그렇게 한다고 해서 무효화되는 것이 아님을 모르긴 했지만, 그녀의 마음이 어떻게 돌아가는지 잘 보여 주는 장면이다.

'버스비를 가지고 늘 떠날 여지를 확보하는 단계'에 있던 라일라는 남편에 대한 애정이 깊어지면서 다음 단계로 넘어간다. '버스비를 헐어 남편에게 선물을 사 주고 싶어지는 단계'다. 그리고 뜻밖의 사건을 겪으면서 버스비는 의미가 없어지고, 결국 "그이는 나를 사랑해"라고 자신 있게 말할 수 있는 단계에 오른다.

하나님은 선하시다, 가끔은

아이가 태어날 날을 기다리며 존 에임스 목사는 행복하다. 수십 년 전에 첫 아내의 죽음과 함께 잃어버렸던 행복이 꿈처럼 돌아오고 있었으니까. 그러던 어느 날 아내와의 대화 중에 에임스 목사는 하나님이 선하시다고 고백한다. 라일라는 그 말에 '가끔은요'라고 응수한다. 그러나 목사는 반박한다. '언제나' 선하시다고.

늙은 목사는 고통을 모르는 사람이 아니었다. 온실 속에서 현실을 외면하고 살아온 사람이 아니었다. 그런데 어떻게 그렇게 고백할 수 있었을까? 어린 시절부터 친구였다가 연인이 되고 신부가 된 아내를, 출산 도중에 아이와 함께 잃어버린 그 일에서도 하나님이 선하셨을까? 개인적으로도, 세계대전을 겪어야 했던 역사적 상황으로도, 교인들의 삶에서 함께 겪어야 했던 숱한 사고와 죽음과 불행을 통해서도 슬픔은 그에게 아주 익숙한 것이었는데도?

그가 목회자로서 해야 하는 일은 그런 고통과 아픔 속에서도 신실하게 하나님께 기도하고 교인들을 위로하고 심방하고 설교하는 방식으로 하나님의 선하심을 믿음으로 고백하는 일이었다. 그런 그에게 노년에 벼락처럼 주어진 아내와 아이라는 전혀 뜻밖의 선물은 그동안의 아픔과 외로움과 인고의 세월을 전혀 다른 빛깔로 바라보게 해 주었다. 자신이 그저 견딘다고 생각했던 슬픔과 외로움 가운데 이런 선물과 행복의 형태로 하나님의 선하심이 숨겨져 있었다면, 지금 내가 알지 못하고 이해하지 못하는 수많은 다른 일들에서도 언젠가 하나님의 선하심을 확인할 수 있지 않을까? '다른 것은 잘 모르더라도 이걸 보면 하나님의 선하심을 말할 수 있겠어'라고 자신 있게 내놓을 수 있는 결정적 한 방을 만난 이의 확신에 찬 고백이 여기 있다.

그렇다면 '가끔은' 선하신 하나님에 대한 라일라의 고백은 어떻게 봐야 할까? 그녀가 하나님이 '때로는' 선하시다고 고백하는 것은 그녀의 신앙에서 대단한 진전이라고 봐야 할 것이다. 그녀의 삶은 기본적으로 아주 힘겨운 것이었다. 이제 그녀는 그런 회색빛 인생에서 하나님이 가끔 선하시다고 말할 수 있을 만큼 좋은 것들을 맛보기 시작했다. 그러니 하나님이 가끔 선하시다고 하는 것은 그녀에게 엄청난 신앙고백이 아닐까. 존 에임스 목사의 '언제나 선하시다'는 고백 못지않게 말이다.

성경이 그녀에게 보여 준 것

하나님이 때때로 선하시다는 고백을 가능하게 만든 데는 성경말씀의 힘도 컸다. 호텔에서 일하던 시절에 라일라는 영화 관람을 통해 현실에서 가끔씩 벗어나는 낙으로 살았다. 그런 그녀가 존 에임스 목사의 성경에서 자신의 삶을 바라볼 하나의 그림을 보게 된다. 그녀의 눈에 들어온 성경말씀은 에스겔서 16장 4-6절이었다.

> 네가 난 것을 말하건대 네가 날 때에 네 배꼽 줄을 자르지 아니하였고 너를 물로 씻어 정결하게 하지 아니하였고 네게 소금을 뿌리지 아니하였고 너를 강보로 싸지도 아니하였나니 아무도 너를 돌보아 이 중에 한 가지라도 네게 행하여 너를 불쌍히 여긴 자가 없었으므로 네가 나던 날에 네 몸이 천하게 여겨져 네가 들에 버려졌느니라. 내가 네 곁으

로 지나갈 때에 네가 피투성이가 되어 발짓하는 것을 보고 네게 이르기를 너는 피투성이라도 **살아 있으라** 다시 이르기를 너는 피투성이라도 **살아 있으라** 하고.

라일라는 여기서 버려진 아이가 자신과 같다고 생각한다. 그리고 자신을 불쌍히 여기고 돌봐준 돌을 떠올린다. '살아 있으라'고 말해 준 그 사람을. 왜 애초에 하나님이 아이가 그렇게 버려지는 것을 허락했는지는 알 수 없었지만 자신을 돌봐주고 살아남게 해 준 이들을 기억하게 된다. 그리고 존 에임스 목사. 그 모든 힘든 시간과 배신마저, 심지어 맥과의 달갑지 않은 재회조차도 결국 라일라를 지금의 남편에게로 이끄는 데 쓰이지 않았던가. 그 모든 과정을 거친 후에 라일라는 그 속에서 희끗거리는 하나님의 선하심을 보게 된다. 그리고 하나님은 '가끔은' 선하신 분이라고 진심으로 고백한다.

인생은 어차피 시한부

그러나 하나님의 선하심의 증거라고 할 만한 존 에임스 목사는 나이가 많다. 어떤 면에서 그녀가 노목사를 통해 하나님에게 받은 복은 시한부의 복이었다. 이 부분에 대해서 아쉬워할 수도 있을 것 같다. '이렇게 줬다 금세 빼앗아 갈 거라면 차라리' 하는 못난 생각 말이다.

라일라의 출산이 임박한 어느 날, 큰 눈이 내리고 바람이

심하게 불어 통신이 모두 끊기고 마을 사람들이 모두 각자의 집에 고립된다. 그야말로 아무것도 할 수 있는 것이 없다. 괜히 밖에 나갔다가는 큰일을 치르기 딱 좋다. 여기서 출산을 앞둔 목사 부부가 할 수 있는 일은 하나뿐이었다. 그 상황을 감사로, 기도로 받아들이고 견디는 것이었다. 그리고 두 사람은 그렇게 한다.

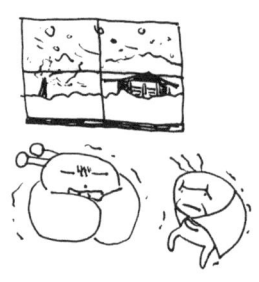

결혼할 때부터 이미 존 에임스 목사는 나이가 많았다. 두 사람의 결혼생활은 처음부터 시한부였다. 아버지는 아들이 커 가는 모습을 제대로 보지 못하고 죽을 가능성이 컸다. 그런데 이것은 그들이 어떻게 할 수 없는 부분이었다. 마치 큰 눈이 내리고 쌓이고 바람이 심하게 불어 나갈 수 없는, 그냥 감수해야 하는 그날의 상황처럼 말이다. 그리고 노인이 아니라 해도, 원래 인간의 삶은 시한부가 아니던가.

그렇기에 선물을 받고 누리면서 선물을 주신 분에게까지 나아가는 것이 꼭 필요한 일이 된다. 선물은 언젠가 닳고 깨어지고 사라지기에. 소설《라일라》는 주인공이 존 에임스 목사라는 선물을 사랑하고 신뢰하기에 이르는 이야기일 뿐 아니라, 선물을 주신 분까지 알아가고 신뢰하기 시작하는 이야기이기도 하다.

신뢰로 나아가는 길_《라일라》

함께 읽고 나누기 위한 질문

《라일라》

❶ 돌은 납치범인 동시에 라일라에게 보호자이자 어머니 같은 존재였습니다. 그러면서도 라일라를 버리기도 하고 노인의 신부로 넘기려고도 했습니다. 그녀로선 어려운 처지와 형편에서 불가피한 선택이라고 생각하기도 했겠지요. 돌이라는 인물, 특히 라일라의 보호자로서의 돌에 대한 소감을 부탁합니다.

❷ 시설에 있는 동안 라일라가 육체노동으로 자신의 자리를 찾고 돌이 했던 말에서 자존감을 되찾는 모습은 뭉클합니다. 소중한 사람의 잊었던 가르침, 교훈이 중요한 어느 시점에 불쑥 떠오르는 것은 참 신비한 일이지요. 이렇게 어려운 상황에서 나름의 방식으로 자리를 잡았던 경험이 있나요? 또한 어려운 상황에서 나를 붙들어 준 누군가의 말이 있나요?

❸ 라일라의 청혼에 대해 어떻게 생각하나요? 어떤 면에서 그것은 불쑥 튀어나온 말이었습니다. "라일라의 청혼에 상응하는 실체, 신뢰의 내용은 앞으로 채워져야 할 그 무엇"이었던 것이지요. 그렇다면 그것은 일종의 '사고'라고 할 수 있지 않

을까요? 이런 우연적이고 불완전하고 어설픈 행동으로써 진정한 사랑의 관계로 가는 길이 시작되었다고 할 수 있는데요, 인간이 하는 일과 관계의 이런 측면에 대해 한 말씀 부탁드립니다.

❹ 라일라는 존 에임스 목사에게 청혼하고도, 심지어 결혼한 후에도 여전히 과거의 상처와 불신에 사로잡혀 있었습니다. 그런 라일라에게 에임스 목사는 한결같은 존중과 애정을 베푸는데, 그중에서 가장 기억에 남는 것(장면, 대사, 태도, 에피소드 등)은 무엇입니까? 어떤 면에서 그것이 특별하게 다가오나요?

❺ 라일라에게 '버스비'는 언제든 탈출할 수 있는 가능성이자 자유를 보장받기 위한 대비책이었습니다. 하지만 그런 의미의 버스비는 언젠가는 내려놓아야 할 그 무엇이기도 하지요. 필자는 라일라가 버스비를 확보하고 있던 단계, 버스비로 남편에게 선물을 사 주고 싶은 단계, 그리고 버스비가 의미 없어지는 단계를 언급했습니다. 누군가의 관계에서 이런 단계의 전진을 경험한 적이 있나요? 지금 누군가와의 관계에서 당신의 버스비는 무엇인가요?

❻ 라일라는 자신의 불우한 과거를 목사에게 말하는 것이 부

신뢰로 나아가는 길_《라일라》

담스럽고 두려웠습니다. 과거를 공유하는 것이 신뢰 형성에 어떻게 긍정적·부정적 영향을 미칠 수 있을까요? 공유하면 되고 안 되는 과거가 따로 있을까요? 아니면 관계의 깊이에 달린 문제일까요?

❼ 존 에임스 목사는 하나님이 "언제나 선하시다"라고 고백하지만, 라일라는 "가끔은요"라는 반응을 보입니다. 필자는 라일라의 신앙고백이 어떤 면에서는 에임스 목사의 고백 이상으로 엄청난 것이라고 평했습니다. 당신의 생각은 어떻습니까? 당신에게 하나님은 어떤 분입니까? 언제나 선하신 분입니까, 아니면 가끔은 선하신 분입니까? 그도 아니라면?

❽ 라일라는 성경 에스겔 16장 4-6절에서 자신의 인생을 보여 주는 그림을 발견합니다. 성경에서 이러한 그림을 발견한 적이 있나요? 어떤 본문이었고 어떤 면에서 그렇게 느꼈나요? 성경이 아닌 다른 책이나 영화나 드라마에서 자신의 이야기를 발견한 적이 있나요? 그런 경험은 어떤 영향을 주었나요?

❾ 라일라와 에임스 목사의 결혼생활은 시한부라고 할 수 있겠습니다. 하지만 따지고 보면 우리 인생이 다 시한부지요. 우리가 평소 잘 인식하지 못하는 이 사실을 명심하고 주어진

것과 관계를 귀하게 여기고 감사하며 산다면 우리 삶이 훨씬 밀도 있는 것이 되겠지요. 그런 경험을 해 본 적이 있나요? 어떤 계기가 있었나요?

❿ 《라일라》는 한 여인이 수많은 시련과 배신 속에서도 결국 한 사람을 신뢰하게 되는 과정을 섬세하게 그려 냅니다. 그 과정에서 가장 인상적인 측면을 말씀해 주십시오. 개인적으로 누군가를 신뢰하게 된 경험이 있나요? 그 신뢰의 과정에서 가장 중요한 요소는 무엇이었나요?

《해리 포터》

영국 작가 J. K. 롤링(1965-)이 1997년부터 2007년까지 발표한 판타지 시리즈다(전7권). 이모 집에서 구박받으며 지내던 고아 소년 해리 포터가 자신이 마법사임을 알게 되고 마법학교 호그와트에 입학하면서 펼쳐지는 모험과 성장, 우정과 희생을 다룬다. 시리즈 뒤편으로 갈수록 해리의 숙적인 어둠의 마법사 볼드모트가 더욱 힘을 되찾고 그의 추종자들이 세력을 불려 간다. 과연 해리와 그 친구들은 그들을 막아 낼 수 있을까.

두려움, 복수, 신앙의 증거
《해리 포터》

08

번역 원고 빈 공간을 낙서로 채워 주던 딸 아이는 유년기의 많은 시간을 《해리 포터》 시리즈와 함께했다. 덕분에 나도 함께 책을 읽고 영화도 같이 보면서 호그와트에서 즐거운 추억을 많이 쌓을 수 있었다. 우리 부녀에게 추억을 남겨 준 작가에게 고마울 뿐이다.

    오늘은 이 시리즈에서 내가 답변의 단초, 또는 희미한 그림을 발견할 수 있었던 세 가지 질문을 이야기하려 한다. 처음 있는 일도 아니지만, 스포일러가 많다는 점을 미리 말씀드린다. 혹시 나중에 봐야지 하고 아껴 두고 계신 분이라면 책이나 영화를 보신 다음에 읽으실 것을 당부한다.

두려워하는 자?

성경의 마지막 책, 요한계시록 21장 8절에는 최종적 심판을 받는 자들의 명단이 등장한다. 두려워하는 자, 믿지 아니하는 자, 흉악한 자, 살인자, 음행하는 자, 점술가, 우상숭배자, 거짓말하는 자.

여기에 뜻밖의 사람이 들어 있다. 그것도 명단 제일 앞에. **두려워하는 자**. 왜 그럴까? 믿음이 없는 자라면 이해할 수 있겠다. 하나님 나라는 오직 믿음으로 가는 곳이라 했으니, 믿음이 없는 자가 지옥에 가는 것은 이해할 수 있다. 흉악한 자, 살인자 등등도 다 고개가 끄덕여진다. 그런데 왜 두려워하는 자가 지옥에 갈까? 그것도 일등으로!

이상하다. 불편하다. 아마도 내가 겁이 많은 사람이기 때문이리라. 흉악한 자, 살인자 같은 사람은 남을 괴롭히고 죽이고 하는 사람이니까 그러려니 하는 생각이 든다. 그런데 두려워하는 자가 왜 여기 나와 있을까. 두려워하는 자는 약한 사람 아닌가. 그런 사람은 오히려 불쌍히 여겨 주고 격려하고 다독여야 하지 않을까.

나는 이 질문의 답을 《해리 포터》 시리즈에서 발견했다. 내게 온몸으로 답을 제시한 인물은 웜테일이라는 별명을 가진 악당, 피터 페티그루다. 웜테일은 원래 해리 포터의 아버지와

소설이 내게 말해 준 것들

친구였으나, 악당 볼드모트의 부하가 되어 해리의 부모를 배신하고 죽음에 이르게 한다. 나중에 볼드모트가 다시 힘을 얻게 되는 데 가장 큰 역할을 하는 사람이 바로 이자다. 공로만 놓고 보자면 웜테일은 볼드모트의 오른팔이라도 되어야 할 듯하지만, 실제로 그는 볼드모트 추종자들에게 계속 무시당하고 볼드모트에게도 인정받지 못한다. 그런데도 웜테일은 별다른 요구를 하지도 못한다. 그래서 궁금해졌다. 왜 그럴까? 웜테일이 원하는 건 뭐였을까?

볼드모트가 웜테일의 실체를 꿰뚫어 보고 말한 대로, 웜테일을 움직이게 만든 것은 두려움이었다. 웜테일은 볼드모트가 무서워서, 그에 대한 두려움에서 벗어날 수가 없어서 그를 위해 몸 바쳐 일했다. 볼드모트가 두려워서 친구들을 배신했고, 십 년 가까이 쥐의 모습으로 변신하여 숨어 지내는 처지도 감수했다. 볼드모트가 원하는 어떤 배신과 악행도 거침없이 저질렀다. 두려움에 떨고 있으니 다른 것이 눈에 들어오지 않았다. 우정도, 신의도 들어설 자리가 없었다. 두려움이 그를

두려움, 복수, 신앙의 증거_《해리 포터》

악하게 만들었다.

정리해 보자. 정말 두려워해야 할 것, 말하자면 의로운 친구들을 배신하는 자가 되는 것, 인간답게 살아가지 못하는 것을 두려워하는 것이 아니라 엉뚱한 것을 두려워하는 자, 화 있을진저.

복수는 나의 것?

살아오면서 나름 소소하게 억울하고 분한 일은 있었지만, 뉴스에 나고 소설의 소재로 등장할 만한 그런 흉악한 일을 당하지는 않았다. 그런데 그런 일이 벌어진다고 가정하고 복수에 대한 성경의 지침을 떠올리면 정신이 아득해진다.

복수에 대한 성경의 지침은 간단명료하다. "너희가 친히 원수를 갚지 말고 하나님의 진노하심에 맡기라. 기록되었으되 '원수 갚는 것이 내게 있으니 내가 갚으리라'"(롬 12:19). '복수는 나의 것'이라고 하나님이 천명하신 것이다. '어떤 것이 진짜 제대로 원수를 갚는 방식이 될지, 어떻게 해야 정의가 설지 내가 가장 잘 아니 내게 맡겨라. 내가 일할 자리를 남겨 놓으라' 이런 말씀이겠다. 이 말씀대로라면 자기 손으로 원수를 갚으려는 것은 하나님의 자리를 넘보는 일이 된다.

어떻게 하면 '복수는 나의 것'이라는 하나님의 선언을 믿음으로 받고 그에 준해서 대처할 수 있을까. 하나님의 원수 갚으심이 어떻게 이루어지는지 도무지 헤아릴 수 없다는 게 문제다. 그것이 어느 정도라도 머리에 그려진다면 복수를 하나님께 맡기는 일*이 좀 쉬워질지도 모르겠다. 늘 그렇듯 이 문제에서도 하나님이 우리에게 요구하시는 것은 인격적 신뢰와 믿음이지만, 그렇다고 하나님이 친히 하실 복수에 대한 자유로운 상상마저 불가능한 것은 아니다. 이 문제에서도 《해리 포터》의 도움을 받아 보자.

해리는 볼드모트에게 부모의 은신처를 알려 주어 죽음에 이르게 만든 장본인이 부모의 친구였던 웜테일이었음을 알게 된다(3권). 그리고 역시 부모의 친구였던 늑대인간 루핀 교수와 시리우스 블랙을 통해 그를 처치할 기회를 얻는다. 두 사

* 물론 대개의 경우 이것은 그냥 손 놓고 있는 것과는 전혀 다를 것이다. 죄지은 자는 법에 따라 벌을 받아야 하고 응분의 대가를 치러야 한다. 사적 보복이 아니라 사법제도를 통해 공적으로 정의가 실현되어야 마땅하다. 그래야만 무한보복의 악순환을 끊을 수 있다. 하지만 인간의 완악함과 인간능력의 한계로 인해 법 제도와 집행의 현실은 정의와 공정과는 거리가 먼 경우가 너무나 많다. 당연히 지속적인 보완과 개혁이 뒤따라야 할 것이다. 이런 '당연한' 얘기를 배제하는 것이 아님을 분명히 해 두자.

두려움, 복수, 신앙의 증거_《해리 포터》

람은 웜테일이 죽어야 마땅하다는 결론을 내렸다. 그러나 해리는 부모의 원수, 친구를 배신해 죽게 만든 짐승 같은 자, 죽어 마땅한 자인 그를 직접 처단하는 사적 복수의 길을 거절한다. 참으로 용기 있는 선택이다.

하지만 웜테일은 이후 벌어진 혼란을 틈타 탈출한다. 그리고 어둠의 마법사 볼드모트가 부활하는 데 결정적인 역할을 한다(4권). 이에 독자는 '역시 기회가 있을 때 제거했어야 했어' 하며 아쉬워하고 안타까워하게 된다.

그러나 마지막 7권에 가면 모든 것이 뒤집힌다. 7권 중반부에서 해리와 친구들은 볼드모트의 부하들에게 붙잡힌다. 절체절명의 순간, 해리 일행은 웜테일이 자기를 살려 준 해리에 대한 양심의 가책에 순간적으로 흔들리는 틈을 타 위기를 넘길 수 있었다. 해리가 살려 준 웜테일이 이후 저자가 적절한 시점에 가서 그려 내는 이야기 전체의 큰 구도에서 결정적인 역할을 하게 된 것이다. 그리고 웜테일은 볼드모트의 부활을 위해 희생했다가 마법으로 되돌려 받은 손에 목이 졸려 죽는다. 저자 조앤 롤링은 '해리가 웜테일을 살려 주었기 때문에'(!) 그가 상상도 못 했던 방식으로, 적절한 시기에 그를 위기에서 구해 내는 중요한 도구로 웜테일을 이용할 수 있었고, 그의 악행에 걸맞은 방식으로 복수를 해 줄 수 있었다.

물론 복잡다단한 세상을 다 담아내기에는 미약한 그림이다. 하지만 이 그림은 내가 조앤 롤링보다 훨씬 절묘하고 민

소설이 내게 말해 준 것들

음직하게 그분 고유의 일, 복수를 완수하실 역사의 저자의 필력을 믿는 데 도움이 되었다.

반박 불가한 논리적 증명?

믿음이 '자, 이런 거다' 하며 내놓을 수 있는, 모두의 눈에 보이는 명명백백한 것이라면 얼마나 좋을까 생각한 적이 있다. 나 자신이 신앙의 회의를 겪을 때 간절했던 생각이자, 지금도 주위의 여러 사람들을 생각하면 떠오르는 아쉬움이다. 초자연계가 정말 자연계를 떠받치고 있고 자연계 안에 의미를 부여하는 '진정한 현실'이라면, 그 사실이 왜 좀 더 분명하지 않을까? '누구나 인정할 수밖에 없는 증거가 당연히 있어야 하지 않을까' 하는 의문이 든다. 그런 증거로는 기적과 신실한 증인의 존재, 논리적 증명을 떠올릴 수 있다. 그중에서도 내가 주로 관심을 갖고 찾기를 바랐던 것은 반박 불가한 논리적 증명이었다. 그런 증거가 있다면 얼마나 좋을까. 마지막으로 한 번 더 《해리 포터》 이야기에 기대어 보자.

　해리 포터 시리즈의 매력은 많지만 양파 껍질처럼 비밀을 하나씩 풀어 나가면서 펼쳐 가는 이야기의 흡인력과 반전의 재미를 빠뜨릴 수 없다. 시리즈 전체를 볼 때도 가장 큰 반전은 역시 스네이프 교수의 정체일 것이다. 그는 학창 시절에 해리의 아버지에게 괴롭힘을 당한 적이 있어서인지 아버지와 빼닮은 해리 포터를 지독히 싫어했다. 사악한 마법사 볼드모

두려움, 복수, 신앙의 증거_《해리 포터》

트의 추종세력인 '죽음을 먹는 자'의 일원이었다가 돌아선 그였지만, 급기야 볼드모트에 맞서는 세력의 우두머리였던 덤블도어 교수를 죽이고 볼드모트 밑으로 돌아간다. 그가 제공한 결정적인 정보 때문에 해리 포터는 하마터면 죽을 뻔했고 선량한 마법사들 몇 명이 목숨을 잃기도 했다. 마지막 7권의 막바지로 접어들 무렵, 스네이프 교수는 덤블도어의 신의를 배신한 최악의 변절자요 볼드모트보다 더 지독한 비호감 악당이었다.

그러나 스네이프 교수가 볼드모트의 공격을 받고 죽어 가며 해리 포터에게 남긴 기억을 통해 충격적인 반전이 이루어진다. 진실은 정반대였다. 스네이프는 지고지순한 사랑의 소유자, 선량한 동료 마법사들에게 한결같이 손가락질을 받으면서도 죽음을 두려워하지 않고 볼드모트의 최측근으로 머물며 해리 포터와 학생들을 몰래 도운 진정한 영웅이었다.

스네이프의 실체가 드러나기 전까지, 그를 끝까지 믿어 준 사람은 그의 손에 목숨을 잃은 덤블도어 한 사람뿐이었다. 나중에는 죽음의 주문으로 덤블도어를 죽인 일까지도 덤블도어의 사전 부탁에 따른 것이었음이 밝혀지지만, 해리 포터가 스네이프의 기억을 보기 전까지, 그러니까 7권 후반부도 한참 지나서까지 그가 사실은 선량한 인물이라고 생각할 수 있는 근거는 거의 없었다. 스네이프를 믿었다가 목숨을 잃은 것으로 보였던 덤블도어의 전폭적인 신뢰만이 스네이프를 선량한

소설이 내게 말해 준 것들

인물로 추측할 수 있는 유일한 근거였다. 그럴 수밖에 없었다. 가려져 있었기 때문이다. 작가가 일부러 숨겨 놓았기 때문이다. 결정적인 대목에 이르기 전까지 그의 실체를 드러낼 수 없었던 플롯상의 필연성이 있었기 때문이다. 이야기가 진행되는 동안에는, 결정적인 증거가 주어지지 않고 믿음과 의심의 가능성이 동시에 존재한다.

혹시 신의 존재를 증명하는, 도무지 반박할 수 없고 누구나 인정할 수밖에 없는 완벽한 논리를 바란 적이 있는가. 나는 그랬다. 실제로 신자들은 그런 논리를 찾기 위해 오랫동안 노력했고, 덕분에 상당히 의미 있는 성과들도 거두었다. 그러나 논박의 여지가 전혀 없는 절대적 확실성을 갖춘 논리는 없는 것으로 안다. 그럴 수밖에 없는 것이, 우리가 처한 상황이 원래 그렇지가 못하기 때문이다. 우리에게는 모든 정보가 다 주어져 있지 않고, 설령 그런 엄청난 정보가 주어진다 해도 그것을 처리할 능력이 없다. 주어져 있는 퍼즐 조각 일부를 가지고 추리를 해야 하는 상황이라 할까. 자신이 속한 이야기가 어느 대목에 이르렀는지 모르는 등장인물과 같다고 할까. 《해리 포터》 시리즈는 내게 이것을 생생하게 보여 주는 그림을 제시했다.

두려움, 복수, 신앙의 증거

《해리 포터》를 통해 두려움, 복수, 신앙의 증거, 이 세 가지 문제의 실마리를 찾아보았다. 여기서 이 문제들에 대한 완결된 답변을 기대할 수는 없을 것이다. 그러나 나는 이 시리즈에서 각 문제를 생각할 때 떠올릴 수 있는 좋은 그림을 발견할 수 있었다. 이것은 좋은 문학을 읽을 때 따라오는 보너스와 같은 것이었다. 교훈이나 답을 찾기 위해서가 아니라 문학작품 자체를 즐기면서 그 안에서 놀다 보니 내가 갖고 있던 기존의 의문 및 생각들과 닿는 부분을 발견한 것이다. 나는 이 순서가 아주 중요하다고 생각한다. 글을 마치며 문득, "위대한 책들은 세상에 베풀어진 아주 큰 자비"라고 했다는 리처드 백스터의 말이 떠올랐다.

소설이 내게 말해 준 것들

함께 읽고 나누기 위한 질문

《해리 포터》

❶ 요한계시록 21장 8절에 등장하는 멸망하는 자의 명단에 "두려워하는 자"가 있는 것이 이상하지 않나요? 이에 대한 생각을 나누어 주십시오.

❷ 피터 페티그루의 두려움이 그를 악하게 만들었다는 해석에 대해 어떻게 생각하나요? 요한계시록 말씀을 '엉뚱한 것을 두려워하는 자'에 대한 경고로 읽는 것이 합당하다고 생각하나요? 왜 그렇게 생각하나요?

❸ 복수하지 말라, 복수는 나의 것, 이 성경말씀이 어떻게 다가오나요? 하나님이 복수를 맡아 주시겠다는 말씀이 든든하게 다가오나요, 아니면 복수를 못 하게 막는 것으로 다가와 속이 터지나요? 정의를 추구하는 것과 복수의 관계를 자신의 말로 정리해 보십시오.

❹ 해리 포터는 아버지의 원수 피터 페티그루에 대한 사적 복수를 꾀하지 않고 공적 처벌을 선택합니다. 그것이 이후 여러 가지 사건과 심각한 결과들로 이어지는데, 이런 해리 포터 이

두려움, 복수, 신앙의 증거_《해리 포터》

야기의 흐름이 하나님의 정의를 상상하는 데 도움이 되나요? 어떤 면에서 도움이 되나요?

❺ 스네이프 교수가 마지막에 선량한 인물로 드러난 반전은, 겉모습과 드러난 행동만으로 사람의 진실한 본성을 판단하기 어렵다는 점을 보여 줍니다. 이것이 신앙(또는 인간에 대한 믿음)과 연관이 있다고 보나요? 어떤 면에서 그런가요?

❻ 필자는 해리 포터를 다룬 이 글에서 "반박 불가한 논리적 증명"을 갈망하는 마음과 함께, 인간이 가진 정보의 한계로 인해 완벽한 증명이 불가능함을 이야기했습니다. 이러한 불확실성이 신앙생활에 어떠한 긍정적 또는 부정적 영향을 준다고 생각하나요?

❼ 필자는 해리 포터 시리즈를 통해 '두려움, 복수, 신앙의 증거'에 관한 질문들을 던지며 답의 단초를 찾았습니다. 이 시리즈를 읽으면서 얻거나 재확인한 교훈이나 가치가 있다면 나누어 주십시오.

"위대한 책들은
세상에 베풀어진 아주 큰 자비이다."

《대성당》

미국의 단편소설가 레이먼드 카버(1938-1988)가 1981년에 발표한 대표 단편. 아내의 오랜 친구이자 시각장애인인 로버트가 '나'의 집을 방문하고, 어색하고 불편한 마음으로 그를 맞이한 '나'는 그와 짧은 대화를 나누다가 눈먼 사람에게 대성당을 설명해야 하는 난감한 상황에 처한다. 그러나 로버트의 제안을 따른 결과, 눈먼 사람의 방식으로 대성당을 보게 되는 특별한 경험을 한다.

맹인과 함께한 저녁
《대성당》

09

미국의 소설가 레이먼드 카버의 소설집 《대성당》의 표제 소설인 〈대성당〉 이야기는 '나'(남편)의 집에 손님이 찾아온다는 소식과 더불어 시작된다. 손님은 아내가 10년 넘게 알고 지낸 남자다. 하룻밤 묵고 갈 계획이란다. 엄청 불편할 것이 불 보듯 훤하다. 거기다 맹인이라니. 맹인과는 무엇을 함께하며 무슨 이야기를 나눈단 말인가. 겪어 보지 못한 낯선 존재의 방문이 주는 부담감과 거북함이 만만치 않다.

  손님이 머무는 동안 시간을 어떻게 보낼 것인지도 문제지만, 손님 자체가 마뜩지가 않다. 그는 아내가 군인이던 전남편과 사귀던 시절에 아르바이트를 하면서 알게 된 사람이다. 첫 번째 남편이 직업상 자주 이사를 다녀야 했던 터라, 결혼 이후 잦은 이사 끝에 그녀는 기존에 알던 사람들과의 관계가 다 끊어지고 말았다. 그렇게 고립된 상태에서 그녀는 맹인에게 연락을 했다. 이로써 서로의 사정을 이야기하고 들어 주는 특별한 관계가 시작되었다. 아내는 가까운 친구와 가족들과 나눌 만한 이야기를 테이프에 담아 그에게 보냈고, 맹인도 아내에게 그렇게 했다.

남자들이 잘 못하는 것, 그리고 맹인이 눈뜬 사람보다 잘할 수 있을 것이 분명한 일. 듣는 것, 집중해서 듣는 것, 딴 데 시선을 두지 않고 듣는 것. 이 부분에서 남편이 모종의 열등감과 위기감을 느낀다 해도 이상할 것 없겠다. 오랜 세월 동안 이렇게 서로의 사정과 속내를 다 들려주고 들어온 관계라니. 둘 사이에 어떤 감정적 교감이 있는지, 교류가 있었는지 누가 알겠는가. 그래서 남편은 불편하다.

맹인이 찾아오고 남편은 다소 퉁명스럽게 대화를 진행해 보지만 여의치가 않다. 서로에 대한 깊은 이해가 있는 아내와 맹인의 다정한 대화를 뒤로 한 채 남편은 마침내 TV를 켠다. 아내는 못마땅해하는 티를 팍팍 내지만 어쩌겠는가. 이런 거북한 분위기를 도와주라고 있는 게 TV 아닌가. 다큐멘터리가 진행 중이어서 다른 곳으로 돌려 봤으나 달리 볼 만한 것이 없어 결국 다큐멘터리로 돌아온다. 그리고 아내가 피곤하다고 잠시 눈을 붙인 사이, 맹인과 남편 둘 사이의 특별한 교류가 시작된다.

맹인 가르치기 1

대성당을 소개하는 TV 다큐멘터리는 여러 대성당의 영상을 보여 주며 해설자가 대성당에 얽힌 갖가지 이야기를 설명한다. 그런 언어적 설명이 제공하는 정보를 접했다고 해서 맹인이 대성당에 대해 뭔가를 알게 되었다고 할 수 있을까? 문득 그런 생각이 든 남편은 맹인에게 묻는다. "대성당이 어떤 것인지에 대한 감이 있습니까? 그러니까 어떻게 생긴 건지 아시느냐는 겁니다. … 누가 대성당이라고 말하면 그 사람들이 무엇에 대해 말하는지 개념이 잡히느냐는 거죠?"•

    맹인은 방금 다큐멘터리에서 들은 내용을 읊는다. 수백 명의 일꾼들이 오십 년 백 년 동안 일해야 대성당 하나를 짓는다, 한 집안이 대대로 대성당 하나에 매달린다, 대성당을 짓는 데 한평생을 바친 사람들이 그 작업의 완성을 보지 못하고 죽는다. 그런데 이런 설명은 대성당에 대해 무엇을 말해 줄까? 이런 의미에서라면 대성당만이 아니라 큰 건물, 대를 이어 전수되거나 진행되는 어떤 기술, 사명, 가업 같은 것에 대해서도 같은 말을 할 수 있을 것이다. 맹인은 이어지는 말에

• 레이먼드 카버, 《대성당》, 김연수 옮김, 문학동네, 2019, 345-346쪽.

서 바로 그것을 지적한다. "그런 식이라면 이보게. 우리도 그들과 별반 다르지 않은 게 아닐까?"•

그리고 맹인은 솔직하게 말한다. 해설자가 말해 준 내용 말고는 대성당에 대해 아무것도 모른다고. 그리고 남편에게 설명을 부탁한다. 뜻밖의 방향으로 대화가 흘러가자 남편은 당황한다. 도대체 어디서부터 설명한단 말인가. 그는 대성당의 가장 두드러진 특징인 높다는 것에서 출발한다. 대성당은 위로 높이 솟았다. 하늘을 향해서. 그리고 높은 대성당의 모습을 설명하기 위해 '버팀도리'라는 용어를 사용한다. 그리고 그것이 무엇인지 모를 맹인을 위해 비교 대상이 될 만한 친숙한 구조물인 고가도로를 이야기한다. 하지만 맹인에게는 다 부질없는 시도다.

높다는 식으로 설명하려다 여의치가 않자 크기를 말한다. 정말 크다. 어마어마하다. 하지만 이런 단어들로는 맹인에게 아무것도 전달할 수 없다. 그럼 재료는 어떨까. 대성당은 돌로 만들었다. 때로는 대리석으로. 그것도 부족하긴 마찬가지. 돌로 된 것이, 대리석으로 된 것이 어디 한두 가지인가. 당장 길바닥부터 돌이 아닌가. 높이, 크기, 재료로도 대성당을 설명할 수 없다면 무엇을 이야기해야 할까? 눈에 보이지 않지만 본질적인 것. 그렇다, 남편은 이제 대성당의 건축 목적을 꺼

• 같은 책, 346쪽.

내 든다.

맹인 가르치기 2

> 그 옛날에는 대성당들을 지으면서 사람들은 하나님에게 더 가까이 가고 싶었던 거죠. 그 옛날에는 모두의 삶에서 하나님이 중요한 일부분이었습니다. 대성당을 지어 놓은 것을 보면 그 사실을 알 수 있습니다.•

눈에 보이는 것으로 대성당을 설명하는 것이 어렵기 때문에 남편은 대성당이 뭐하는 곳인지, 왜 사람들이 그것을 만들었는지 이야기하는 쪽으로 방향을 튼다. 그러자면 하나님 이야기를 할 수밖에 없다. 대성당을 보면 하나님이 얼마나 그들에게 중요했는지를 알 수 있다고 설명한다. 여기서 남편은 다시 대성당을 '보면' 알 수 있는 느낌에 호소한다. 사람을 압도하는 웅장하고 으리으리한 대성당이 주는 어떤 경건한 느낌에 말이다. 하지만 대성당을 보면 찾아오는 느낌에 호소해서 맹인에게 그 건물을 설명할 수는 없다. 결국 남편은 설명을 포기한다.

   맹인은 괜찮다고 하면서 질문을 하나 한다. "자네에게 어

• 같은 책, 348쪽.

떤 형태로든 신앙심이 있는가?" 갑자기 웬 신앙심 이야기일까? 남편이 대성당이 하나님에 대한 신앙심 때문에 지어진 것이라고, 옛날 사람들에게는 그것이 중요했다고 했던 말을 떠올려 보자. 맹인은 대성당의 건축 목적에 대해 옛날 사람에게 그랬다더라 식의 다큐멘터리 해설자 정도의 설명으로는 만족할 수 없는 것이다. 당신은 대성당을 만든 사람들의 심정, 동기를 이해하는가? 그것을 말해 줄 수 있겠는가? 이렇게 묻고 있는 것이다. 그러나 남편은 거기에 대해 할 말이 없다.

뭘 믿는 건 없다고 봐야겠죠. 아무것도 안 믿어요. 그래서 가끔은 힘듭니다. 무슨 말인지 아시겠어요?•

대성당에 관한 대화가 어떻게 시작되었는지 떠올려 보자. 남편은 맹인에게 대성당이 어떤 것인지에 대한 감이 있느냐고 물었다. 그리고 남편은 그 질문이 '대성당이 어떻게 생긴 건지 아느냐?'는 질문과 동일한 것이라고 여겼다. 그리고 여러 시도를 거치며 그 생김새를 설명하는 데 실패하기에 이르렀다. 그러나 남편은 포기하지 않고, 대성당의 건축을 가능하게 만든 근본 동력이었던 하나님에 대한 신앙을 소환한다. 대성당이 어떤 것인지 아느냐는 질문이 그 건축물의 생김새에

• 같은 책, 348쪽.

대한 질문 그 이상의 것임을 시인한 셈이다. 그리고 그 핵심 동력인 신앙심이 자신에게 없다고, 시각적 경험 외에 대성당에 대해 경험적으로 말할 수 있는 것이 없다고 인정하기에 이른다.

그는 자신의 실패를 이렇게 정리한다. "대성당이 어떻게 생겼는지 가르쳐 드리기가 어렵군요." 그리고 이렇게 덧붙인다. "대성당이라고 해서 나한테는 뭐 특별한 게 아니거든요. 아무 의미도 없어요."• 자신의 실패를 대수롭지 않은 것으로 처리하려는 심사겠다. 나한테 뭐 큰 의미가 있는 대상도 아닌데 설명 못 할 수도 있지, 신앙심 없는 나에게 대성당은 별 의미가 없는 곳 아니겠느냐고 둘러대는 것이다. 그런데 남편이 이렇게 설명자로서 자신의 무능과 무지를 인정했을 때 흥미로운 반전이 일어난다. 이제 그 얘기를 해 보자.

맹인에게 배우기

눈이 멀쩡한 남편은 대성당이 어떤 것인지 설명하기를 포기하지만, 맹인은 대성당에 대해 배울 기회를, 맹인 특유의 방식으로 대성당을 '볼' 기회를 포기할 생각이 없었다. 오히려 그는 남편이 눈 뜬 사람으로서의 설명을 포기했을 때 비로소 대안을 제시한다. 그는 남편에게 종이와 펜을 가져오라고 한

• 같은 책, 349쪽.

다. 도대체 무엇을 하려는 것일까? 볼 수도 없는 사람이 종이와 펜을 어디에 쓰려는 것일까?

맹인은 남편에게 펜을 들고 종이에 대성당을 그리게 한다. 그리고 펜을 든 남편의 손에 자기 손을 얹는다. 남편은 집처럼 생긴 네모를 그린다. 그 위에 지붕을 얹고, 지붕 양쪽 끝에다가 첨탑을 그린다. 바보짓이라고 생각하면서. 그다음, 남편은 맹인의 격려를 받아 가며 아치 모양 창문들, 버팀도리까지 그린다. 그리고 사람들까지. 맹인의 말대로, 사람이 없는 대성당은 말이 안 되니까.

그리고 공동작업의 절정부가 찾아온다. 맹인은 남편에게 눈을 감으라고 말한다. 그리고 멈추지 말고 그리라고 한다.

> 내 손이 종이 위를 움직이는 동안 그의 손가락들이 내 손가락들을 타고 있었다. 살아오는 동안, 내 인생에 그런 일은 단 한 번도 없었다.•

맹인이 이제 눈을 떠서 그림을 보라고 했지만, 남편은 눈을 감고 있었다. 조금만 더 그렇게 있고 싶다는, 마땅히 그래야 한다는 생각이 들었던 것이다. 그때 맹인이 묻는다. "어때? 보고 있나?" 남편은 여전히 눈을 감고 있었고, 집 안에 있었지

• 같은 책, 352쪽.

만 어디 안에 있다는 느낌이 들지 않았다.

맹인은 남편의 손을 빌려 자신만의 방식으로 '볼 수 있는' 기회를 만들고, 그 과정에서 남편에게도 그와 같은 방식으로 볼 수 있는 기회를 제공한다. 덕분에 남편은 자기 힘으로 결코 전달할 수 없었던 방식으로 맹인에게 대성당의 모습을 '보여 주고' 자신도 그렇게 '본다.' 그것은 눈으로 보는 시각 정보와는 다른 것이요, 그 못지않게 구체적이고 경험적인 정보였다.

맹인이 그렇게 손으로 볼 수 있는 정보량은, 눈으로 보는 정보량에 비할 때 아마 제한적이고 빈약할 것이다. 그러나 그것은 맹인이 자신의 형편에서 경험적으로 체득할 수 있는 최고의 직접적 지식이었다. 그래서 그 세계, 그 경험에 참여한 남편은 이렇게 고백한다. "이거 진짜 대단하군요!"•

이거 진짜 대단하군요

대성당이 어떤 것인지를 안다는 것은 무엇일까? 그 생김새

• 같은 책, 352쪽.

를 안다는 것일까? 눈 뜬 사람은 그렇게 생각하기 쉽다. 남편도 대성당의 모습을 보았으니, 어떻게 생겼는지 알게 되었으니 대성당을 안다고 생각했다. 하지만 맹인에게 대성당을 설명하면서 남편은 자신이 그 겉모습과 주변의 이야기만 알 뿐, 대성당을 대성당이게 만드는 것, 그 핵심이라 할 신앙에 대해 무지하다는 것을 알게 된다. 남편은 대성당은 자신에게 아무 의미가 없다고 큰소리치지만, 신앙이 없어서 오는 아쉬움 또한 부정할 수 없다.

본다는 것은 무엇일까? 당연히 눈으로 이루어지는 행위다. 하지만 눈으로만 볼 수 있는 것은 아니라는 것을 남편은 맹인을 통해 배우게 된다. 그 배움은 그가 자신이 본 것을 눈먼 사람에게 설명할 수 없음을 인정할 때 비로소 가능했다. 짜증을 내거나 허풍을 떨거나 완고하게 굴지 않았다. 자신의 방식으로 이루어지는 설명의 한계를 인정하고 겸손하게 맹인의 인도를 따라갔다. 그럴 때 비로소 새로운 '보기'의 세계가 열렸다.

나와 다른 사람, 내가 보는 것을 보지 못하고, 나의 무능함을 드러나게 만드는 타자는 내게 두려움과 답답함, 좌절감을 안겨 주지만, 또한 내게 새로운 것을 열어 줄 수 있는 기회이기도 하다는 것을 이 소설은 잘 보여 준다. 멀쩡히 본다고 생각하기에 내 눈에 얼마나 많은 것이 이렇게 가려져 있을까. 나와 다른 이들을 통해 배울 자세를 갖춘다면 또 얼마나 많은

'보기'의 세계가 열릴까. 이 소설은 내게 그런 타자와의 정직하고 겸손한 만남을 통해 주어질 '눈 뜨는' 삶을 조금은 설레며 기대하게 해 준다.

맹인과 함께한 저녁_《대성당》

함께 읽고 나누기 위한 질문

《대성당》

❶ 전남편의 직업상 잦은 이사를 하면서 모든 관계가 다 끊어진 아내는 하필 왜 그 맹인에게 연락을 했을까요? 그는 다른 이들과 무엇이 달랐을까요?

❷ 아내와 맹인이 가까운 친구와 가족과 나눌 만한 이야기를 테이프에 담아 교환한 것은 무슨 의미일까요? 두 사람은 어떤 관계일까요?

❸ 자신에게 그럴 기회가 주어진다면, 맹인에게 '대성당'이라는 건축물을 어떻게 설명할 수 있을까요?

❹ 대성당을 짓는 역사, 건축 과정, 거기 참여한 수많은 사람들의 이야기는 대성당에 대해 무엇을 말해 줄 수 있을까요? 그것이 대성당의 본질을 파악하는 데 도움이 될까요?

❺ 남편은 대성당의 높이, 크기, 재료 등으로는 그 본질을 맹인에게 설명할 수 없음을 깨닫습니다. 그래서 대성당이 지닌 웅장함과 경건한 느낌을 신앙과 연결 지어 설명하려 하지만,

소설이 내게 말해 준 것들

신앙의 세계를 알지 못하는 그로서는 경건함이 무엇인지조차 설명할 수 없었습니다. 신앙이란 무엇이며 진정한 경건함이란 무엇인지 어떻게 설명할 수 있을까요?

❻ 신앙이 없는 사람이 신앙으로 세워진 건물을, 그 건물이 신앙인에게 의미하는 바를 제대로 이해하긴 어려울 것 같습니다. 내부자의 지식과 경험이 없이는 알 수 없는 것도 있지요. '객관적인 것'을 '주관적인 것'보다 무조건 믿을 만한 지식으로 여기는 것은 대상에 따라 성급한 결론일 수 있지 않을까요? 자신의 생각을 말해 주십시오.

❼ 화자가 맹인의 인도로 펜과 종이를 들고 대성당을 함께 그리는 순간, 단순히 시각 정보 이상의 것을 '보는' 체험을 합니다. 시각이 아니라 촉각으로, 혹은 다른 방식으로 '본다'는 말은 비유적 표현일까요, 아니면 다른 중요한 의미를 담고 있을까요?

❽ 맹인이 화자에게 눈을 감으라고 권유할 때 화자는 자신의 무능함과 한계를 인정하며 맹인의 인도를 따릅니다. 그리고 "이거 진짜 대단하군요!" 하고 감탄하게 됩니다. 이런 식으로 누군가의 도움을 받아들여 새로운 시각과 세계를 경험한 적이 있다면 나누어 주십시오.

맹인과 함께한 저녁_《대성당》

《주는 나의 피난처》

네덜란드 작가 코리 텐 붐(1892-1983)이 1971년에 발표한 회고록이다. 코리와 그녀의 가족은 제2차 세계대전 중 나치 치하의 네덜란드에서 유대인들을 숨겨 주고 안전한 곳으로 피신시키는 일을 한다. 그녀의 집 '베예'는 많은 유대인의 피난처였다. 그러나 결국 그녀 가족은 그간의 활동이 발각되어 강제수용소에 가게 된다. 코리는 힘든 수용소 생활에서도 언니 벳시와 함께 믿음을 지키고 위로와 기적을 경험하며 특별한 역할을 감당한다.

피난처 이용법
《주는 나의 피난처》

10

《주는 나의 피난처》는 코리 텐 붐의 가족이 제2차 세계대전 당시 독일에 점령된 네덜란드에서 유대인들을 숨겨 주고 은신처를 제공하는 지하조직의 중심에서 활동했던 전반부와 이런 활동 때문에 그들이 체포되어 수용소에서 지내는 후반부로 구성되어 있다. 코리 가족의 이야기를 본격적으로 다루기 전에 코리가 교도소에서 만난 독일군 장교 이야기부터 해 보자.

람스 중위

코리는 지하조직 활동이 발각되어 끌려간 교도소에서 독일군

중위 람스를 만난다. 그는 자신의 막사 가장자리에 튤립을 심은 섬세한 사람이었고, 코리에게도 예의를 갖추고 그녀의 처지를 배려해 준다. 그러나 나치즘 철학에 경도된 사람이기도 하다. 코리가 교회에서 정신지체아들에게 성경을 가르친 일을 열심히 소개하자 이렇게 소리친다. "쓸데없이 시간과 에너지만 낭비했군요! 회심을 시키려면 그런 얼치기 같은 모자란 놈들 수십 명보다 제정신 박힌 사람 하나가 더 낫지 않습니까?"•

하지만 그는 자신의 삶이 깊은 어둠 속에 있다고 털어놓는다. 그리고 코리가 소개하는 빛 되신 분에게 관심을 보인다. 그렇게 두 사람의 대화는 여러 날에 걸쳐 영적 의문과 성경에 대한 질문과 답변으로 이어진다. 그 과정에서 중위는 코리의 아버지가 얼마 전 그곳 교도소에서 죽었다는 소식을 듣자 분개하기도 한다. 나름대로 정의감이 살아 있는 것이다. 그는 주님에 대한 신앙을 고백하는 그리스도인들이 고통을 당한다는 사실에 힘들어한다. 코리에게 이렇게 묻곤 했다. "지금 같은 때 어떻게 하나님을 믿을 수 있지요? 대체 어떤 하나님이 그렇게 늙고 힘없는 노인을 여기 이 스헤브닝겐 같은 곳에서 돌아가시게 한답니까?"••

- • 코리 텐 붐,《주는 나의 피난처》, 오현미 옮김, 좋은씨앗, 2023, 288쪽.
- •• 같은 책, 293쪽.

소설이 내게 말해 준 것들

하급 장교인 람스에게 어떻게 나치 같은 절대악에 복종할 수 있느냐고 따지는 것은 과한 요구일 것이다. 그로서는 국가에서 시키는 대로 하는 것 외에는 선택의 여지가 없었을 테니까. 하지만 그와 같은 사람들의 노동력으로 굴러가는 나치스 독일의 만행에 희생되는 유대인들의 눈에 람스 중위의 반응은 어떻게 보일까? 자신의 협조로 굴러가는 체제, 권력의 횡포로 발생한 노인의 죽음에 대한 책임을 하나님께 묻는 것을 보며, 나는 그가 지금 자신이 어떤 자리에 있는지 모르고 있다는 생각이 들었다.

람스 중위는 노인의 부당한 죽음이라는 악에 분개하고 악을 허용하시는 하나님에게 의심의 눈길을 보낼 뿐, '자신이 이런 악을 저지르는 시스템에 일조하고 있고 정의로우신 하나님은 이런 악행을 두고 보시지 않을 텐데 어떻게 하나?'와 같은 두려움은 그에게서 찾아볼 수 없다. 그는 혹시 속고 있는 것이 아닐까? 원하든 원하지 않았든 그는 엄연히 악한 체제에 봉사하고 있으면서도 자기는 그 바깥에 서 있는 관찰자, 비평가라도 되는 것처럼 굴고 있으니 말이다. 물론 그의 질문은 좀 더 근본적인 반성과 하나님에 대한 믿음으로 나아갈 디딤돌이 될 수 있을 것이다. 하지만 만약 그가 자신의 영혼이 지금 어떤 자리에 처해 있는지 깨닫지 못하고 의심과 의문에 주저앉는다면 큰 불행이 아닐 수 없겠다.

피난처 이용법_《주는 나의 피난처》

여행가방 이야기

코리 텐 붐은 람스 중위의 질문에 답을 갖고 있지 않았다. 아버지가 왜 그런 곳에서 돌아가셨는지 코리도 모르기는 마찬가지였다. 하지만 그녀는 당황하지 않았다. 이런 난제를 대하는 기본적인 방향을 잡아 준 아버지의 답변이 있었기 때문이다.

코리가 어렸을 때 아버지와 함께 기차를 타고 가면서 그 나이에는 이해하기 어려운 어떤 질문을 한 적이 있다. 아버지는 대답 대신 선반에 있던 여행가방을 들어 바닥에 내려놓고는 기차에서 내릴 때 코리가 들고 가면 어떻겠느냐고 물었다. 코리가 힘껏 끌어당겨도 가방은 꿈쩍도 하지 않았다. 그날 아침 구입한 시계와 시계 부품이 가득 들어 있었기 때문이다. 너무 무겁다고 말하는 딸에게 아버지가 말했다.

"지식도 마찬가지란다, 코리. 어린아이가 알기엔 너무 부담스러운 지식도 있어. 좀 더 크고 좀 더 강해지면 그때 감당할 수 있을 거야. 지금은 아빠가 널 대신해서 그 가방을 들어 줄 거라고만 믿으렴."•

이해할 수 없는 온갖 부당하고 악한 일을 마주할 때 코리가 상황을 대하는 기본적인 태도가 이와 같다. 자신이 상황을 다 이해할 수 있다고 생각하지 않고, 그것이 반드시 문제라고 여기지도 않는다. 아이가 무거운 가방을 짊어질 수 없는 것처럼, 지금 자신이 감당할 수 없는 지식이 있으리라 생각한다. 자신이 아는 선하고 의로우신 하나님에 대한 지식을 바탕으로, 아이가 아버지를 신뢰하듯 하나님을 신뢰할 뿐이다.

　그렇기 때문에 코리와 코리 아버지는 독일의 네덜란드 침공과 유대인들을 학대하는 이들을 보면서 그런 일을 허락하신 하나님께 분노하지 않는다. 그들의 눈은 악당들에게로 향한다. 하나님을 거스르고 지독한 악행으로 하나님을 노엽게 만드는 사람들의 운명을 우려하고 불쌍히 여긴다. 그리고 하나님이 어떤 분이시고 어떤 것을 미워하시고 어떤 것을 원하시는지 아는 지식에 따라 하나님의 뜻 안에 머물리라, 하나님이 기뻐하시는 일을 행하리라 마음먹는다. 이제 그들이 어떤 결심을 하고 어떻게 그것을 실행에 옮기는지 이야기해 보자.

기도의 응답

네덜란드가 독일군의 침공에 항복하고 난 후, 코리 가족이 사는 하를렘에서는 유대인들이 길거리에서 체포되는 경우가 잦

- 같은 책, 63-64쪽.

아졌다. 시계점을 하는 코리네가 첫 번째로 한 일은 유대인 손님들이 시계 때문에 위험하게 시내를 오가는 일이 없도록 손님 집을 찾아가 수리할 물건을 받아 와 고쳐서 가져다주는 일이었다. 그러던 중 어느 유대인 손님 집을 방문했다가 차를 얻어 마시며 당장엔 평안한 그 집에 언제라도 독일군인이 쳐들어와 그들을 끌고 갈 수 있다는 생각이 들었다. 코리는 어느새 이런 기도를 하고 있었다. "주 예수님, 주님의 백성들을 위해 나 자신을 드립니다. 언제, 어디서, 어떤 식으로든 말입니다."•

얼마 후 코리네 집 '베예'에 위험에 처한 유대인이 찾아오기 시작한다. 남편이 체포되고 아들은 은신처로 피한 상태에서 가게 문을 닫으라는 명령을 받은 그 여성은 가게 위층의 집으로 돌아갈 엄두가 안 나서 그곳에 온다. 그리고 이틀 만에 같은 처지의 유대인 부부가 찾아온다. 이미 유대인들을 돕고 은신처를 제공하는 일을 하고 있던 코리 오빠에게 이 일을 상의하자 '배급카드'가 있는 사람에게만 은신처를 제공할 수 있을 거라고 했다. 베예를 찾아온 유대인들을 도우려면 우선 배급카드부터 구해야 했다.

코리는 지적장애인 딸을 둔 교인 프레드 콘스트라를 떠올린다. 프레드가 다니는 식량사무소에서 혹시 배급카드 발급

• 같은 책, 146쪽.

소설이 내게 말해 준 것들

을 하지 않을까 생각한 것이다. 갑자기 찾아온 코리가 문 앞에서 주일예배 문제로 상의할 일이 있다고 하자 프레드는 그녀를 들이고 문을 닫은 뒤 단도직입적으로 묻는다. "자, 코리, 나를 찾아온 진짜 용건이 뭐죠?"

코리는 이때 속으로 기도한다. "프레드에게 이 일을 이야기하는 것이 안전하지 않다면 너무 늦기 전에 이 대화를 중단시켜 주세요."• 프레드의 적극적인 협조로 일단 백 장의 배급카드를 구한 것은 시작일 뿐이었다. 도움을 청하는 사람들은 자꾸만 늘었고, 배급카드와 안전한 피신처 마련 외에도 복잡한 문제들이 늘어 갔다. 해법을 궁리하던 코리는 자기 가족이 하를렘 사람 절반은 안다는 사실을 문득 깨닫는다. 물론 그들의 정치적 견해는 다 알지 못했다. 하지만 하나님은 다 알고 계셨다. 이 사실에 코리는 가슴이 뛰었다. "내가 할 일은 그저 하나님께서 인도하시는 대로 한 걸음씩 내딛으면서 기도로 그분께 모든 결정을 맡기는 것뿐이었다."••

하나님의 주권과 인간의 선택에 대한 실천적 답변

이것은 아름답고 귀한 고백이고 믿음이었다. 이 믿음은 '영리하고 치밀하고 약지 못한' 코리의 생각보다 훨씬 치밀하고 안

• 같은 책, 156쪽.
•• 같은 책, 161쪽.

피난처 이용법_《주는 나의 피난처》

전한 전략이 주어지는 방식으로 응답된다. 일단 그녀는 지하 운동 전국 조직망과 연결된다. 그리고 베예에 밀실이 없다는 사실을 알게 된 전문가의 주도로 베예 안, 3층 코리 방 한쪽에 감쪽같은 '피난처'가 만들어진다.

 피난처가 만들어졌다고 해도 피해야 할 사람들이 제때 피하지 못하면 아무 소용이 없다. 그래서 경보기를 설치하고 대피훈련을 시작한다. 빠르게 피난처로 숨어야 할 뿐 아니라, 아무런 흔적도 남기지 않아야 한다. 쉽지 않은 일이었지만 전문가의 지도를 받아 성실한 훈련을 진행한 끝에 처음에 4분이던 대피시간이 70초로 줄었다. 피난처는 끝까지 발각되지 않았고 베예가 급습을 당하고 코리를 포함한 많은 이들이 끌려갈 때도 피난처에 숨은 이들은 안전했다.

 하나님의 주권과 인간의 선택의 관계가 이론적으로는 대단히 어려운 문제이지만, 코리 가족들의 활동을 보면 실천적 측면에서 아주 어렵기만 한 것은 아니라는 생각이 든다. 유대인들을 돕고 싶은 마음은 분명히 하나님이 주신 귀한 마음이겠으나 그것은 코리 가족이 평소에 가졌던 신앙과 신념에 충실한 것이었고 그들은 너무나 자연스럽게 그렇게 하기로 마음먹었다. 코리 가족은 자신들이 가진 인맥과 노동력, 지성을 발휘하여 유대인들을 도울 방안을 찾아내고 그 과정에서 자신들의 한계를 절감하면서 하나님의 도움을 구하고 함께하는 동지들의 도움을 받는다.

하를렘 조직의 리더가 된 코리에게는 특별훈련이 실시된다. 밤중에 갑자기 비밀경찰이 들이닥쳐서 질문을 받게 될 상황에 대비하는 훈련이었다. 코리가 처음 불시에 받은 질문은 이것이었다. "유대인 아홉 명을 어디다 숨겨 줬지?" 코리는 잠결에 이렇게 대답한다. "지금은 여섯 명뿐인데요."

순간 사방이 고요해졌다. 코리의 기막힌 반응에 그녀를 훈련시키러 온 사람들 중 한 명은 머리를 쥐어뜯는다. 게슈타포가 코리를 함정에 빠뜨리려고 그렇게 묻는다면 어떻게 대답해야 할까? 당연히 '우리 집엔 유대인이 없는데요'가 되어야 했다. 반복훈련을 통해 나아지긴 했지만 코리의 마음에서 부담은 사라지지 않았다. 그녀는 이렇게 기도할 수밖에 없었다. "하나님, 나 때문에 다른 사람의 생명이 위험해지지 않게 도와주세요."

코리 가족은 정의롭고 선하신 하나님을 믿는다. 엄청난 악들이 벌어지는 그때, 그들은 하나님이 기뻐하시는 일이라 생각하는 일에 헌신하기로 선택한다. 열심히 노력하고 최선을 다해서 싸우지만, 아니 그렇게 싸우기 때문에 오히려 그 가운데서 자신이 할 수 있는 일이 지극히 제한적임을, 자신의 실수로 모든 것을 그르칠 수도 있음을 뼈저리게 인식한다. 하나님의 도우심이 필요함을 시시때때로 발견하고 도움을 구한다. 그리고 도움을 받는다.

피난처 이용법_《주는 나의 피난처》

성경과 오일병

피난처는 제 역할을 다했지만, 코리를 비롯한 많은 이들이 체포되어 교도소로 끌려가고 네덜란드의 부흐트 집단수용소에 갇혔다가 결국 독일의 라벤스브뤼크 집단수용소로 이송된다. 교도소에서 아버지를 잃은 코리와 언니 벳시는 함께 수용소에서 생활한다. 열악하기 그지없는 환경에서도 자매는 자신들을 세심하게 돕고 구체적으로 함께하시는 하나님을 경험한다. 그중에서 두 가지 사례를 소개하고 싶다. 하나는 성경과 관련이 있고, 또 하나는 병약한 벳시를 위해 챙겨 두었던 작은 비타민 오일병과 관련된 것이다.

살인적인 환경의 기차에 실려 라벤스브뤼크에 도착한 코리는 큰 난관에 직면한다. 그동안 코리는 교도소와 부흐트 수용소에서 여러 번 검문과 검사를 받으면서도 성경을 간직할 수 있었고, 덕분에 코리 자매 본인들은 물론 주위 사람들에게 큰 유익을 줄 수 있었다. 하지만 라벤스브뤼크 수용소는 감시와 통제가 훨씬 엄격했다. 죄수들은 접견실에 도착하여 관리들 앞에 담요와 보따리, 몸에 지닌 것을 전부 내놓아야 했다. 그다음 입고 있는 옷까지 다 벗고 SS대원들의 감시의 눈초리를 받으며 샤워실로 들어가야 했다. 샤워를 마치고 나올 땐 얇은 죄수복 한 벌 걸치고 신발 한 켤레만 신었다.

병약한 벳시 언니에게는 입고 있던 스웨터가 꼭 필요했고, 비타민도 있어야 했다. 성경책도. 척박한 수용소에서 성경책

없이 어떻게 살아간단 말인가? 그런데 감시하는 눈이 수두룩한 라벤스브뤼크 수용소에 어떻게 성경책을 들여갈 수 있을까? 일단 코리는 샤워실에 스웨터와 성경, 오일병을 어찌어찌 숨겨 간직할 수 있었다. 그다음 그것들을 옷 안에 걸치고 접견실을 지나 막사로 들어가야 했는데 철저한 몸수색을 두 번이나 통과해야 했다. 그런데 죄수들 하나하나의 몸을 앞뒤 양옆으로 훑어서 수색하던 SS대원들이 코리의 몸에는 손을 대지 않고 빨리 지나가라고 거칠게 밀어 댔다. 성경의 주인공이신 하나님의 능력에 대한 새로운 체험이었다.

하나님의 함께하심을 확신케 한 또 하나의 사례는 다비타 몬 오일병이다. 작은 병이었고 하루에도 여러 번 썼기 때문에 남은 양이 거의 없어야 했다. 벳시만 쓴 것이 아니라 침상의 다른 사람들까지 받아쓰고 있었다. 코리는 날이 갈수록 허약해지는 언니를 위해 숨겨 두고 싶었지만 열에 들끓어 눈이 허연 사람, 오한에 덜덜 떠는 사람을 외면할 수가 없었다. 그렇게 병약한 사람의 수도 열 명, 스무 명, 스물다섯 명으로 계속 늘어났다.

그런데 작은 병을 기울일 때마다 마개 끝부분에 오일이 한 방울씩 나타났다. 병이 짙은 갈색이라 얼마나 남았는지는 보이지 않았다. 하지만 오늘도, 다음 날도, 또 다음 날도 배급받은 빵 위로 기름방울이 떨어졌고, 주위의 죄수들은 경외심에 사로잡힌 채 그것을 지켜보았다. 그러던 어느 날, 병원 일에

피난처 이용법_《주는 나의 피난처》

배정받은 동료 수용자가 효모 혼합물 비타민을 한 병 구해 왔고, 그날로 다비타몬 오일병에서는 아무것도 나오지 않았다.

기적이 말해 주는 것

이 두 가지 사례만으로도 코리 자매가 고백하는 하나님의 섬세한 함께하심과 크신 능력을 짐작하기에 부족하지 않을 것이다. 그런데 나는 코리 자매의 이런 놀라운 간증에 감동하는 동시에 평소 막연하게 느껴 왔던 어떤 부조화를 새삼 인식하게 되었다. 혹시 자잘하고 세밀한 부분에서 하나님의 도우심을 경험했다고 고백하면서도 자신이 처한 여전히 암울한 전반적 상황 앞에서 그런 고백이 무색하게 느껴진 적이 있는가. 경험하는 은혜와 주변 상황의 크기가 너무 다르다는 생각과 함께 마음 한구석에서 밀려오는 이런 의구심을 느껴 본 적이 있는가 말이다. '그래서 뭐, 어쩌라고? 뭐가 달라졌는데?' 코리와 벳시가 어떤 상황에 처해 있는지 보라. 그들은 자신들이 아는 하나님의 성품과 명령에 순종하여 유대인들을 돕다가 잡혔고, 그 과정에서 아버지를 잃고 열악한 수용소로 끌려왔다. 이런 상황에서 다 떨어진 스웨터, 성경, 작은 비타민 오일 병 하나가 뭐 그리 대수란 말인가?

'작은 일'에서 너무나 분명하게 자신을 드러내시는 하나님이 왜 '큰일'에 대해서는 수수방관하시는 것처럼 보이는가? 너무나 큰 악이 버젓이 허용되고 활개 치는 상황을 왜 허락하시는가? 왜 막지 않으시는가. 사실, 이런 질문에는 답이 없다. 하지만 눈에 보이는 '작은 일'에서 하나님의 함께하심이 그분의 보이지 않는 '큰일'과 어떤 관계인지 잘 생각하면 도움이 된다. 이 말이 무슨 말인지를, C. S. 루이스가 《기적》에서 그리스도의 기적에 대해 제시한 통찰을 빌려 와서 설명해 보겠다.

그리스도는 많은 기적을 행하셨다. 그 기적들은 자연을 침공*한 세력(그리스도)이 낯선 세력이 아니라, 자연과 인간의 왕

---

* 루이스에 따르면 기적은 자연법칙을 깨뜨리는 것이 아니다. 기적은 일종의 간섭이다. 여기서 루이스는 재미있는 비유를 든다. 월요일에 책상 서랍에 6페니를 넣고 화요일에 6페니를 더 넣었다고 해 보자. 그러면 산술 법칙에 힘입어 다음번에 서랍을 열어 보면 12페니가 있을 거라고 예측할 수 있다. 그런데 만약 다음번에 서랍을 열었는데 2페니밖에 없다면 어떤 결론을 내리게 될까? 산술 법칙이 깨어졌다고 결론 내릴까? 그럴 리 없다! 도둑이 들었다고 생각할 것이다. "이는 무언가(그 서랍의 자물쇠나 영국 법)가 깨진 것입니다. 그러나 산수의 법칙이 깨진 것은 아닙니다. 도둑 때문에 생긴 새로운 상황은 본래의 상황과 마찬가지로 산수의 법칙을 따른 것입니다. … 과학자의 관점에서 기적은 일종의 조작, 간섭, (말하자면) 도둑질입니다"(C. S. 루이스, 《기적》, 이종태 옮김, 홍성사, 2008, 112쪽).

피난처 이용법_《주는 나의 피난처》

이신 분임을 보여 준다. 다시 말해, 그 모든 기적에서 "그리스도는 하나님이 일반적으로 해 오셨던 일, 또는 앞으로 하실 일을 순식간에 한 장소에서 하신다. 각 기적은 하나님이 자연이라는 캔버스 전체에 걸쳐 우리가 쉽사리 알아볼 수 없을 정도의 커다란 글자로 적어 놓으셨거나 또 앞으로 적으실 무언가를, 우리를 위해 작은 글자로 적어 주는 행위다."•

그리스도께서 가나 혼인 잔치에서 물을 포도주로 바꾸신 기적을 생각해 보자. 이 기적은 "포도주의 하나님이 여기 계시다는 선포"다. "매년 자연질서의 일부로서, 하나님은 포도주를 만드신다." 그분은 "물과 토양과 햇빛을 주스로 바꾸어 놓을 수 있는 식물 유기체를 창조하시며, 그렇게 만들어진 주스는 적절한 조건이 맞춰지면 포도주가 된다." 어떤 의미에서 그분은 이렇게 늘 물을 포도주로 바꾸고 계신다. 포도주는 결국 물이 변해서 된 것이니까. 그런데 단 한 번, 성육신하신 하나님이 그 과정을 단축시켜 순식간에 포도주를 만드셨다. 기적이란 "말하자면 지름길로 가는 것"이다. 그러나 "기적이 만들어 내는 일 자체는 평범한 것"이다. 루이스는 오병이어의 기적도 같은 맥락에서 설명한다. "늘 하시던 일을 작게, 가까이서, 도구 없이 행하신" 일이라는 것이다.••

• C. S. 루이스, 《기적》, 266쪽.
•• 같은 책, 268-271쪽.

그리스도의 기적은 그리스도가 바로 자연을 창조하시고 유지하시는 그분임을 알려 주는 '작은 글자'라는 대목을 떠올려 보자. 나는 코리가 경험한 기적도 이와 비슷한 식으로 바라봐야 한다고 생각한다. '하나님이 큰일은 방치하시거나 할 줄 모르시고 작은 일만 하시네' 이렇게 삐딱하게 생각할 것이 아니라 그 반대로 보아야 한다. 오일병의 오일이 계속 나왔던 일을 먼저 생각해 보자.

그리스도의 기적이 자연의 창조주이자 보존자로서 평소 오랜 시간에 걸쳐서 크게 하시는 일을 그리스도께서 작은 규모로 빠르게 해 보이신 일인 것처럼, 코리에게 오일병의 오일이 떨어지지 않은 범상치 않은 일은 하나님이 평소 커다란 글자로 적으시는 내용을 작은 글자로 적고 계시는 일이었고 온 세상 가운데 일하시는 하나님이 지금 여기서도 함께하시고 일하고 계시다는 증거였다. '하나님은 왜 이런 작은 일만 하시는가', 코리의 생각은 그렇게 돌아가지 않았다. 평소 그분의 뜻에 따라 너무나 큰 규모로 수많은 일을 하시는 하나님이 지금 코리가 감지하고 체감할 수 있는 수준과 크기와 방식으로 자신을 드러내셨다고 그녀는 받아들였다.

스웨터, 오일병, 성경이 그 많은 감시자들의 눈을 피해 수용소로 들어갈 수 있었던 일의 의미도 생각해 보자. 이 사건은 오일병의 경우와 다르다. 여기서 코리가 경험한 것 중에 그 자체로 평범하지 않고 초자연적인 일은 하나도 없었다. 감

피난처 이용법_《주는 나의 피난처》

시자들의 무신경하고 무심한 몸짓과 대응이 뜻밖에도 물건을 숨길 곳을 알려 주는 역할을 하고, 그렇게 만들어진 적절한 타이밍에 적재적소에 물건을 숨길 의자가 놓여 있었고, 코리가 걸친 물건들 때문에 옷이 불룩 튀어나온 것이 수많은 감시자들의 눈에 들어오지 않았고, 마침 코리만 몸수색을 하지 않는 것 등 하나하나는 충분히 있을 수 있는 평범한 일들이다. 하지만 코리는 이런 것들이 이토록 절묘하게 모여서 만들어진 결과물에서 심지어 적대적인 사람들을 통해서도, 온갖 상황 안에서도 일하시는 하나님을 보았고, 사람을 두려워하지 않고 상황에 좌절하거나 불평하지 않는 법을 배웠다.

    코리와 벳시는 뭔가를 잘못해서가 아니라 하나님의 뜻에 온전히 순종했기 때문에 수용소로 끌려가 고초를 겪었다. 하지만 그곳은 헤어날 수 없는 절망의 장소가 아니었다. 그리로 간다고 끝이 아니었다. 코리와 벳시는 그 상황과 그 자리에도 하나님이 함께하신다는 것을 경험했다. 결국 수용소에서 살아 나온 코리는 바로 이것을 전하고자 했다. 그렇듯 깊은 심연에서도 하나님이 함께하신다면, 그분이 함께할 수 없는 상태가 있겠느냐고 말하고자 했다.

수용소에 있는 이유

라벤스브뤼크 수용소의 코리 자매가 수용된 막사 옆에는 징벌 막사가 있었다. 징벌 막사에서는 하루 종일 일정한 리듬에 맞춰 사람을 내리치는 소리가 들려왔고, 일정한 속도를 유지하는 비명이 따라왔다. 코리는 이것을 비롯한 온갖 비참한 일과 의미 없어 보이는 숱한 고통을 겪으며 '주 예수님, 이 짐도 들어 주실 건가요?' 기도하게 되었다.•

    이런 절망과 비참함 가운데 코리는 특별한 고백을 한다. 도무지 이해할 수 없는 세상 한복판에서 언니와 자기가 이곳에 와 있는 이유가 점점 확실해진다는 고백이다. 다른 이들이 왜 고통을 당하는지는 알 수 없었지만, "우리로 말하자면, 아침부터 밤에 불이 꺼질 때까지, 줄을 서서 점호를 받을 때 외에는 언제나, 성경에서 도움과 소망을 바라며 모여드는 사람들의 구심점이었다."•• 코리의 비범한 고백은 이렇게 이어진다. "라벤스브뤼크에서의 생활은 서로 다른 두 개의 차원에서 이루어졌다. 사실 그것은 공존할 수 없는 삶이었다. 하나는 눈으로 볼 수 있는 외적인 삶으로, 이 삶은 날이 갈수록 끔찍해졌다. 다른 하나는 하나님과 함께하는 삶으로, 이 삶은 날마다 더 좋아졌고, 진리 위에 진리, 영광 위에 영광이었다."•••

    코리가 스스로 고백했으니 안심하고 말할 수 있겠다. 코리 자매가 수용소에 갇힌 것은 참으로 안 된 일이지만 그곳에 있는 사람들에게 코리 자매는 너무도 필요한 사람들이었다. 그

- • 코리 텐 붐, 《주는 나의 피난처》, 345쪽.
- •• 같은 책, 345쪽.
- ••• 같은 책, 346쪽.

피난처 이용법_《주는 나의 피난처》

들이 함께 있는 것이 그곳 사람들에게는 너무나 큰 복이었다. 수용소에 갇힌 사람들은 그들 자매에 힘입어 다른 세계를 엿보고 경험할 기회를 얻었다. 코리 자매는 다른 이들에게 또 다른 세계를 볼 수 있는 창이었다.

그렇기 때문에 코리는 자신을 잘 지켜야 했다. 그녀가 수용소에서 평안을 잃고 능력을 잃어버린 때가 있었다. 그때 코리는 언니의 형편을 빙자하여 자기중심적으로 생각했고, 자신을 배신한 사람에 대한 증오에 사로잡혔다. 코리는 그렇게 된 핵심적 원인이 그동안 자신이 수용소에서 했던 일들이 자신의 능력으로 한 일이라고 생각했기 때문임을 깨닫는다. 그러면 어떻게 해야 할까? 자기중심성을 벗어나고 원수를 용서하는 것은 사람으로선 불가능한 일이기에 도움을 구하는 수밖에 없었다. 겸손한 마음으로 은혜를 구해야 했다.

다른 사람들의 극악한 죄에 비하면 아무것도 아닌 것으로 보일 수 있는 자기중심성, 누구에게나 너무나 자연스럽고 당연한 반응으로 보일 수 있는 원수에 대한 분노와 원통함은 코리에게 치명적인 문제였다. 이런 것들을 처리하고 넘어서지 못한다면 그녀가 수용소에 와 있는 목적이 이루어질 수 없을 터였다. 코리 자매는 그들의 삶과 태도를 기반으로 성경의 가르침을 능력 있게 전하여 절망의 나치 수용소에서 수용자들이 하나님께 나아가고 그분을 의뢰하도록 이끄는 역할을 감당해야 했던 사람들이었기 때문이다.

소설이 내게 말해 준 것들

피난처

긴 글을 쓰기는 했지만, 내가 코리 텐 붐 여사가 말한 메시지들을 가지고 이러쿵저러쿵 말하는 것은 상당히 부담스러운 일이다. 하지만 이 글을 쓰는 과정은 코리 여사의 놀라운 경험과 고백을 소리 내어 감탄하고 흠모하고 되새기는 시간이었다. 코리 여사의 간증은 내가 오랫동안 품고 있던 의문을 새로운 각도에서, 좀 더 명료하게 바라볼 수 있는 사례들을 잔뜩 제공해 주었기 때문이다. 학생의 학습노트 같은 이 글이 나와 비슷한 또 다른 학생에게 유익을 줄 수도 있겠다는 기대도 있었다.

《주는 나의 피난처》의 영어 제목은 "The Hiding Place"다. 직역하면 '그 피난처'다. 일차적으로 그 피난처는 코리의 집 베예에 설치되었던 은신처를 가리킨다. 뛰어난 건축가가 실력을 발휘하여 만들어 낸, 유대인 거주자들을 위한 완벽한 은신처 말이다. 베예의 유대인들은 비밀경찰의 급습을 피해 그곳으로 달아나 목숨을 구했다. 코리에게도 그처럼 위험할 때 달려갈 수 있는 다른 피난처가 있었다. 그녀는 유대인을 돕는 지하조직 활동과 수용소 생활 가운데 그 피난처로 수시로 달려갔다. 수용소에서 나온 이후 코리는 성경이 증언하고 자신이 생생하게 체험한 그 피난처를 전했고 전쟁의 상처에 시달리는 이들을 도왔다.

《주의 나의 피난처》는 출간된 지 반세기가 훌쩍 넘은 지금도 여전히 강력한 확신과 생생한 경험을 바탕으로 독자들에게 묻고 있다. 당신에게는 피난처가 있느냐고. 혹시 주님이 당신의 피난처가 되시느냐고. 베예에 있던 유대인들처럼, 수용소에 있던 본인처럼 환난 날에 피난처로 급히 달려가고 있느냐고.

소설이 내게 말해 준 것들

함께 읽고 나누기 위한 질문

《주는 나의 피난처》

❶ 코리가 교도소에서 만난 람스 중위는 여러 가지를 생각하게 만드는 인물입니다. 인간의 선량함과 선의라는 것이 가지는 한계를 보여 주는 것 같기도 합니다. 그는 나치즘 철학에 경도된 사람이고 나치 체제에 복무하는 사람이었으니까요. 그에 대해 한 말씀 부탁드립니다.

❷ 어린 시절 아버지가 코리에게 들려준 여행 가방 이야기는 이해할 수 없는 온갖 부당하고 악한 일을 마주할 때 상황을 대하는 기본적인 태도를 말해 줍니다. '지식'의 한계를 인정하고 하나님을 '신뢰'하기로 선택하는 코리의 이런 태도를 어떻게 생각합니까? 바람직한 신자의 태도라 할 수 있을까요? 아니면 더 나은 태도가 있을까요? 자신의 생각을 말씀해 주십시오.

❸ 코리는 위기에 처한 유대인들을 생각하고 이런 기도를 합니다. "주 예수님, 주님의 백성들을 위해 나 자신을 드립니다. 언제, 어디서, 어떤 식으로든 말입니다." 위험을 무릅쓰는 이런 기도, 놀랍고도 신비합니다. 기도의 위험성과 기도의 능력,

이 둘은 동전의 양면처럼 보일 지경입니다. 혹시 작게나마 이런 기도를 해 본 적이 있나요? 어떤 일이 있었나요?

❹ 코리가 유대인들을 돕는 과정은 하나님의 주권과 인간의 선택이 긴밀하게 맞물려 돌아가는 것을 보여 줍니다.《주는 나의 피난처》에서 그런 사례를 떠올릴 수 있나요? 개인적으로나 주위에서 그런 사례를 직간접적으로 경험한 적이 있나요?

❺ 수용소에서 코리가 경험한 오일병의 기적과 같은 '작은 일'들이, 전체적인 참혹한 현실 속에서 하나님의 임재를 어떻게 증언하고 있다고 생각하나요? "하나님이 큰일은 방치하고 작은 일만 하신다"는 의구심을 가져본 적이 있나요? C. S. 루이스의 기적관을 근거로 작은 기적들이 큰 악 속에서도 하나님의 능력과 섭리를 증명해 준다는 필자의 주장을 어떻게 생각하나요?

❻ 전쟁이라는 극한 상황 속에서 코리 텐 붐 가족 및 동지들이 유대인들을 돕기 위해 선택한 행동과 그들의 신앙은 비범한 것이었습니다. 그들의 담대함과 용기는 어디에서 나온 것일까요? 그들의 신앙은 무엇이 달랐을까요?

❼ 극악한 범죄가 저질러지는 상황에서 억울하게 수용소에

갇힌 코리가 자기중심성, 분노와 원통함에 사로잡혔을 때 어떤 일이 있었나요? 그녀의 이런 반응은 아주 자연스러운 것이 아닐까요? 마음의 죄라는 것, 태도의 죄라는 것이 코리의 말처럼 과연 그렇게 큰 문제일까요?

❽ 나치 체제라는 악한 시스템 속에서 코리 가족은 어떻게 하나님을 신뢰하며 행동할 수 있었나요? 그 배경과 의미를 논의해 봅시다.

❾ 코리의 집 베예 같은 피난처가 있나요? 피난처로 달아나서 위기에서 벗어난 적이 있나요? 코리 텐 붐이 전하는 '주님은 나의 피난처'라는 메시지는 신자에게 어떤 의미가 있을까요? 그것을 어떻게 경험할 수 있을까요?

피난처 이용법_《주는 나의 피난처》

《빙점》

일본 작가 미우라 아야코(1922-1999)가 1964년에 발표한 데뷔작. 병원장 게이조가 아내 나쓰에의 외도를 의심하던 중 딸이 살해되는 비극이 일어난다. 복수심에 사로잡힌 게이조는 상심한 아내를 위로하는 척 여자아이의 입양을 권하고는 살해범의 친딸 요코를 데려와 키우게 한다. 몇 년 후, 나쓰에가 진상을 알게 되면서 요코의 평온하던 일상은 엄마의 노골적인 구박과 괴롭힘에 맞서 싸우는 전쟁터가 된다. 요코는 온갖 방법으로 치열하게 자신을 지키려 하지만 요코의 마음을 얼려 버릴 빙점은 시시각각 다가오는데….

요코를 향한 응원
《빙점》

11

요코는 행복한 유년기를 보내고 있었다. 무엇보다 어머니의 헌신적인 사랑 때문이었다. 요코는 어머니의 모든 게 좋았다. 아침마다 머리를 빗겨 주는 것도, 몸에서 나는 향수 냄새도, 품위 있게 부드러운 말씨도, 웃을 때의 입언저리도, 설거지할 때의 뒷모습도, 걸레질할 때의 빠른 몸놀림도. 무엇보다 "요코야" 하고 부를 때의 약간 나지막하지만 부드러운 목소리가 아주 좋았다. "아버지의 쌀쌀한 태도가 요코의 마음에 어두운 그늘을 드리우지 않은 것도 어머니의 사랑이 차고 넘쳤기 때문"이었다.•

그런데 일곱 살이던 어느 날 학교에서 돌아왔을 때였다. 어머니가 여느 때와 다른 모습이었다. 어머니는 까칠한 목소리로 요코의 이름을 불렀다. 요코의 뺨을 양손으로 감싸고 들여다보는 어머니의 모습이 심상치 않았다. 요코는 고개를 갸우뚱하고는 물었다. "놀러 가도 돼요?" 그때였다. 어머니가 갑자기 "요코! 엄마하고 같이 죽어…"라고 말하더니 요코의 목을 잡았다. "싫어, 싫어" 하면서 몸을 비틀었지만 어머니의 손은 요코의 목을 한동안 놓아 주지 않았다. 그러다 비명과 함께 문득 정신을 차리고 손을 놓았다. 요코가 입에 거품을 물고 숨을 몰아쉬듯 흑흑거리고 목구멍을 그르렁거리다 앙 하고 울음을 터뜨리자 어머니가 "아, 요코!" 하고 얼결에 요코를 껴안았다. 요코는 한참을 울었다. 요코가 진정한 뒤, 어머니는 요코에게 오늘 일을 아빠와 오빠에게 말하지 말라고 다짐을 한다.

요코를 죽이려던 어머니는 이후로 전과 달라졌다. 요코로서는 전후 사정을 알 도리가 없었지만 자신이 할 수 있는 방식으로 어떻게든 살아남아야 했다. 이 장에서는 소설《빙점》의 주인공 요코가 사랑하는 어머니의 총애를 받다가 어느 날부터 미운오리새끼가 된 상황에서 어떻게 자기를 지키려 하는지 따라가 보려 한다. 그것은 대체로 건전하고, 때로는 찬

• 미우라 아야코,《빙점》, 최현 옮김, 범우사, 2004, 219쪽.

사를 보낼 만한, 무엇보다 영웅적인 노력이었다.

다른 사람의 도움을 구한다

먼저 요코는 다른 사람의 도움을 구한다. 충격적인 일을 당한 요코는 어머니가 무서워졌다. 집에 그대로 있을 수가 없었다. 당연한 일이다. 그래서 요코는 저금통에서 동전을 꺼내서 버스를 타고 친하게 지내던 다쓰코 아줌마에게 간다. 그리고 "집에 있고 싶지 않다"고 말한다. 다쓰코는 언제나 생글생글 웃기만 하고 성낼 줄 모르는 요코의 이 당돌한 답변에 오히려 성깔이 있어서 좋다고 반응한다.

다쓰코는 요코를 순순히 받아 주고 밥도 먹이고 재워 준다. 저녁에는 요코의 어머니 나쓰에와 통화해서 다음 날 데려다주겠다고 한다. 다쓰코는 요코가 집을 나온 것이 궁금해서 이것저것 묻지만 요코는 다쓰코에게 자신이 집을 나온 이유를 말할 수가 없었다. 어머니가 내 목을 졸라서 무서워져 집에서 나왔어요, 그렇게 말할 수는 없지 않은가.

요코가 철없고 생각이 짧은 아이였다면, 어머니와의 약속을 중요하게 여기지 않는 아이였다면 달랐겠지만, 요코는 그런 아이가 아니었다. 그래서 요코는 다쓰코의 도움을 받으러 왔으나 가장 중요한 문제는 상의할 수가 없었다. 사람에게 사람만큼 귀한 것도 없으나, 사람이 줄 수 있는 것에는 한계가 있는 법이다. 그러나 다쓰코 아줌마와의 대화를 통해 자신이

요코를 향한 응원_《빙점》

처한 상황을 어떻게 바라봐야 할지 지침을 얻는다. 그 이야기로 넘어가 보자.

건전한 조언을 받아들인다

다쓰코는 요코에게 왜 집을 나왔는지 캐묻는다. 평소 같으면 아무것도 묻지 않고 받아 주었겠지만 얌전한 요코가 집을 나왔다는 것은 보통 일이 아니었던 것이다. 마쓰코는 요코에게 아줌마 집에 왜 왔느냐고 물었다. 아이가 대답하지 않자 답이 될 만한 질문들을 던진다.

야단을 맞았느냐, 오빠와 싸웠느냐, 친구들이 뭐라고 했느냐? 다 아니라는 답이 나오자 다쓰코는 질문의 방향을 바꾼다. 아빠가 좋으냐, 엄마는 좋으냐, 오빠가 좋으냐? 다 좋다는 대답이 돌아왔다. 차라리 나쓰에에게 직접 물어봐야 하나 싶어질 무렵, 요코가 물었다.

"아줌마, 우리 엄마 좋아해요?"

그렇게 해서 좋아하는 사람에게도 싫은 점이 있고, 사람은 누구나 좋은 점과 나쁜 점이 있으며, 사람은 자기에게 친절한 사람을 좋아하지만 그 사람이 조금만 잘못해도 곧 싫어진다는 점을 지적한다. 그리고 "요코도 엄마가 언제나 잘해 주다가 한 번 잘못해 주면 싫어질지도 몰라"라고 말한다.

어린 요코는 이 말을 액면 그대로 받아들인다. 그리고 이렇게 생각한다. '아줌마는 어제 일을 모두 알고 있는 것 같아.

정말이야. 엄마는 언제나 내게 잘해 줬어. 그리고 잘못해 준 건 어제 한 번뿐이야.'• 그리고 웬만큼 힘든 일은 참아야 한다는, 이어지는 다쓰코의 조언을 받아들인다.

기본적으로 다쓰코의 조언은 건전하고 상식적이다. 웬만한 일은 참을 줄 알아야 하고, 한 번 잘못했다고 상대방을 매도해서는 안 된다. 참으로 합당한 조언이다. 결국은 요코가 겪은 일이 그런 상식적 조언으로 감당할 수 있는 상황이냐 하는 것이 문제겠다. 그리고 정확한 상황을 설명할 수 없기에 빗나갈 수밖에 없는 조언이나마 늘 들을 수 있는 것도 아니다. 결국 많은 상황은 자기가 당해 내는 수밖에 없다. 여기서 돋보이는 것이 요코의 긍정적 사고방식이다. 그것을 잘 보여 주는 학예회 사건을 들여다보자.

긍정적으로 생각한다

학예회가 열린다. 요코는 학예회에 참가해 급우 여섯 명과 함께 춤을 추기로 되어 있다. 참가하는 학생들은 다 흰옷을 입기로 되어 있었다. 흰 스웨터, 흰 스커트, 흰 양말. 그러나 진작부터 옷 이야기를 했는데도 듣는 둥 마는 둥 어머니는 관심이 없었다. 학예회를 보러 오겠다는 확답도 주지 않았다.

결국 어머니는 옷을 만들어 주지 않는다. 그리고 학예회 전

• 같은 책, 230쪽.

요코를 향한 응원_《빙점》

날이 되도록 아무 조치를 하지 않다가 아들 도오루가 동생 옷이 어떻게 되었느냐고 성화를 하자 옷집에 의뢰를 했는데 옷집에서 뭔가 착오가 있었다는 거짓말로 둘러댄다. 요코 혼자만 흰옷을 입지 못하게 된 것이다.

그런데 혼자만 다른 색 옷을 입으면 부끄럽지 않겠느냐는 엄마의 질문에 요코는 씩씩하게 대답한다. 부끄럽지 않다고. 어머니 나쓰에는 요코가 조금도 곤란한 얼굴을 하지 않는 것이 불만스러웠다. 그래서 "너는 부끄럽지 않아도 엄마가 부끄럽다"•고 한다. 엄마가 '노랑이'라고 놀림을 받지 않겠느냐고. 하지만 요코는 엄마는 깍쟁이가 아니라며 자기는 부끄럽지 않다고 대꾸한다. 긍정적 사고방식의 화신과 같은 모습이다. 실제로 요코는 학예회에 빨간 옷을 입고 참석하여 오히려 사람들의 주목과 칭찬을 받게 된다. 하지만 어머니의 이상한 반응, 싸늘한 태도는 전혀 나아지지 않는다.

자기 수준에서 독립을 도모한다

급식비를 내야 하는데 어머니가 급식비를 주지 않는다. 등교를 앞두고 세 번이나 독촉을 했는데도 번번이 알았다는 대꾸를 하고는 부엌에 들어가서 나오지를 않는다. 학교에 늦겠다고 하자 빨리 가라 하고, 급식비를 이야기하자 지금 바쁘니까

• 같은 책, 255쪽.

다음 날 주겠다고 한다.

말없이 집에서 나온 요코는 울고 싶었다. 하지만 눈물을 흘리기는 싫었다. "땀과 눈물은 남을 위해 흘려야 한다"•는 선생님의 말씀이 좋았다. 하지만 오빠에게는 스스로 채근해서 급식비를 챙겨 주는 어머니가 왜 자기에게는 급식비를 주지 않는지 알 수 없었다. 학교에서 선생님은 요코에게 엄하게 주의를 주었다. 하지만 재촉해도 엄마가 주지 않는다고 말할 수는 없었다.

그래서 요코는 다쓰코 아줌마에게 가서 물어본다. 얼마나 일하면 380엔(급식비에 해당하는 액수)을 받을 수 있느냐고. 다쓰코는 자기에게 달라고 하라고 말하지만 요코는 폐를 끼칠 수 없다고 대답한다. 그래서 다쓰코는 자신이 운영하는 무용 연습장 청소 아르바이트를 제안하고, 요코는 성실하게 청소를 해서 380엔을 번다. 그리고 앞으로 무슨 일이든 하겠노라 마음먹는다.

치사하게 급식비를 주지 않는 방식으로 자신을 냉대하는 어머니에 대한 요코의 대처는 참으로 의연하다. 다쓰코의 무용 연습장 청소로 자신감을 얻은 요코는 우유배달에 나선다. 그리고 모두의 예상을 뛰어넘어 3개월이 넘도록 매일 새벽 다섯 시에 일어나 꾸준히 우유배달을 한다. 그 과정에서 필요

• 같은 책, 366쪽.

요코를 향한 응원_《빙점》

한 용돈을 벌었을 뿐 아니라 일 자체에서 오는 보람도 알게 된다. 하지만 눈보라가 대단히 심했던 어느 날 뚝심으로 우유 배달소까지 간신히 갔다가 배달소 주인 부부의 말을 엿듣는다. 이런 날씨에 아이에게 배달을 보내다니, 주워 온 아이가 분명하다는 이야기였다. 이 이야기를 듣고 요코는 더 이상 우유배달 일을 할 수 없었다.

자신을 지키려고 굳게 다짐한다

《빙점》의 클라이맥스 중 하나는 요코의 중학교 졸업식 장면이다. 요코는 졸업생 대표로 답사를 맡게 된다. 그런데 요코는 몰랐지만 요코가 답사를 하게 된 것을 달갑게 여기지 않은 사람이 있었다. 그 사람은 어떻게든 요코가 답사를 읽지 못하게 할 궁리를 하고 있었다.

졸업식 당일, 요코가 준비한 답사를 펼쳤을 때 백지뿐이었다. 정황상 범인이 누군지는 명백했다. 그런데 이 뜻밖의 상황에서 요코는 참으로 의연하게 대처한다. 답사 대신 바꿔치기된 백지를 그대로 접고 단상에 올라간다. 그리고 답사가 백지로 변한 상황을 그대로 밝히고 즉석연설을 한다. 인생에는 예기치 못한 일이 몇 번이나 있는 법이라는 가르침과 구름 뒤에는 언제나 태양이 빛난다는 선생님의 말씀을 인용한다. 이 사실을 기억하면 침착하게 행동할 수 있다는 것을 오늘 배웠다고 말한다.

> 어른들 중에도 마음씨가 나쁜 사람이 있지 않나 하고 생각합니다. 그렇지만 우리는 그처럼 고약한 마음에 져서는 안 될 것입니다. 아무리 심술을 부려도 끄떡없다는 굳은 의지가 중요하다고 생각합니다. 울리려고 하는 사람 앞에서 울면 지는 겁니다. 그럴 때야말로 생긋 웃으면서 살아갈 용기를 가져야 한다고 생각합니다.•

이렇게 침착한 대처와 멋진 답사로 요코는 박수갈채를 받으며 그날의 주인공이 된다. 하지만 요코의 마음은 슬픈 정도가 아니었다. '진짜 어머니라면 그럴 수 없을 것'이라는 생각에 "이 세상 모든 것으로부터 버림을 받은 듯한 뼈저린 외로움을 느꼈다."••

• 같은 책, 431쪽.
•• 같은 책, 431쪽.

요코를 향한 응원_《빙점》

요코의 빙점

요코는 지금까지 소개한 것들과 같은 자신의 온갖 자원을 총동원하여 숱한 시련을 꿋꿋하게 이겨 내고 자신을 지켜 간다. 그러나 요코의 영웅적 싸움은 소설의 끝부분에서 결정적인 시험에 직면한다. 요코가 숱한 난관에서도 자신을 지킬 수 있었던 것은 스스로의 고결함에 대한 믿음 때문이었다. '나는 나를 괴롭히는 저 사람과 다르다. 저 사람의 부당한 대우 때문에 내가 똑같은 사람이 되거나 더럽혀질 수는 없다. 나는 깨끗한 나, 떳떳한 나를 지켜 나가면 된다.' 이것이 요코의 생각이었다.

그러나 처음부터 독자들은 요코의 그런 기반이 취약한 것임을 알고 있다. 그래서 요코의 씩씩한 싸움을 응원하면서도 저 멀리 어느 시점에 파국이 기다리고 있음을 예감한다. 그리고 결국 결정적 지점에서 요코가 알지 못했던, 그러나 독자들은 진작부터 알고 있었던 비밀이 드러나면서 요코에게 결정타를 날린다. 요코를 붙들어 주었던 긍지와 자부심이 결국 요코의 의지를 가장 크게 시험하는 계기가 된다는 것은 너무나 슬픈 일이다.

그녀는 자신의 깨끗함을 붙들고 여러 시련에도 꺾이지 않고 자신을 지켜 갔지만, 그 모든 영웅적 투쟁 와중에도 모든 어려움의 근원이었던 문제는 줄곧 바깥에 버티고 있었다. 그리고 자신을 드러내어 그녀를 덮칠 기회만 노리고 있었다. 그녀의 출생이 '원죄'였던 것이다. 그것은 그녀가 어떻게 할 수 있는 문제가 아니었다.

《빙점》은 세상의 빛처럼 밝게 살려던 요코의 마음이 얼어붙는 '빙점'을 추적해 가는 이야기다. 자신은 떳떳하고 결백하다는 믿음이 요코를 붙들어 준 기반이었다. 그러나 마침내 사실을 알게 된 요코는 이렇게 밝힌다. "자기 속의 죄의 가능성을 발견한 저는 살아갈 힘을 잃어버렸습니다."• 해처럼 밝게 살려던 요코의 마음을 얼려 버린 빙점, 그것은 "너는 죄인의 자식"••이라는 발견이었다.

그리고 위에서 말한 그녀의 출생이라는 '원죄'는 그 원래 의미인 기독교의 원죄 교리를 그림처럼 보여 준다. 작품 속 누군가가 말한 대로, 아버지가 아니라도 우리 조상 중 누군가는 살인범이고 악당이었을 것이다. 자신이 죄인의 자식이라는 발견, 자기 속의 죄의 가능성의 발견은 자신이 순수하고 깨끗한 존재이기를 바라는 사람에게 크나큰 충격일 수 있겠다. 하지만 그것은 충격적인 발견인 동시에 '엄연한 사실'의 발견이기도 하다.

거짓 위에 인생을 세울 수는 없는 법. 따라서 아무리 아프다 해도 사실을 직시하고 자신의 실체를 인정하고 나서야 비로소 모래 위가 아니라 반석 위에 인생을 건설하는 삶의 가

• 같은 책, 599쪽.
•• 같은 책, 499쪽.

능성이 열린다. 요코가 그 길에 용감하게 나서기를 응원한다. 어떤 의미에서 그것은 모든 사람 안에 있는 요코를 향한 응원이기도 하다.

소설이 내게 말해 준 것들

함께 읽고 나누기 위한 질문

《빙점》

❶ 이 소설에서 특히 공감되는 등장인물이 있나요? 그 이유는 무엇인가요? 이해가 되지 않는 등장인물은요? 어떤 면에서 그런가요?

❷ 요코는 자기가 알지 못하는 이유로 선택받았고, 자기가 알지 못하는 이유로 미움을 받습니다. 그런 상황에서 요코는 나름의 방법으로 살아남기 위해 힘껏 노력합니다. 요코의 생존 방법을 다음처럼 정리할 수 있을 것 같습니다. 각 생존법에는 어떤 의의와 한계가 있는지, 당신이라면 요코에게 어떤 조언을 할지 이야기해 봅시다.
- 다른 사람의 도움을 구한다.
- 건전한 조언을 받아들인다.
- 긍정적으로 생각한다.
- 자기 수준에서 독립을 도모한다.
- 자신을 지키려고 굳게 다짐한다.

여기에 나와 있지 않은 다른 생존방안도 소개해 주십시오.

❸ '자신의 고결함에 대한 믿음'이라는 기반은 오랫동안 요코

를 붙들어 주는 힘이었습니다. 하지만 그것은 언젠가 무너질 수밖에 없는 참으로 취약한 기반이기도 했지요. 이것은 요코라는 캐릭터의 특수한 경우에 해당하는 것일까요, 아니면 누구에게나 마찬가지일까요? 왜 그렇게 생각하나요?

❹ '빙점(氷點)'이라는 개념에 공감이 되나요? 요코의 빙점은 무엇이었나요? 당신의 빙점은 무엇인가요?

❺ 《빙점》은 기독교에서 말하는 원죄를 설득력 있게 소개한 작품입니다. G. K. 체스터턴은 기독교 교리에서 유일하게 증명이 가능한 것이 원죄라고 했지요. 《빙점》을 읽고 나서 어떤 생각이 드나요? 원죄는 허구적인 개념일까요, 아니면 인간의 실상을 잘 보여 줄까요?

"어른들 중에도 마음씨가 나쁜 사람이 있지 않나 하고 생각합니다. 그렇지만 우리는 그처럼 고약한 마음에 져서는 안 될 것입니다. 아무리 심술을 부려도 끄떡없다는 굳은 의지가 중요하다고 생각합니다. 울리려고 하는 사람 앞에서 울면 지는 겁니다. 그럴 때야말로 생긋 웃으면서 살아갈 용기를 가져야 한다고 생각합니다."

《속 빙점》

미우라 아야코(1922-1999)가 1971년에 《빙점》의 후속작으로 발표한 장편소설. 전작에서 출생의 비밀을 알고 극단적 선택을 시도했던 요코는 회생하여 새로운 삶을 살아간다. 대학에 진학한 그녀는 여러 사람을 만나는데, 그중에는 존재하는 줄도 몰랐던 배다른 남동생도 있었다. 요코는 자신을 버린 친모를 용서할 수 없었지만, 자신보다 더한 일을 당하고도 자신과 전혀 다른 방식으로 대응하는 기독교인 친구 준코에게 감명을 받는다. 준코를 통해 새로운 삶의 가능성을 목격한 요코는 인간의 죄를 참으로 용서해 줄 권위 있는 누군가를 기대하게 된다.

누군가가 있다면
《속 빙점》

12

어린 딸 루리코가 사이시라는 악당에게 살해당한 것은 커다란 불행이었다. 그러나 쓰지구치병원의 원장 게이조는 아내 나쓰에가 사실상 공범이라고 생각한다. 그 시간에 아내는 집을 찾아온 동료 의사 무라이와 둘만의 시간을 보낼 요량으로 아이를 집 밖에 내보냈고, 그렇게 해서 아이가 사이시를 만났던 것이다. 게이조는 그런 아내에게 복수를 마음먹는다. 딸아이를 입양하기 원하는 아내의 소원을 들어주되, 살인범 사이시의 딸을 몰래 데려와 기르게 하다가 결정적인 순간에 그 사실을 밝혀 상처를 주겠다는 계획이었다. 그는 '네 원수를 사랑하라'는 원리를 실천하고 싶다는 고상한 명분으로 산부인과 의사이자 고아원과 연결된 친구 다카기를 설득해 사이시 딸의 입양을 성사시킨다.

    부부는 입양한 딸아이에게 요코라는 이름을 붙여 준다. 하지만 요코를 지극정성으로 기르던 나쓰에는 요코가 일곱 살 때 남편이 꾸민 일의 전모를 알게 된다. 그때부터 요코는 나쓰에의 은밀한 복수의 대상이 되어 험난한 시간을 보낸다. 그래도 요코는 나쓰에의 은근하고 집요한 차별과 견제에 굴하지 않고 당당하게 살아간다. 그러나 자신이 살인자 사이시의 딸이라는 원죄와 같은 사실을 마침내 알게 되고는 허물어진다. 어머니의 어떤 부당한 대우 앞에서도 자기만 밝고 씩씩하게 살면 된다고 생각했으나, 살인자의 딸이라는 어두운 출생의 비밀이 드러나자 그동안 요코를 붙들어 줬던 '떳떳하고 결백하다는 자부심'은 빛을 잃고 만다.

복수가 아니라면?

요코가 자살을 시도하여 생명이 위태로워지자 다카기는 사실을 밝힌다. 요코가 사실은 사이시의 딸이 아니라는 것. 게이코라는 여성이, 남편이 전쟁터에 나간 사이에 불륜으로 낳고 고아원에 보낸 딸이 요코였던 것이다. 뜻밖의 진실 앞에서 게이조와 나쓰에 모두 크게 충격을 받고 요코의 회복을 간절히 빌며 치료하고 간호한다. 앞서 《빙점》을 다룬 장에서 다룬 대

소설이 내게 말해 준 것들

로,《빙점》은 원죄를 핵심 주제로 다룬 수작이다. 하지만 게이조와 나쓰에가 요코를 놓고 벌이는 복수극으로 읽을 수도 있다. 그렇게 되면《빙점》은 복수의 부질없음 혹은 무용함의 이야기가 된다. 피가 튀고 흉기를 휘두르는 복수극은 아니지만, 내성적이고 남의 눈을 의식하는 게이조와 나쓰에가 그들의 성정에 맞는 음흉한 방식의 복수를 밀어붙이는 이야기다. 복수가 얼마나 허망하고 생각과 다른 결과를 낳는지 생생하게 보여 주기도 한다.

　《속 빙점》은《빙점》의 기존 등장인물들에 루리코의 살인범 사이시의 딸과 요코의 친모, 그리고 그 가족이 더해지면서 이야기가 좀 더 복합적으로 펼쳐진다. 인간은 불완전한 존재인지라 고의로든 아니든 죄를 짓는다. 이 소설의 등장인물 중 상당수도 죄를 지어 가해자가 되고 그 결과로 피해자가 생긴다. 피해자가 다시 가해자가 되고 그 과정에서 또 다른 피해자들이 생겨난다. 그리하여 모두가 죄로 물고 물리는 관계망이 만들어진다. 그 속에서 생기는 고통과 억울함을 어떻게 해야 할까?《빙점》에서 이미 복수의 무용함을 다룬 작가는《속 빙점》에서 그와 다른 해결책인 용서와 화해를 모색한다. 여기서 가해자가 정직하고 겸손하게 용서를 구한다면 일이 좀 쉽겠지만 모든 가해자가 그렇게 나오는 것은 아니다.

누군가가 있다면_《속 빙점》

가해자 1: 무라이

루리코를 살해하고 자살한 사이시를 제외하고 이 소설의 악당이 있다면 쓰지구치병원에서 근무하는 안과의사 무라이다. 그는 병원장 게이조의 아내 나쓰에에게 끊임없이 추파를 보낸다. 먼저 집으로 찾아가 나쓰에가 루리코를 내보내는 계기를 제공한 것도 무라이였다. 그런데 루리코가 그렇게 세상을 떠난 이후에도 무라이는 나쓰에에 대한 은근한 유혹을 멈추지 않는다.

무라이는 나쓰에에게만 집적댄 것이 아니었다. 쓰지구치병원의 여사무원 유카코는 무라이의 확실한 표적이었다. 나쓰에가 추파를 던지는 대상 정도였다면, 유카코의 경우 그녀가 게이조에게 품은 연정을 이용해 옭아맨다. 급기야 무라이는 유카코의 순결을 빼앗고는 수시로 농락했다. 한마디로 무라이는 아주 나쁜 남자다.

그러던 어느 날, 유카코가 흔적도 없이 사라진다. 입은 옷 그대로 하숙집을 나간 이후 10년 동안 소식이 끊긴다. 살아 있다면 그렇게 사라질 수는 없는 법이니 다들 죽었다고 생각하게 된다. 여기서 무라이는 뜻밖의 행동을 한다. 그녀가 실종된 지 6, 7년이 되었을 때 묘비를 세워 준 것이다. 본인의 말마따나 "죽이고 나서 무덤을 만들어 준 셈"[•]이다.

- 미우라 아야코, 《속 빙점》, 최호 옮김, 홍신문화사, 2015, 20쪽.

평소 무라이는 루리코의 죽음에 대해 아무런 죄책감을 드러내지 않았다. 그뿐인가. 루리코의 죽음과 무관하다 할 수 없는 그였지만 여전히 나쓰에에게 추파를 던진다. 아무리 봐도 인간 말종이다. 그런데 무라이는 안과의사로서는 뛰어난 실력을 갖추고 있었다. 무라이가 이끄는 안과는 쓰지구치병원의 운영에 큰 힘이 되었다. 그런데 왜 무라이는 그런 실력을 갖고 개원하지 않고 남의 병원에서 일했을까? 나쓰에에 대한 미련이 남았던 것일까?

쓰지구치병원에서 일한 지 20년 정도 되던 어느 날, 무라이는 자신의 친척이자 게이조의 친구인 다카기에게 자신이 곧 개업을 할 거라고 선언을 한다. 그리고 이렇게 덧붙인다. "오랫동안 쓰지구치병원에서 봉사를 했으니 다소나마 죗값은 치른 셈이 되지 않겠습니까?"* 그게 무슨 말이냐는 다카기의 질문에 무라이는 상상에 맡기겠다고 대답한다.

유카코가 죽었다고 생각하고 묘비를 세워 준 것이나 루리코의 죽음에 책임을 느끼고 20년 동안 쓰지구치병원에 근무했던 것이나, 평소 그의 언행만 놓고 본다면 상상하기 어려운 모습이다. 그러나 이런 모습은 그의 뻔뻔한 겉모습 뒤에 숨겨진 다른 면모를 드러낸다. 옳고 그름에 대한 나름의 기준과 자기 잘못에 대한 인식이 있는 도덕성의 흔적이다. 그에게는

---

* 같은 책, 434쪽.

자신의 잘못을 어떻게든 속죄해야 한다는, 죗값을 갚아야 한다는 믿음이 있다.

두 장면은 인간 말종 무라이를 다시 보게 만든다. 하지만 그의 속죄 방식은 늘 자기중심적이고 뭔가 뒤틀려 있다. 평소 그가 보여 주는 냉소와 비웃음의 태도와 비슷하다. 사실 그는 유카코와 결혼하고 싶어 했고 청혼도 했다. 유카코가 받아 주지 않았지만 말이다. 게이조 부부에 대해서도 그는 아무 일도 없는 척 시치미를 떼고 '노력봉사'로 속죄하고 있었다. 그도 사랑하고 사랑받고 죄의식을 덜어 내고 싶었던 것이다. 하지만 그는 서로를 존중하는 인간다운 관계가 무엇인지 알지 못했다. 안과의사로서 뛰어난 의술을 갖추고 있었지만 인간관계를 만들어 가는 것에서는 무능했다. 자신의 죄를 어떻게든 처리하고 싶어도 어떻게 해야 할지 몰랐다. 무라이의 속죄 노력은 이 문제에서조차 고개를 뻣뻣이 들고 자기만의 해법을 내세우는 인간의 한계를 잘 보여 주는 것 같다.

가해자 2: 요코의 친모, 게이코

게이코는 남편이 전쟁터에 나간 사이, 어린 아들을 데리고 친정에 돌아가 있었다. 마침 친정에 아는 사람의 아들이 하숙을 하고 있었고, 그 기간에 두 사람 사이에 뭔가 일이 있었다. 그렇게 태어난 아이가 요코였다. 게이코는 아이를 낳고는 고아원으로 보냈다. 그리고 전쟁터에서 남편이 돌아오고 두 사람 사이에는 아들이 한 명 더 태어난다.

게이코는 불륜과 아이의 비밀을 숨긴 채 20년을 살아간다. 고아원에 보낸 아이에게는 미안하지만 그것이 최선이었다. 이제 와서 돌이킬 수도 없는 일, 괜히 들출 필요는 없었다. 남편에게도 두 아들에게도 굳이 지난 일을 밝혀서 좋을 게 무엇이겠는가. 게이코는 이와 비슷한 이유와 논리로 자신을 다독였을 것이다. 그러나 요코의 양오빠 도오루가 찾아와 요코 이야기를 꺼냈을 때, 게이코는 심각한 정신적 동요를 보인다. 도오루와 만난 직후 교통사고를 낼 정도였다. 고아원에 맡긴 아이에 대한 죄책감과 부담감마저 누를 수는 없었던 것이다.

두 아들이 엄마와 꼭 닮은 요코를 우연히 보면서, 그중에도 막내아들이 같은 대학에서 신입생으로 요코를 만나 우정을 나누면서 게이코의 오랜 비밀은 심각한 위기를 맞는다. 하지만 그 정도 기간이 지났으면 이제 이대로 묻어도 되지 않을까? 20년의 거짓과 기만으로 인한 마음의 고통은 그 자체로 속죄의 의미가 있지 않을까? 웬만한 범죄에는 공소시효라는 게 있지 않은가?

누군가가 있다면_《속 빙점》

그러나 당장 요코에게 물어보라. 그런 게 말이 되겠는지. 남편에게, 아들들에게 그런 식의 변명이 통하겠는가? 그리고 소설의 끝부분에서 게이코는 결국 밀리고 밀려 더 이상은 진실을 외면할 수 없는 지점에 이른다. 그녀는 과연 어떻게 대응할 것인가?

피해자 1: 게이코의 남편 야기치

요코와 어머니의 관계를 의심하고 진상을 알아내려 날뛰던 막내아들이 큰 사고를 내는 바람에 게이코는 더 이상 진실을 숨길 수 없는 상황에 처한다. 결국 그녀는 가족에게 모든 것을 털어놓고 용서를 구한다. 그런데 여기서 뜻밖의 사실이 밝혀진다. 남편은 아내의 불륜과 거짓을 진작부터 알고 있었던 것이다. 그런데도 그가 모든 것을 덮어 준 데는 사연이 있었다.

그는 전쟁터에 나가 있을 때 끔찍한 일을 저질렀다. 등 뒤에서 총구를 들이댄 상관의 명령에 따라 총검으로 중국인 임산부의 배를 갈랐던 것이다. 죽음이 두려워서 저지른 일이지만, 본인의 말대로 그런 짓을 할 바에는 차라리 죽는 것이 옳았을지도 모른다. 그것은 어떤 식으로도 평계할 수 없는 큰 잘못이었다.

그런 피 묻은 손과 죄책감, 트라우마를 안고 집으로 돌아온 남편은 아내와 장모의 모습에서 죄지은 사람만 알아볼 수 있는, 죄지은 사람 특유의 태도를 본다. 그리고 이리저리 알아본 끝에 자신이 없는 사이에 아내가 외간남자와 불륜을 저질렀고 아이를 낳았다는 사실을 알게 된다. 배신감이 없지는 않았지만 오히려 안도감이 더 컸다. 자신이 너무나 흉측한 일을 저질렀기 때문에 아내가 어쨌든 생명을 죽이지 않고 태어나게 한 것에 따른 안도감이었다. 그것으로 자신의 잘못이 속죄되는, 상쇄되는 느낌마저 받는다. 따지고 보면 말이 안 되는 생각이지만 그의 생각이 어떻게 돌아가는 것인지, 그가 어떻게 그 일을 알면서도 아내의 잘못과 기만까지 묻어 줄 수 있었는지 이해할 수 있을 것 같다.

피해자 2: 요코

자신의 잘못에 대해 피해자들에게 정직하게 반응하지 못하는 두 사람, 무라이와 게이코를 생각해 보았지만, 《속 빙점》에는 피해자들에게 찾아가 사죄하는 인물이 하나 등장한다. 그는 범죄의 당사자는 아니다. 루리코를 죽인 사이시는 《빙점》 앞부분에서 자살해 버렸다. 그런데 20년이 지난 후, 사이시의 딸 준코가 피해자 가족 앞에서 자신이 누구인지 밝히고 용서를 구한다. 이미 루리코는 죽었고 살인범도 죽고 없지만, 친아버지의 죄를 자기 것인 것마냥 아프게 여기고 진심으로 사죄한 것이다. 진실을 숨기고 외면했던 게이코나 자기 마음대로 속죄의 방법을 정하고 실천했던 무라이와는 전혀 다른 대응이다. 준코의 용감한 선택으로 새로운 차원의 용서와 화해의 가능성이 비로소 열린다.

준코는 가해자였던 아버지와 자신을 동일시하고 아버지를 대신하여 피해자 유족들에게 용서를 구했지만, 사실 준코는 아버지의 살해와 자살에 따른 가장 큰 피해자이기도 했다. 그런데 어떻게 그렇게 대범하고 용감한 행동에 나설 수 있었을까? 이것은 요코가 준코에게 갖는 질문이기도 했다.

요코는 자신을 버린 친모를 용서할 수 없었다. 그러고 싶지 않았고 그럴 능력도 없었다. 그런데 요코가 학교에서 만난 준코는 달랐다. 준코는 한없이 밝고 명랑했지만 얼굴에 불쑥불쑥 어두운 그늘이 드리웠다. 알고 보니 부모에게 버림받은 아이라는 인식과 친아버지의 죄에 대한 부담감 때문이었다. 그런데 놀랍게도 준코는 자신을 그렇게 방치하고 살인까지 저지른 부모를 용서했다. 어떻게 그럴 수 있었을까?

준코에 따르면 그 원동력은 기독교 신앙이었다. 그리스도의 속죄에 대한 믿음이었다. 용서할 수 없는 이에 대한 용서를 가능하게 만드는 종교라면 범상치 않다. 그래서 요코는 자신이 할 수 없는 일을 해내는 준코의 용서와 용기의 비결로서 기독교를 호의적으로 바라보게 된다. 요코의 눈에 준코는 기독교 신앙의 능력, 진리성에 대한 산증인이었던 것이다. 말이 아니라 삶으로 드러내는 증인이었다. 요코는 자신을 버린 부모를 용서하는 준코라는 거울에 자신을 비춰 보고, 그런 용서를 가능하게 만든 원천을 동경의 눈으로 바라보게 된다.

누군가가 있다면

죄는 시간이 지난다고 저절로 없어지지 않고, 자신의 방식으로 희생하고 뭔가 조치를 취한다고 무효화되는 것도 아니다. 스스로 떳떳하다고 말하는 걸로 해결이 안 된다는 말이다. 《속 빙점》에서는 죄를 용서한다는 것은 무엇인가, 죄를 용서할 능력은 어디에서 나오는가 하는 고민이 내내 이어진다.

값싼 은혜, 터무니없는 신의 용서, 인간 회개의 위선과 얄팍함이 지적되고 조롱받는 시대다. 아무리 큰 잘못을 저질러도 신에게 회개하고 용서받았다고 하면 끝이냐는 이의 제기는 정당하다. 당연히 끝일 수가 없다. 모든 것은 기독교적 회개와 용서에 담긴 무게를 놓친 데 따른 귀결이다. 신의 용서는 자신이 저지른 죄의 무게를 도저히 감당할 수 없어 절망할 수밖에 없는 인간의 실존적 한계 상황을 깊이 인식할 때라야 비로소 의미 있게 다가온다. 죗값을 갚고 보상할 수 있는 문제라면 값을 치르고 보상해야 할 것이고 보상하면 될 일이다. 하지만 죄가 그렇게 만만한가? 아이를 낳아서 버리는 행위가, 임산부의 배를 가르고 산모와 아이를 모두 죽이는 죄가, 여자를 농락하여 절망하고 세상을 떠나게 만드는 죄가 인간의 반성과 사죄가 있다 한들 어떻게 없었던 것이 되고 속죄될 수 있단 말인가.

그래서 요코가 도달한 결론을 결코 가볍게 여길 수 없다. "죄는 인간의 목숨으로도 근본적으로 보상할 수 없는 것이 아닐까? 확실히 죄란 용서받는 것 이외에는 어떻게도 할 수 없는 것인지도 모른다."• 그리하여 자신의 노력이나 능력을 벗어난 죄의 영향력과 무게 앞에서 요코는 급기야 자기 너머를 보게 된다. 요코는 자신이 사이시의 딸인 줄 알고 절망한 상태에서 남긴 유서에 이렇게 썼었다. "저의 핏속을 흐르고 있는 죄를 참으로 용서할 수 있는 권위 있는 존재가 있었으면 합니다."••

요코는 당시의 그 간절한 소원을 떠올리며 이렇게 생각한다. "인간끼리의 용서에는 아마 완전한 것을 바랄 수는 없을 것이다. 이미 용서했다고 생각하더라도 언제 다시 미움으로 변할지 알 수 없는 것이다." 그것은 게이조와 나쓰에만 봐도

- • 같은 책, 502쪽.
- •• 미우라 아야코, 《빙점》, 최현 옮김, 범우사, 2004, 599쪽.

알 수 있었다. "그와 같은 불완전한 용서에 참된 해결이 있으리라고는 생각되지 않았다."* 그리하여 요코의 생각은 준코가 경험했던 용서의 근원, 인간을 초월한 존재를 갈구하는 방향으로 나아간다. 그녀의 그런 마음이 또 어떤 경험과 이어지고 끝내 어떤 결과를 맞이하는지, 그것이 독자의 삶의 현장에서 과연 의미 있게 다가올 수 있는 메시지인지는 독자가 작품에서 직접 확인해야 할 것이다.

- 미우라 아야코, 《속 빙점》, 502쪽.

누군가가 있다면_《속 빙점》

함께 읽고 나누기 위한 질문

《속 빙점》

❶ 《빙점》은 원죄에 대한 이야기이기도 하지만 복수에 대한, 또는 복수의 무용함에 대한 이야기이기도 합니다. 복수에 대해 어떻게 생각하나요? 복수가 정당할 때가 있을까요, 아니 복수하지 않는 것이 정당할 때가 있을까요?

❷ 《속 빙점》은 여러 인물을 통해 다각도로 용서와 화해를 이야기합니다. 정의를 이야기하는 것이 먼저이고, 용서와 화해는 그다음의 일이라고 생각하는 사람도 있지요. 용서와 화해를 이야기하기에 적절할 순서와 시점이 따로 있을까요?

❸ 무라이는 악행을 저지르면서도 자기 나름의 속죄 방식을 찾으려 합니다. 그의 행동은 합당한 속죄 방식일까요? 왜 그렇게 생각하는지 이야기 나눠 주십시오.

❹ 요코의 친모 게이코는 불륜으로 인해 태어난 아이를 고아원에 보내는 방식으로 이 사실을 숨깁니다. 요코의 등장과 함께 그녀의 과거는 어느 순간 숨길 수 없는 것이 되고 말지만, 혹시 아무도 모른다면 과거를 적당히 묻어 두고 사는 것이 더

낫지 않을까요? 《속 빙점》의 저자는 그렇게 생각하지 않는 것 같습니다만, 당신은 어떻게 생각하나요?

❺ 자신을 버린 친모에 대한 주인공 요코의 반응은 너무나 자연스럽고 인간적입니다. 그에 반해 준코의 경우 마치 성인(聖人)과도 같은 모습을 보여 줍니다. 준코는 그런 반응이 자신의 기독교 신앙에서 나온다고 말하지요. 기독교인이라고 모두 이런 모습을 보여 주는 것은 아니지만, 뭔가 다른 기독교인들, 용서와 화해를 삶으로 실천하는 이들은 무엇이 다른 것일까요? 그들에게는 어떤 비결이 있을까요?

❻ 아내 게이코의 불륜을 알게 된 남편 야기치의 반응과 그런 반응의 이유는 이 소설의 가장 큰 반전입니다. 그의 반응이 납득이 되는지요? 당신이 야기치라면 어떻게 반응했을지, 왜 그렇게 생각하는지 말씀해 주십시오.

❼ 필자는 "값싼 은혜, 인간 회개의 위선과 얄팍함"을 거론하며 그것이 "기독교적 회개와 용서"의 무게를 놓쳐서 나온 반응이라고 지적했습니다. 그리고 "신의 용서는 자신이 저지른 죄의 무게를 도저히 감당할 수 없어 절망할 수밖에 없는 인간의 실존적 한계 상황을 깊이 인식할 때라야 비로소 의미 있게 다가온다"고 말했습니다. 필자의 이 말에 공감하나요? 공감

하든 그렇지 않든, 그 이유를 말씀해 주십시오.

❽ "죄는 시간이 지난다고 저절로 없어지지 않고, 자신의 방식으로 희생하고 뭔가 조치를 취한다고 무효화되는 것도 아니다." 죄로 인한 피해자의 입장에서 생각하면 이 말이 무슨 의미인지 알 수 있습니다. 죄를 용서한다는 것은 무엇일까요? 죄를 용서할 능력은 어디에서 나올까요?

"죄는 인간의 목숨으로도 근본적으로 보상할 수 없는 것이 아닐까? 확실히 죄란 용서받는 것 이외에는 어떻게도 할 수 없는 것인지도 모른다."

《빛이 드리운 자리》

미국의 저널리스트 출신 기독교 작가인 필립 얀시(1949–)의 회고록. 아프리카 선교를 꿈꾸며 그 일을 함께 준비하던 남편을 질병으로 잃은 아내는 남겨진 두 아들을 선교사로 키우겠다고 서원한다. 이해할 수 없는 현실을 신앙으로 받아들이고 그로 인해 자신의 인생을 의미 있게 만들려는 시도였다. 그녀의 두 아들은 어머니의 서원과 경직된 근본주의 신앙 아래에서 살아남고자 각기 반항과 위선의 길을 선택한다. 위선과 냉소로 자신을 지키던 둘째 아들 필립에게 뜻밖의 은혜가 찾아온 이야기를 담고 있다.

회고록, 프리퀄, 초대장
《빛이 드리운 자리》

13

미국의 기독교 작가 필립 얀시는 후에 아내가 되는 여자친구 재닛을 집에 데려갔다가 아버지의 죽음의 진실을 처음으로 알게 된다. 아버지는 가족과 함께 아프리카 선교사로 떠나기로 결심하고 그것을 위해 신학공부도 하고 사역을 진행하고 있었다. 그런데 후원자 모집부터 모든 준비가 순조롭게 마무리되는 것 같았던 시점에 소아마비에 걸렸다. 소아마비로 폐가 망가진 그는 강제로 호흡을 시켜 주는 '철폐'라는 장치에 꼼짝없이 갇혀 있어야 했다.

뜻밖의 불행 앞에서 얀시 부부는 하나님의 기적 외에는 답이 없다고 판단하고 자기들 몫을 감당하기로 한다. 믿음으로 하나님의 일을 하겠다고 헌신했는데 소아마비에 걸려 폐를 못 쓰게 되다니, 말이 안 되는 일이다. 그렇다면 이건 하나님이 극적으로 역사하실 기회가 아닐까. 기적을 행하실 수 있는 하나님께 기적을 행하실 기회를 드려야 한다. 이런 논리에 따라, 얀시의 아버지는 '믿음으로' 철폐에서 나와 자가 호흡을 시도한다. 한동안 일이 잘 풀리는가 싶었지만 2주 만에 그는 죽었다. 그의 나의 스물셋, 젊은 아내와 세 살, 한 살의 두 아들을 남긴 채로.

어머니: 서원이 의미하는 바

엄마 밀드러드 앞에는 어린 두 아들을 혼자 키워 내며 살아남아야 한다는 현실적 문제와 더불어 어려운 신학적 과제가 놓여 있었다. 선교의 동역자이자 사랑하는 남편을 보낸 슬픔도 컸지만, 하나님의 인도하심을 따르는 것이라 생각했던 남편과 자신의 믿음과 헌신은 무의미한 것인가 하는 의문이었다. 마침내 그녀는 남편의 죽음이 의미 있는 것이 될 가능성을 어린 두 아들에게서 발견했다. 두 아들이 아버지의 뒤를 이어 선교사가 된다면, 남편의 죽음도 자신의 인생도 의미 있는 것이 될 수 있으리라. 그래서 그녀는 두 아들을 하나님께 바치기로 서원한다.

그렇게 된다면야 너무나 가슴 벅차고 합당한 일이 될 터였다. 더없이 좋은 그림이었다. 하지만 본인의 인생은 자신이 결정하고 살아가면 되지만, 아이들은 별개의 인격이자 나름의 인생을 살아갈 수 있다는 것이 문제였다. 그녀의 서원은 당사자인 아이들의 협조 없이는 실현될 수 없는 것이었다. 아이들이 어머니의 서원에 부응하지 않을 때, 결국 그 서원은 가족 모두에게 올무가 된다. 너무나 합당해 보이는 '큰 그림'이라 해도, 그것이 진정 하나님의 큰 그림이라면 하나님이 친히 실현하시리라는 믿음도 있었으면 얼마나 좋을까.

하지만 밀드러드는 아이들이 어린 시절 아플 때면 이런 기도를 자주 했다. "아프리카에 보내지 않으실 바엔 지금 데려가십시오."• 그녀가 자신의 서원으로 아이들뿐 아니라 하나님마저 얽어매려 하는 것인가 의심하게 만드는 기도다. 대단히 경건하고 독실해 보이는 어머니의 서원은 아들들의 인생을 통해 자신의 삶을 보상받으려 한다는 점에서, 자녀들을 통해 자신이 살아내지 못했던 꿈을 이뤄 내려 하는 여타 부모들의 모습과 비슷해 보이는 것은 나만의 생각일까. 거룩한 명분이나 뜻이 본질을 가리는 포장이 될 수도 있지 않을까.

부모가 자식에 대해 귀한 소원을 품을 수 있다. 부모의 그런 서원을 자녀가 받아들이고 그 서원에 합당하게 성장하는 경우도 있다. 신학자 스탠리 하우어워스의 회고록 제목이《한

• 필립 얀시,《빛이 드리운 자리》, 홍종락 옮김, 비아토르, 2022, 51쪽.

회고록, 프리퀄, 초대장_《빛이 드리운 자리》

나의 아이》(IVP 역간)가 아니던가. 그가 바로 그런 경우에 해당한다. 그러나 아무리 선한 소원이라고 해도, 그것이 이루어지기를 바라는 마음이 아무리 강력하다 해도, 그것은 부모가 자식에게 관철시킬 수 있는 것이 아니다. 이것을 받아들이지 못한 것이 밀드러드의 비극이자 두 아들의 비극이었다.

반항하는 큰아들

큰아들 마셜은 천재적인 음악적 재능과 뛰어난 지성의 소유자였다. 어머니의 믿음과 헌신을 의미 있게 만들어 줄 기대를 한 몸에 받는 존재였다. 마셜은 어머니를 기쁘게 하려고 어린 나이에 선교사가 되겠다고 선언한다. 그리고 이 선언은 두고두고 그의 발목을 잡는 족쇄가 된다.

밀드러드와 마셜의 관계는 이후 강압과 반항, 저주와 미움으로 뒤얽힌다. 마셜이 성경대학에서 기독교 명문인 휘튼대학으로 옮기기로 결정하고 (휘튼마저 신학적으로 의심스럽게 여긴 근본주의자) 밀드러드가 그 결정을 완강하게 막으려 함으로써 둘은 극렬히 대립한다. 아들을 막기 위해 밀드러드는 하나님이 마셜을 꺾으시기를 원한다며 차마 입에 담지 못할 저주를 퍼붓는다.

이후 두 사람의 관계는 악화일로를 걸었고, 마침내 둘은 수십 년간 서로 만나지도 않고 용서하지도 않는 사이가 되었다. 비은혜의 사슬이 단단히 만들어진 것이다. 필립 얀시의 대표

소설이 내게 말해 준 것들

작《놀라운 하나님의 은혜》(IVP 역간) 6장에 나오는, 비은혜의 사슬로 엮인 한 가족의 3대에 걸친 이야기는 사실 필립 얀시 가족의 이야기였다.

마셜이 반항적인 아들이었다고만 생각하면 곤란하다. 그는 어머니의 기대에 부응하려 힘껏 노력했고 고등학교에서는 선교단체의 대표로 활동했으며, 성경대학에서도 신앙을 붙들어 보려 했었다. 어머니와의 충돌을 무릅쓰고 입학한 휘튼대학에서도 마셜은 여러 신앙적 모색을 쉬지 않았다. 그러나 끝내 "진짜가 무엇이고 가짜가 무엇인지" 확신할 수 없었다.•

급기야 마셜은 기독교 외의 온갖 다른 세계를 경험했고, 연애의 실패로 정신적 문제가 결정적으로 악화되면서 대학을 그만두고 히피가 되어 마약에까지 손을 댄다. 이후 그의 삶은 좌충우돌, 한 치 앞을 예상할 수 없는 롤러코스터와 같다. 그 과정에서 줄곧 그는 어머니를 용서할 수 없었고 결국 무신론자가 되기에 이른다.

음험한 둘째 아들

교회에서 모범적 신앙인의 모습만 보여 주는 어머니는 가정에서 전혀 다른 모습을 보인다. 어머니는 '승리하는 그리스도인의 삶'이라는 신학을 신봉하고, 이생에서 완전한 거룩함에

• 같은 책, 343쪽.

회고록, 프리퀄, 초대장_《빛이 드리운 자리》

이를 수 있다고, 자신이 바로 그런 신앙인으로서 죄를 짓지 않았다고 주장한다. 그녀에게 죄는 술을 안 마시고 영화를 보지 않는 등의 외적인 규칙을 어기는 것이었다. 짜증과 분노폭발, 위선 같은, 주로 집 안에서 드러내는 본인의 죄는 그녀의 눈에 보이지 않았다.

둘째 아들 필립은 어머니와 형의 충돌을 보면서 뒤로 물러나고 자신을 감추는 방식으로 대처했다. 그래서 어머니에게 '음험한 놈'이라고 불린다. 고등학교 시절에는 마찰을 피하려고 가능하면 여러 학교 활동과 아르바이트를 하며 최대한 늦게 귀가했다. 대학 선택에서도 어머니와의 마찰을 피하기 위해 일반대학 대신에 성경대학 진학을 선택했다.

필립은 신앙을 얼마든지 가장할 수 있다는 것을 이른 시기에 깨달았고, 성경대학에서도 처음에는 그런 위선적인 모습으로 자리를 잡는다. 그러나 결국 자신의 모습에 환멸을 느끼고 노골적인 회의론자를 자처하며 살아간다. 이중적이고 강압적인 어머니의 신앙과 양육의 결과, 두 아들이 각자의 방식으로 신앙에 회의적이 되고 세상과 불화하는 결과가 따라온 것이다.

그러나 필립의 경우에는 냉소적이고 방어적인 태도를 녹이고 세상을 '웃는 곳'•으로 보게 해 준 세 가지가 있었다. 하

• 같은 책, 353쪽.

나는 숨이 멎을 것처럼 아름다운 자연과 동물이다. 성경대학의 캠퍼스를 둘러싼 넓은 숲에서 그는 자연의 "아름다움의 근원을 알고 싶은 욕망이, 청하지도 않았는데 처음으로 일어나는 것"을 느낀다.* 둘째, 고전음악이다. 피아노를 제대로 칠 수 있게 되면서 무질서한 세계 속에서 질서를 창조하는 느낌을 받는다. 영혼을 진정시키는 아름다움을 창조한다는 느낌을 받는다. 셋째, 낭만적 사랑이다. 재닛을 만나 있는 그대로 사랑받고 자신의 아픔과 과거를 털어놓고 공감을 받는다. 덕분에 선(善)을 믿을 수 있게 되고, 껍데기를 벗게 된다. 이상의 세 가지는 필립에게 "위로 올라갈 사다리"**가 되어 준다. 무언가가 자신을 보고 있다는 느낌, 초월적 아름다움, 진정한 기쁨을 맛본다.

그에게 찾아온 은혜

그러던 어느 날, 의무적인 소그룹 기도회 시간, 평소 입도 병

* 　같은 책, 357쪽.
** 　같은 책, 367쪽.

회고록, 프리퀄, 초대장_《빛이 드리운 자리》

긋하지 않던 필립이 불쑥 기도를 시작한다. 기도 중에 그는 선한 사마리아인 비유를 이야기한다. 선한 사마리아인이 강도 만난 유대인에게 느꼈던 연민이 자신에게는 없다고 털어놓는다. 그때 기도하며 머릿속에 그리던 선한 사마리아인 비유의 심상에서 뭔가 변화가 생긴다.

"느닷없이, 내 머릿속 스크린에서 … 사마리아인은 예수님의 얼굴이 된다. 노상강도를 당한 처량한 유대인도 다른 얼굴이 된다. 그것이 내 얼굴임을 알아보고 나는 깜짝 놀란다. 나는 내 상처를 닦아 주고 흐르는 피를 멎게 하려고 예수님이 물에 적신 천을 가지고 천천히 몸을 숙이는 것을 지켜본다. 상처 입은 범죄 피해자인 내가 그분이 몸을 굽혀 내게 다가올 때 눈을 뜨고 그 얼굴에 정면으로 침을 뱉는 것을 본다."•

필립은 자신이 바로 강도당한 자인 동시에, 하나님이 자신을 도우려고 하셨을 때 그분의 얼굴에 침을 뱉었음을 깨닫게 된다. 이 깨달음 앞에서 그는 욥처럼 "내가 주에 대하여 귀로만 들었사오나 이제는 내 눈으로 주를 보나이다. 그러므로 내가 나를 미워하고 티끌과 재 속에서 회개하나이다"(욥 42:6-7, 한글KJV)라고 고백한다. 그리고 이후 완전히 달라진다.

• 같은 책, 370쪽.

형제의 차이

같은 어머니 밑에서 비슷한 난관을 만나 기독교 신앙에 회의적이 되었던 두 형제 중에서 왜 동생 필립에게만 이런 체험이 주어졌을까? 형에게는 왜 그런 기회가 주어지지 않았을까? 어려운 질문이다. 필립은 "거저 주어진 은혜의 선물을 두 팔 벌려 받을 뿐"•이라고 말한다.

어머니가 필립의 이 체험의 가치를 믿지 않았다는 점이 주목할 만하다. 그녀는 이전까지의 숱한 경험에 의거하여 (둘째 아들을 잘 안다고 생각했기 때문에!) 이것 또한 '그냥 지나가는 일시적 바람' 같은 것이라고 생각했다. 체험의 진정성을 보여 줄 입증 책임이 필립에게 있었다고 말할 수도 있겠다. 필립이 이후의 삶으로 그것을 증명하지 못했다면, 그 체험은 정말 무의미한 것이 되었을지도 모른다. 그 어떤 신비한 체험도 그리스도를 의지하고 닮아 가는 변화로 드러나지 않는 한 별 가치가 없는 것이기에.

마셜도 성경대학과 휘튼대학 초기에 신앙적으로 뭔가 대단한 깨달음이 있었던 것처럼 몇 번이나 말했다. 그러나 그 모두는 금세 지나가는 일시적 사건들에 불과했다. 그는 무엇이 진짜이고 가짜인지 어떻게 아느냐고 끊임없이 물었다. 반면, 필립은 선한 사마리아인의 비유 속에서 자신의 모습과 하

• 같은 책, 376쪽.

회고록, 프리퀄, 초대장_《빛이 드리운 자리》

나님의 마음, 하나님을 향한 자신의 태도를 '보고', 거기서 진짜와 가짜를 구분할 기준, 세상을 바라볼 확고한 틀을 발견했다. 그로 인해 세상을 보는 눈이 완전히 달라졌다.

질문의 책

《빛이 드리운 자리》는 질문의 책이라고 할 수 있을 것 같다. 아버지의 죽음의 비밀을 알게 되는 첫 장면부터 시작하여 독자는 책을 읽어 가며 수많은 질문을 하게 된다. 대부분 필립 얀시가 오랫동안 씨름했던 질문들이고, 그중 상당수에 얀시가 나름대로 답변을 제시한다. 하지만 그의 대답에 모든 독자가 만족하는 것은 아닐 테고, 더구나 그가 대답하지 않고 넘어가는 질문들도 있다.

필립 얀시의 회고록에서 대단히 많은 분량을 차지하는 것이 미국 남부의 역사와 생활, 그곳의 신앙과도 같았던 인종차별 문제다. 남부인들의 생각을 그대로 공유하는 교회와 그리스도인들의 모습도 담겨 있다. 저자는 남북전쟁에서 남부인들의 모습을 이상화하고 북부인들을 악마화하고 인종차별을 성경으로 정당화하는 관행을 고스란히 받아들이고 살다가 그 문제점을 인식하게 된 순간, 그런 껍데기와 기독교 신앙을 함께 벗어 버릴 것인지, 아니면 그런 껍데기와 분리되는 기독교 신앙의 핵심이 있는지 묻게 된다.

교회생활과 교회의 한계에 대한 이야기와 의문도 중요하

게 다뤄진다. 결국, 신앙과 그 신앙이 전해지는 사회, 교회, 가정, 인간은 구분될 수 있는지, 그 구분은 정직한 것인지, 저자는 끊임없이 묻는다. 미국 남부인들은 지독한 인종차별주의자들이었지만 자기들끼리는 더없이 끈끈하고 친절하고 신의를 아는 이들이었다. 하지만 이것은 그들만의 문제가 아니다. 특정 집단에 악독한 편견을 품고 그들을 비인간적으로 대하면서도 자신이 속한 무리 안에서는 더없는 인간미와 열렬한 신앙과 헌신을 보여 주는 모습은 많은 집단과 개인들에게서 얼마든지 볼 수 있다.

게다가 믿음과 헌신의 삶은 우리의 기대대로만 흘러가지 않는다. 선교사로 준비하던 신실한 청년의 갑작스러운 죽음은 이해할 수 없는 일이지만, 이런 일은 얀시의 아버지에게만이 아니라 여러 곳에서 실제로 벌어지고 있다. 하나님이 한 사람을 불러 준비시키시고 모든 것이 준비된 것 같은 시점이 되자 데려가신다니. 그리고 그것에 따라오는 또 다른 불행과 어려움이라니. 그리고 어떤 이는 그 과정에서 끝내 은혜를 발견하고 또 다른 이는 비은혜에 머무는 불공평이라니. 질문은 끊이지 않는다.

프리퀄이자 초대장

《빛이 드리운 자리》는 믿음과 순종으로 모든 문제가 깔끔히 정리되고 오래오래 행복하게 살았다는 식으로 이야기가 펼쳐

회고록, 프리퀄, 초대장_《빛이 드리운 자리》

지지 않는다. 현실이 그렇지가 않다. 현실은 훨씬 울퉁불퉁하고 뒤죽박죽으로 보인다. 고통은 이어지고, 문제는 그대로 남는다. 그러나 고통과 문제투성이 현실이 바로 은혜가 주어지는 자리요, 아니 은혜가 이미 부어지고 있는 자리라고, 얀시는 이 책에서 강력하게 증언한다.

필립 얀시는 자신이 경험한 그 은혜를 바탕으로, 단 하나의 글, 서명과 같은 책을 일관되게 써 왔다. 그래서 그는 회고록을 자신이 쓴 모든 책에 대한 일종의 프리퀄이라고 말한다.  얀시가 가장 강조하는 은혜의 특성은 자격 없는 자에게 주시는 은혜의 파격성이다. 오로지 그런 은혜 안에서만 그는 소망을 발견할 수 있었고, 근본주의와 율법주의에 숨 막혀 지내던 과거에서 벗어날 수 있었기 때문이다. 《빛이 드리운 자리》는, 그리하여 얀시의 회고록이자 끝내 모든 이에게 보내는 초대장이 된다. 그런 은혜가 필요하지 않은 이는 없기 때문이다.

소설이 내게 말해 준 것들

함께 읽고 나누기 위한 질문

《빛이 드리운 자리》

❶ 필립 얀시의 아버지가 착실히 선교사 준비를 하다가 소아마비에 걸려 철폐에 갇히게 되고, "하나님의 기적"을 기대하고 '믿음으로' 철폐에서 나온 결정, 그리고 이후 아버지의 죽음에 이르는 일련의 과정에 대해 어떻게 생각하나요? 그들의 선택은 합당한 것이었을까요? 고난을 받아들이는 것과 고난 속에서 기적을 기대하는 믿음은 양자택일의 문제일까요, 아니면 조화를 이룰 수 있을까요?

❷ 필립의 어머니 밀드러드가 두 아들을 아프리카 선교사로 보내겠다는 서원을 어떻게 생각하나요? 어떤 이들은 이것을 믿음의 결단으로 여기겠지만, 자녀들의 자유와 인격을 침해하는 것이 될 수도 있을 것 같습니다. 여러분은 어떻게 생각하나요? 왜 그렇게 생각하나요?

❸ 밀드러드는 남편이 뜻밖에 죽어 선교사로 나가는 것이 좌절되면서 그 상황을 어떻게 신앙으로 해석해야 할지 몰랐던 것 같습니다. 그래서 두 아들을 잘 키워 아프리카 선교사로 보낸다면 남편의 죽음과 자신의 좌절이 의미를 가질 수 있다

회고록, 프리퀄, 초대장_《빛이 드리운 자리》

고 생각했습니다. 하지만 그렇게 임의로 그려 낸 '큰 그림'은 오히려 두 아들을 옭아매는 족쇄가 됩니다. 여러분이 조언해야 할 상황이라면 밀드러드에게 무슨 말을 해 주겠습니까?

❹ 큰아들 마셜은 어머니의 기대와 강압에 반항하며 결국 신앙과 인생에서 좌절과 혼란을 겪게 됩니다. 어머니에 대한 원망과 분노를 품고 무신론자가 된 마셜이 자신의 사정을 털어놓는다면, 무슨 말을 해 줄 수 있을까요?

❺ 둘째 아들 필립은 위선적인 모습으로 신앙생활에 임하고 세상을 우울하게 바라봅니다. 그런데 자연, 음악, 그리고 낭만적 사랑을 통해 세상을 '웃는 곳'으로 보게 되지요. 그 세 가지가 필립에게 미친 영향에 대해 어떻게 생각하나요? 그런 영향은 필립에게만 나타나는 특별한 것일까요? 아니면 다른 사람들에게도 이 세 가지가 은혜로 가는 '사다리'일 수 있을까요?

❻ 필립은 사마리아인 비유를 통해 일종의 신비 체험을 하지요. 이 체험을 어떻게 생각하나요? 필립의 어머니는 그의 이 체험을 가치 있게 여기지 않습니다. 마셜도 여러 경험을 했다고 말하는데 금세 아무 일도 없던 것처럼 되었지요. 마셜의 여러 신앙적 체험과 필립의 이 체험은 다른 것일까요? 다르

소설이 내게 말해 준 것들

다면 무슨 차이가 있는 걸까요?

❼ 필립이 살았던 미국 남부 근본주의 교회의 모습을 보노라면 한국 교회의 모습도 떠오릅니다. 인종차별주의와 자기들끼리의 돈독한 사랑과 나눔의 공존이라는 모순적 모습, "특정 집단에 악독한 편견을 품고 그들을 비인간적으로 대하면서도 자신이 속한 무리 안에서는 더없는 인간미와 열렬한 신앙과 헌신을 보여 주는 모습"은 많은 경우 우리의 모습이기도 합니다. 이것을 어떻게 받아들여야 할까요? 이런 모습에서 어떻게 벗어날 수 있을까요?

❽ 얀시는 "자격 없는 자에게 주시는 은혜"의 파격성을 강조합니다. 일상 속에서, 혹은 자신의 경험에서 조건 없이 주어지는 은혜를 경험하거나 목격해 보았나요?

❾ 《빛이 드리운 자리》는 수많은 질문을 던집니다. 그중에서 자신에게 가장 와 닿는 질문은 무엇인가요? 왜 그 질문이 그렇게 와 닿았습니까?

회고록, 프리퀄, 초대장_《빛이 드리운 자리》

《제인 에어》

영국의 작가 샬럿 브론테(1816-1855)가 1847년에 커러 벨이라는 필명으로 발표한 소설. 제인 에어는 어려서 부모님을 잃고 외숙모 밑에서 구박을 받으면서 자라지만 기숙학교에서 만난 좋은 친구와 선생님의 영향으로 훌륭한 어른이자 교사가 된다. 더 넓은 세상을 경험하려고 손필드 저택의 가정교사로 들어간 제인은 저택의 주인 로체스터와 특별한 사이가 된다. 하지만 그곳에는 충격적인 비밀이 숨겨져 있었으니….

생긴 대로 산다는 것
《제인 에어》

14

어떤 이유로든 자신을 억압하고 생긴 대로 살 수 없는 것은 비극이다. 하지만 언제까지 생긴 대로만 산다면 그것 또한 곤란한 일이다. 살아가면서 배우고 성장하여 생긴 대로만 살지 않는 이들은 복이 있다. 제인 에어가 바로 그런 모습을 보여 준다.

본성에 따라, 생긴 대로

제인은 어린 나이에 고아가 되었다. 제인을 기꺼이 거둬 준 외삼촌마저 일찍 세상을 뜨면서 외숙모 리드 부인 밑에서 구박을 받는 인생이 시작된다. 외숙모의 구박이 대체로 냉대와 외면, 무시로 이루어졌다면, 외사촌오빠 존은 제인을 적극적으로 때리고 괴롭혔다. 존은 엄마의 지나친 편애로 완전히 제멋대로인 망나니였다.

평소 제인은 폭언을 일삼고 때리고 괴롭히는 존을 두려워했다. 어느 날, 커튼 뒤에서 책을 읽고 있던 제인을 존이 찾아내어 시비를 건다. 갑자기 제인을 세게 치고는 제인이 읽고 있던 책을 받아들더니 문 앞에 가서 서 있으라고 하고는 집어던졌다. 책이 날아와 제인을 쳤고 제인은 넘어지면서 문에 머리를 부딪혀 머리가 찢어졌다. 피가 흘렀고 심한 통증을 느꼈다.

이때 제인은 공포를 넘어 다른 감정을 느낀다. 그리고 존에게 이렇게 소리친다. "못되고 잔인한 놈! 이 살인자, 노예 감독관, 로마 황제들 같은 놈!" 이 말에 존이 발끈하여 달려들어 제인의 머리채와 어깨를 잡았지만, 제인은 굴하지 않고 당당히 맞섰다.

이 사건은 제인이 어떤 사람인지 잘 보여 준다. 어린 나이에도 부당한 폭력에 마냥 잠자코 당하지 않았다. 맞서 싸우고 자기 목소리를 냈다. 물론 이런 저항이 유쾌한 결과를 낳지는 않았다. 그녀는 죽은 외삼촌의 방으로 끌려가 혼자 갇혀 있어야 하는 벌을 받았다. 다들 유령이 나온다고 여기고 무서워하는 방이었다.

제인은 그 방에서 불빛을 보고 유령을 봤다고 생각해 꺼내 달라고 비명을 지른다. 하도 시끄러워서 하녀들이 제인을 꺼내 주지만, 외숙모는 제인이 연기를 한다고 생각해 도로 가둔다. 외숙모의 눈에 제인은 "적의에 찬 분노와 비열한 마음을 지닌, 위험한 이중성의 덩어리"로 보였다. 제인은 그 방에서 발작을 일으키고 의식을 잃는다.

제인의 상태를 보러 온 약사(리드 부인은 가족이 아프면 의사를, 하녀들이 아프면 약사를 불렀다) 로이드 씨의 개입으로 제인은 학교에 가기로 한다. 그런데 외숙모는 집을 찾아온 자선학교 이사장에게 제인이 거짓말쟁이라고, 그러니 남을 속이는 버릇을 엄격하게 감시해 달라고 요청한다. 제인이 함께 있는 자리에서 말이다. 이사장이 집을 떠난 후, 그동안 쌓였던 제인의 분노가 폭발한다. 제인은 외숙모에게 이렇게 쏘아붙인다.

> 다시는 외숙모라고 부르지 않을 거예요. 커서도 절대 만나러 오지 않을 거예요. 혹시 누군가가 외숙모에 대해 묻는다면 생각만 해도 구역질이 나고 날 지독하게 구박했다고 말해 줄 거예요. … 당신이 어떤 식으로 나를 붉은 방에 처넣었는지, 얼마나 거칠고 난폭했는지, 내가 괴로움과 고통으로 숨이 막혀서 '자비를 베풀어 주세요! 절 용서해 주세요! 리드 외숙모님!' 하고 울부짖었는데도 어쩜 그렇게도 매정하게 나를 그곳에 가둬 둘 수 있었는지 죽는 날까지 잊지

생긴 대로 산다는 것_《제인 에어》

않을 거예요. … 사람들은 당신이 착한 사람인 줄 알지만 당신은 못되고 모진 사람이에요. 당신이야말로 거짓말쟁이라고요.•

외숙모는 기가 질린 채 방을 나가 버린다. 자기보다 힘센 외사촌오빠에게 맞서고, 심지어 양육자인 어른 외숙모에게까지 맞서며 할 말을 다 하다니. 오랜 세월 외숙모 집에서 구박을 받고도 이런 강단을 보이다니. 제인의 씩씩함은 타고난 성품이라고 해야 할 것이다. 어린 제인은 이렇게 부당한 상황에 본성대로, 생긴 대로 용감하게 반응했다.

멘토 1: 템플 선생님

외숙모 집을 떠나 도착한 자선학교 로우드스쿨에서 제인은 좋은 친구와 좋은 선생님을 만난다. 선생님 이야기부터 해 보자. 제인이 학교에서 자리를 좀 잡아 가나 했을 때였다. 외숙모 집에서 만났던 이사장이 학교를 방문하여 제인을 발견하

• 샬럿 브론테, 《제인 에어》, 이미선 옮김, 열린책들, 2014, 56-57쪽.

고는 불러내어 높은 의자에 앉혀 놓은 뒤 외숙모의 말을 그대로 받아 제인을 상습적인 거짓말쟁이 취급한다. "악마의 종이자 심부름꾼", "버림받은 아이", "양 떼의 일원이 아니라 침입자이자 이방인"이라고 부르며, 학생들에게는 제인을 경계하고 같이 놀지 말라고, 교사들에게는 제인을 감시하고 체벌을 가하라고 지시한다.

제인은 절망에 사로잡히지만, 그 학교에는 좋은 교장 선생님이 있었다. 교장인 템플 선생님은 제인을 찾아와 자신의 집무실로 데려가서는 차와 간식을 제공하며 제인에게 해명할 기회를 준다. 물론 그녀는 제인의 말만 듣고 판단하지 않았다. 제인의 설명에 등장한 지인인 약사 로이드 씨에게 편지를 보내어 상황을 묻는다. 답장을 통해 제인의 말이 사실임을, 제인이 거짓말쟁이가 아님을 확인하자 그에 상응하게 제인을 대한다.

제인은 타인을 공정하게 판단하고 학생들을 존중하는 템플 선생님을 롤모델로 삼아 많은 것을 배웠고, 그 영향력하에서 6년 동안 학생으로, 2년 동안 교사로 지낸다. 템플 선생님의 영향이 얼마나 컸는지는, 그녀가 결혼하여 그 학교를 떠나게 되자 제인이 곧장 학교생활에 매력을 못 느끼고 더 넓은 세상을 경험하고 싶은 마음이 드는 데서 확인할 수 있다.

생긴 대로 산다는 것_《제인 에어》

멘토 2: 헬렌 번스

제인에게는 좋은 선생님뿐 아니라 좋은 친구도 있었다. 헬렌 번스였다. 템플 선생님이 제인에게 학문과 인생의 스승이었다면, 헬렌은 신앙의 세계, 다른 삶의 원리를 체현한 존재였다. 제인이 학교에 간 지 얼마 되지 않았을 때, 제인은 헬렌에게 대인관계에 대한 자신의 생각을 털어놓는다.

> 잔인하고 못된 사람들한테 친절하게 대하고 고분고분 순종하면 자기들 하고 싶은 대로 하잖아. 그 사람들은 두려움도 전혀 못 느낄 테고, 절대 변하지도 않고 점점 더 나빠질 거야. 아무 이유도 없이 맞으면 가만히 있지 말고 정말 세게 되받아 때려 줘야 해. … 마음에 들려고 아무리 발버둥을 쳐 봐도 나를 계속 싫어하는 사람들을 내가 미워하는 것은 당연해. 부당하게 내게 벌을 주는 사람들한테는 반항해야 한다고.•

외숙모와 존에 대한 이야기임을 알 수 있다. 제인의 원칙을 듣고 헬렌은 말한다. "미움을 극복하는 가장 좋은 방법은 폭력이 아니야. 상처를 치유하는 가장 확실한 방법은 복수가 아니고." 그게 뭐냐는 제인의 질문에 헬렌은 이렇게 대답한다.

• 같은 책, 90쪽.

"신약성서를 읽고 예수님이 뭐라고 말씀하는지, 어떻게 행동하는지 살펴봐. 예수님의 말씀을 너의 법으로, 예수님의 행동을 너의 본보기로 삼아 봐."

"예수님이 뭐라 하셨는데?"

"원수를 사랑하고 너희를 박해하는 사람들을 위하여 기도하여라."

"그렇다면 나는 리드 부인을 사랑해야겠네. 그런데 그렇게 할 수가 없어. 그 아들인 존을 위해 기원해야 하는데 그건 도저히 안 돼."•

그리고 제인은 자신이 당했던 일을 들려준다. 그런데 헬렌은 제인의 분노에 곧바로 호응하지 않았다. 외숙모가 못되게 군 것은 인정하면서도, 그녀가 한 말과 행동을 어쩌면 그토록 세세하게 기억할 수 있느냐고 묻는다. 그녀의 구박이 마음속의 한이 된 것 같다며 "그녀의 구박과 함께 그것이 불러일으키는 격렬한 감정을 잊으려고 노력하면 더 행복해지지 않겠느냐"고 묻는다. "원한을 키우거나 잘못을 되새김하면서 보내기에는 인생이 너무 짧다"면서.•• 그리고 헬렌의 이야기는 영적인 세계에 대한 자신의 믿음으로, "죄 자체는 질색이지만

• 같은 책, 91쪽.
•• 같은 책, 91쪽.

생긴 대로 산다는 것_《제인 에어》

죄지은 사람은 진심으로 용서할 수 있다"*는 생각으로 넘어 간다.

이후 이사장이 제인을 높은 의자에 앉히고 거짓말쟁이로 몰아 혼자 있게 했을 때, 저녁도 못 먹고 울고 있는 제인을 찾아온 유일한 학생은 헬렌이었다. 그때도 두 사람의 대화는 영적인 주제로 이어졌다. 제인은 "만약 다른 사람들이 날 사랑하지 않는다면 차라리 죽는 게 나아. 나는 외로움과 미움받는 것을 견딜 수가 없어"**라고 말하지만, 헬렌은 인간세계 이외에 다른 존재, 다른 세상이 존재한다는 믿음을 털어놓는다. 그리고 자신은 제인을 믿는다고 말해 준다. 이후 두 사람의 우정은 죽음도 두려워하지 않는 깊은 단계에 이른다.

리드 부인

헬렌의 영향은 이후 어른이 된 제인이 내리는 선택에서 분명한 흔적을 드러낸다. 제인이 로우드스쿨을 나와 가정교사가 된 후에, 살날이 얼마 안 남은 외숙모 리드 부인이 자신을 불렀을 때였다. 제인은 자신에 대한 외숙모와 외사촌들의 반감을 알았지만 가기로 한다. 아무도 제인을 반기지 않았으나, 제인은 굴하지 않고 외숙모를 만나고 관계 회복을 도모한다.

* 같은 책, 92쪽.
** 같은 책, 140쪽.

외숙모는 정신이 오락가락했다. 가끔 정신이 돌아오면 제인에 대한 악감정을 털어놓았다. 신분이 낮은 집안과 결혼한 제인의 엄마가 달갑지 않았고, 제인의 부모가 죽어 제인을 떠맡게 된 상황이 싫었다고 말한다. 제인이 죽어 버렸으면 했다는 말까지 한다. 하지만 어느 날, 외숙모는 주위에 제인 외에는 아무도 없는 것을 확인한 뒤 자신이 두 번 잘못을 저질렀다고 털어놓는다. 하나는 "널 내 친자식처럼 키우겠다고 남편에게 했던 약속을 지키지 못한 것"•이다.

두 번째 잘못에 대한 이야기는 한참 고민한 다음에야 꺼낸다. 사실 외숙모는 죽음을 앞두고 두 번째 잘못을 바로잡기 위해 제인을 부른 것이었다. 외숙모는 편지를 하나 전해 준다. 3년 전에 제인의 삼촌이 보낸 편지였다. 제인을 양녀로 삼고 재산을 물려주고 싶다며 제인의 소재를 묻는 편지였다. 왜 외숙모는 그동안 이 편지를 숨겨 왔을까? 제인이 너무 싫었기 때문이다. 제인이 잘되는 일에는 손가락 하나 까딱하고 싶지 않았다. 왜 그렇게까지 했을까?

> 네가 예전에 나한테 대들 때의 그 광포함과, 세상에서 어느 누구보다도 가장 끔찍하게 날 싫어한다고 선언하던 어조와, 내 생각만 해도 진저리가 나며 내가 널 야비할 정도로

• 같은 책, 384쪽.

잔인하게 대했다고 대들던, 아이답지 않은 그 표정과 목소리를 잊을 수가 없었다. 네가 그렇게 마음속의 원한을 쏟아내기 시작할 때 느꼈던 나 자신의 기분을 잊을 수가 없었다.•

제인이 생긴 대로 씩씩하게 행동해서 나온 뜻밖의 결과가 여기 있었다. 제인은 자신이 했던 말에 사과하고 용서를 구한다. 그리고 벌써 8, 9년이 지났고, 그때 자기는 어린아이였다고 덧붙인다. 외숙모는 그때 그 일을 잊지 못해 복수한 것이었다. 더 나아가 제인의 삼촌에게 편지를 써서 제인이 학교에서 열병으로 죽었다고 했다며 빨리 삼촌에게 편지를 보내 상황을 바로잡으라고 한다(제인이 죽어 버렸으면 좋았겠다는 말은 이런 맥락에서 나온 발언이다. 학교에서 역병이 돌 때 제인이 정말 죽었다면 애초에 자신이 거짓말을 할 일도 없었을 테니 말이다). 그러면서 오히려 제인을 탓한다. "너는 날 괴롭히려고 태어난 아이 같아. 너만 없었다면 절대 저지를 엄두도 내지 못했을 행동을 돌아보면서 내 마지막 시간을 괴롭게 보내게 되다니 말이다."••

- • 같은 책, 385-386쪽.
- •• 같은 책, 386쪽.

제인은 다시 한번 자신을 용서해 달라고, 따뜻한 마음으로 봐 달라고 말하지만, 외숙모는 되레 제인의 못된 성격을 탓하고 어떻게 그런 분노를 쏟아 낼 수 있느냐고 분개한다. 제인이 외숙모에게 화해의 키스를 청하며 뺨을 갖다 댔지만 외숙모는 끝내 거부한다. 결국 제인은 그녀와의 마지막 만남을 이런 말로 마무리한다. "절 사랑해 주세요. 아니, 마음대로 미워하세요. 모든 걸 다 용서해 드릴게요. 이제 하나님의 용서를 청하시고 편히 쉬세요."•

대저택의 주인으로 누구에게도 아쉬운 소리를 하거나 험한 말을 들을 일이 없었을 리드 부인. 그녀는 내키는 대로 열 살짜리 외조카를 구박하다 뜻밖의 모진 말을 듣고는 마음에 깊은 상처를 입었다. 왜 안 그랬겠는가. 그때 입은 상처와 분한 마음 때문에 조카에게 못나게 복수했다. 하지만 죽음을 앞두고 지난 일을 바로잡기 위해 외조카를 불렀다.

하지만 편지 이야기를 꺼내는 것은 힘든 일이었다. '별로 중요하지 않은 일이야, 내가 나을지도 모르는 일이야, 무엇보

• 같은 책, 387쪽.

다 그 애한테 머리를 숙이는 일은 괴로워.'• 그녀는 이렇게 중얼거린다. 그러나 곧 그녀는 마음을 고쳐먹는다. 어쩌면 마지막 격통의 전조를 느꼈던 탓일까. 내세가 자기 앞에 와 있다며 모든 것을 털어놓는다. 그녀로서는 대단한 일을 한 것이다. 죽음이 임박했기에 가능한 일이기도 했다. 하지만 거기까지였다. 리드 부인은 끝내 사과하지 못하고 조카 탓을 하며 화해를 거부한다. 마지막 자존심을 꺾을 수 없었던 것이다. 참으로 안타까운 일이다. 제인은 그런 외숙모를 불쌍히 여기고 용서한다.

생긴 대로 사는 게 어때서?

리드 부인은 자신에게 주어진 상황에 올바르게 반응하는 데 번번이 실패했다. 어떤 면에서 그것은 그녀의 성품에 충실한 삶이었다. 그녀는 신분이 낮은 사람과 결혼한 시누이, 즉 제인의 엄마를 경멸했다. 제인의 부모가 죽자 돈을 지불하고 제인을 유모에게 맡기고 싶어 했지만 남편은 한사코 반대했다. 남편은 아기 제인을 데려와 정성을 쏟았다. 남편은 죽기 전에 아내에게 제인을 계속 돌봐 주겠다는 맹세를 하게 했다.

여기서 리드 부인은 기로에 선다. 제인을 돌봐 주겠다는 약속을 지키되 시늉만 할 것인가, 아니면 남편의 유언대로 사랑

• 같은 책, 384-385쪽.

으로 돌볼 것인가. 리드 부인은 시늉만 하기로 한다. 내쫓지 않는 게 어디냐고 생각했을지도 모른다. 사람들은 외조카를 거둬 기르는 그녀를 착한 사람이라고 생각했다. 그녀는 딱 그 정도면 할 만큼 했다고 자부했던 것 같다.

"생긴 대로 사는 게 뭐 어때서?" 이렇게 물을 수 있겠다. 자기를 억누르고 살면 안 된다, 자기에게 충실하라, 이런 조언이 넘쳐나는 시대다. 어쨌거나 우리는 다 생긴 대로 사는 것도 맞다. 하지만 생긴 대로만 살아서는 곤란하다. 그러면 문제가 생긴다. 제인이 자신의 분노를 한껏 실어 외숙모 리드 부인에게 쏟아낸 모진 말들은 그녀에게 회복하기 힘든 깊은 상처를 남겼고 부끄러운 일을 하게 만들었다. 그러면 리드 부인은 어땠을까? 생긴 대로 살아서 행복했을까?

리드 부인은 자기와 많이 다른 남편을 만났다. 그녀가 남편에게 영향을 받고 바뀔 수도 있었을 것이다. 하지만 그런 일은 없었다. 죽은 남편에 대한 리드 부인의 평가는 냉혹하다. 인정 많은 남편은 그녀의 눈에 천성적으로 마음이 약한 사람일 뿐이다. 남편의 모습이 맘에 안 들고 좋아 보이지 않았던 것이다. 그녀는 아들 존이 아버지가 아니라 자신과 자신의 형제들을 닮아서 다행이라고 여긴다고 말한다. 진짜 깁슨 가의 사람 같다고 말한다. 그런데 바로 이어서 놀라운 말을 전한다.

생긴 대로 산다는 것_《제인 에어》

아, 그 애가 돈을 보내 달라는 편지로 더 이상 날 괴롭히지 않으면 좋겠는데. 우리는 점점 돈에 쪼들리고 있어. 하인들 반은 내보내고 저택의 일부를 닫아 두는 형편이다. … 내 수입의 3분의 2는 저당금의 이자로 나가고 있다. 존이 도박으로 항상 돈을 잃으니 말이다. 불쌍한 녀석! … 존은 바닥까지 떨어졌고 타락했어. 그 애 모습을 보면 소름이 끼친다.•

제인은 씩씩한 성품을 타고났고, 열 살 때까지 억눌린 환경에 놓였음에도 그런 성품은 고스란히 살아 있었다. 그녀의 꿋꿋하고 씩씩한 모습은 그녀가 인생을 헤쳐 나가는 데 큰 힘이 된다. 그러나 그녀는 생긴 대로만 살지 않았다. 템플 선생님과 헬렌이라는 좋은 스승을 만나 배우고 변화를 경험했다. 제인에게는 템플 선생님과 헬렌의 모습이 좋아 보였고, 배우고 싶은 마음이 들었던 것이다.

• 같은 책, 375쪽.

사람의 성품이 다양한 것 못지않게, 많은 이들과의 만남 중에서 유독 어떤 이들의 말과 행동에는 마음이 가고 그로 인해 감화되고 영향을 받는 것은 놀라운 일이다. 보통 나쁜 것을 보고 배우기 쉬운데, 진실하고 선하고 희생적인 모습을 좋게 보고 본받는 일도 생기는 것은 신비한 일이다. 제인이 보여 주는 성장과 변화는 그와 같은 열린 눈과 듣는 귀를 기대하게 만든다. 우리도 좋은 것이 좋아 보이고 귀한 것이 귀하게 다가왔으면 좋겠다. 그래서 생긴 대로만 살지 않으면 좋겠다. 그런 은혜를 구하게 된다.

생긴 대로 산다는 것_《제인 에어》

함께 읽고 나누기 위한 질문

《제인 에어》

❶ 제인이 어린 시절 외숙모의 구박과 외사촌 존의 폭력에 굴하지 않고 맞서는 모습은 그녀의 씩씩함을 잘 보여 줍니다. 그것이 제인의 전부는 아니지만 제인의 중요한 모습인 것 같습니다. 당신은 자신을 어떤 사람이라고 규정하나요? 그렇게 생각하게 된 계기나 이유가 있나요? 그런 자신의 모습에 대해 어떻게 생각하나요?

❷ 제인에게는 템플 선생님과 헬렌 번스라는 멘토가 있었습니다.
- 이들이 제인에게 어떤 영향을 미쳤나요? 그들은 제인에게 어떤 면에서 특별했나요?
- 당신의 인생에 템플 선생님이나 헬렌 같은 존재가 있나요? 그들은 어떤 면에서 특별했나요? 그들은 당신에게 어떤 영향을 미쳤나요?

❸ 사람은 누구나 '생긴 대로' 살지만 생긴 대로만 살지도 못합니다. 사회적 제약으로 인해 자기에게 충실하지 못하는 것은 안타까운 일입니다. 하지만 그로 인해 오히려 생긴 대로만

소설이 내게 말해 준 것들

살지 않고, 자신의 한계를 극복하는 결과가 나타날 수도 있을 것 같습니다. 그런 변화 또는 자기를 넘어서는 경험을 해 보셨다면 이야기 나눠 주십시오.

❹ 리드 부인에게는 생긴 대로만 살지 않을 변화의 기회들이 있었습니다. 그가 그런 기회들을 받아들였다면 삶이 달라졌을지도 모릅니다. 그 중요한 기회였던 남편과의 삶에서 그녀는 남편의 모습을 좋게 보지 못합니다. 변화를 위해서는 일단 변화가 좋아 보여야 하는데 말입니다. 삶의 모습, 방향의 변화는 시각과 관점, 생각의 변화가 앞서야 할 것 같은데, 그런 생각의 변화를 경험한 적이 있나요? 어떤 것이 그런 변화의 계기로 작용했나요?

❺ 제인은 외숙모 리드 부인에 대해 분노와 원한을 품었지만 나중에는 용서의 자세로 화해를 시도합니다. 제인이 어떻게 그렇게 품이 넓은 사람이 될 수 있었을까요? 억압과 상처를 받은 사람이 진정으로 용서를 통해 회복할 수 있는 방법에 대해 생각을 나눠 주십시오.

❻ 자신이 받은 상처는 의도적인 것이라 여기고 두고두고 곱씹고, 남에게 내가 준 상처는 의도적인 것이 아니었거나 피치 못할 사정이 있었다는 식으로 가볍게 여기거나 쉽게 잊어버

생긴 대로 산다는 것_《제인 에어》

리는 게 우리 모습입니다. 이래서는 모두가 억울하고 원통한 일만 가득한 세상이 될 수밖에 없을 텐데요, 이 부분에서 변화의 가능성은 어디에서 찾을 수 있을까요?

"원한을 키우거나 잘못을 되새김하면서 보내기에는

인생이 너무 짧다."

《제인 에어》

영국의 작가 샬럿 브론테(1816-1855)가 1847년에 커러 벨이라는 필명으로 발표한 소설. 제인 에어는 어려서 부모님을 잃고 외숙모 밑에서 구박을 받으면서 자라지만 기숙학교에서 만난 좋은 친구와 선생님의 영향으로 훌륭한 어른이자 교사가 된다. 더 넓은 세상을 경험하려고 손필드 저택의 가정교사로 들어간 제인은 저택의 주인 로체스터와 특별한 사이가 된다. 하지만 그곳에는 충격적인 비밀이 숨겨져 있었으니….

우상과 선물
《제인 에어》

15

제인은 고아로 외숙모 밑에서 구박을 받으며 지내다 자선학교에 입학한다. 거기서 학생으로 6년, 교사로 2년을 지낸 후, 더 넓은 세상을 경험하고자 신문에 광고를 내어 손필드 저택의 가정교사가 된다. 그리고 그 집의 주인 로체스터와 우여곡절 끝에 연인 사이가 된다. 그런데 결혼식을 앞두고 제인은 미래의 남편이 자신에게 온 세상이 되어 가고 있음을 발견한다. 아니, 그 정도가 아니었다. 그는 그녀에게 "거의 천국의 희망"• 수준이었다. 일식으로 해가 가려지는 것처럼 로체스터 때문에 하나님을 볼 수가 없었다. 그가 제인에게 "우상이 되어 버린" 것이다.**

우상 파괴

결혼식 날이 되어 두 사람은 주례 목사 앞에 선다. 이 결혼에 이의가 있는 사람이 있느냐는 주례자의 의례적인 질문에 "있다"는 대답이 돌아온다. 대답의 주인공은 로체스터의 매형과 변호사였다. 그들의 증언으로 로체스터가 이미 결혼을 한 상태였음이 드러난다. 나름대로 사정이 있기는 했다. 처가에서는 집안의 정신병 이력을 숨기고 혼사를 진행했고, 결혼 후 아내도 곧 정신이상 증세를 보였던 것이다. 결국 그는 아내의 존재를 외부에 숨기기로 한다. 아내를 집 안에 가둬 두고 간호사에게 고액의 보수를 지급하며 24시간 관리하게 한다.

한편 로체스터는 집을 떠나 외국을 떠돌며 방탕한 생활을 했다. 사기에 가까운 결혼의 피해자로 정신이상의 아내에게 매여 살아야 한다는 절망감에서 나온 자포자기의 행동이었는데, 그 과정에서 자기혐오와 자괴감만 쌓여 갔다. 그런데 오랜만에 돌아온 집에 가정교사로 와 있는 제인을 만나고 새로운 삶의 가능성을 보았다. 그녀와 함께라면 새롭게 시작할 수 있을 것만 같았다.

로체스터가 제인을 속이고 이중결혼을 시도했던 것은 다

- 샬럿 브론테, 《제인 에어》, 이미선 옮김, 열린책들, 2014, 444쪽.
- 같은 책, 445쪽.

시 없을 기회를 놓치고 싶지 않은 절박함의 발로였을 테다. 하지만 철저히 자기본위의 발상이기도 했다. 그의 처가도 견실한 남편을 붙여 주면 딸의 정서가 안정되고 정신적 문제의 악화를 막을 수 있기를 기대하지 않았을까. 그렇다면 그는 자신을 속인 처가와 똑같은 일을 하려고 했던 것이다.

그러나 제인이 결혼한다는 소식을 전해 들은 삼촌이 사람들을 보냈고 그들이 때맞춰 결혼식장에 도착한 덕분에 결혼은 저지되고 제인은 중혼의 피해자가 되지 않을 수 있었다. 그것은 천만다행한 일이었으나, 당장 제인에게는 하늘이 무너지는 것 같은 충격적인 사건이기도 했다. 제인은 성경의 이미지로 자신의 절망을 표현한다. "내 희망은 모두 쓰러졌다. 하룻밤 사이 이집트의 장자들이 파멸을 당했던 것처럼, 나에게도 부지불식간에 파멸이 닥쳤다."* 제인은 자신의 상황을 먼 옛날 이집트의 경우처럼 하나님이 자신의 우상을 앗아 가시는 것으로 인식한다.

공세와 대응

절망 속에서 제인은 "일어날 의지도, 도망칠 기운도 없었다."** 죽기를 갈망하며 힘없이 누워 있었다. 그때 한 가지 생각, 하나님에 대한 기억이 그녀 안에서 생생하게 고동쳤다.

- *   같은 책, 480쪽.
- ** 같은 책, 481쪽.

우상과 선물_《제인 에어》

그것은 무언의 기도를 낳았다. 비록 말로 표현하지는 못했지만 그것은 시편 기자의 애원이었다. "멀리하지 마옵소서. 어려움이 닥쳤는데 도와줄 자 없사옵니다"(시 22:11, 공동번역).

하나님이 다시 눈에 들어왔다. 하나님을 가렸던 우상의 실체가 드러났고, 로체스터에 대한 신뢰가 깨어졌다. 제인에게 로체스터 씨는 더 이상 옛날의 그가 아니었다. 그는 진실하지 않았다. 결혼식이 중단되고 집에 돌아와 곧장 방에 들어가 한참을 있으면서 제인의 머리에는 자신이 해야 할 일이 명령의 형태로 떠오른다. '떠나라.'•

제인은 떠나야 한다고 본능적으로 느끼지만, 로체스터는 제인을 순순히 보낼 마음이 없었다. 로체스터가 제안한 내용은 결국 하나다. "저주받은 장소, 야간의 장막"••인 손필드 저택을 같이 떠나자는 것이다. 야간이 누구던가. 자신의 소유가 아닌 약탈물을 훔치다가 하나님의 눈을 피해 숨긴 사람, 그래서 이스라엘 진영에 큰 저주를 불러온 사람이 아니던가. 자기도 모르게 로체스터는 정당한 아내가 아닌 제인을 자기 사람으로 만들고 싶어 한다는 사실을 인정하고 있다. 이후 이 제안을 관철시키려는 로체스터의 공세와 그것을 거부하는 제인의 대응이 펼쳐진다. 하나씩 살펴보자.

첫째, 로체스터는 자신의 제안에 제인이 비협조적으로 나

• 같은 책, 485쪽.
•• 같은 책, 490쪽.

소설이 내게 말해 준 것들

오자 거칠게 대응한다. 제 성질을 못 이겨 말을 안 들으면 폭력을 쓰겠다고 협박한다. 그의 모습은 "참을 수 없는 속박을 끊어 버리고 곧장 무모한 분방함으로 뛰어들려는" 사람처럼 보였다. 제인이 "혐오감을 보이거나 도망치려 하거나 두려워하는 모습을 보인다면"• 어떤 비극적인 일이 벌어질지 모르는 일촉즉발의 상황이었다. 그러나 제인은 두렵지 않았다. 마음속의 힘을 느꼈고 로체스터를 좌우할 수 있을 것 같았다. 그리고 그동안 참았던 눈물을 쏟는 편이 좋겠다는 상황 판단에 따라 실컷 울었다. 제인의 울음 앞에서 로체스터는 마침내 진정한다.

둘째, 우격다짐에 실패하자 로체스터는 이제 자신의 상황을 자세히 설명하여 이해를 받으려 한다. 그런데 그 설명 과정에서 제인은 로체스터가 이미 여러 정부(情婦)를 둔 적이 있었고 그들을 얼마나 부정적으로 평가하는지도 알게 된다. 이것은 제인이 로체스터의 제안을 객관적으로 볼 수 있는 근거가 된다. 로체스터의 정부가 된다면 당장에 즐거움과 안락함을 얻겠지만 그런 관계가 오래 지속될 수 없었다. 제인 본인만은 이전의 정부들과 다를 거라고 생각할 이유가 없었다. 로체스터의 정부가 되겠다고 선택하면, 그 순간부터 제인은 이전의 정부들과 같은 선택을 내린 존재가 될 것이기 때문이

• 같은 책, 494쪽.

었다.

셋째, 우격다짐도, 구구절절한 설명도 통하지 않자 로체스터는 제인의 동정심에 호소한다. 더 나아가 그녀의 죄책감을 자극한다. 당신이 떠나면 내가 어떻게 될지 모른다, 그건 당신 책임이다, 내가 불쌍하지도 않느냐. 여기서 그녀의 마음이 가장 흔들렸다. 자신이 떠나면 로체스터가 망가지지 않을까 하는 우려는 큰 부담을 안겨 주었다. 하지만 그것은 그가 감당해야 할 부분이었다. 그녀는 자신이 감당해야 할 부분에 집중했다. 로체스터의 집에 머물면서 그의 집요한 공세를 떨치고 적정한 거리를 유지할 수 없는 것은 분명했다. 결별이 필요한 시간이었다.

세인트존의 고상한 제안

이른 새벽에 긴급히 로체스터의 집을 나온 제인은 마차를 타고 가진 돈으로 갈 수 있는 가장 먼 곳까지 간다. 차비로 가진 돈을 다 써 버리고 마차에 가방을 두고 내리는 탓에 큰 위기에 처하지만 두 여동생과 함께 사는 세인트존 목사의 도움으로 위기를 넘긴다. 세인트존은 제인에게 일자리도 알아봐 준다. 지역 유지의 후원을 받아 농부의 아이들을 위해 여는 학교의 교사 일이었다. 배움이 부족한 아이들을 대상으로 제인은 성심껏 가르쳐 좋은 결과를 낸다.

세인트존은 경건하고 강직한 신앙인의 표상과 같은 존재

다. 가족들과의 즐거운 시간보다 교인 심방을 더 반가워한다. 궂은 날씨, 늦은 시간에 심방요청이 오면 오히려 사명감과 희생정신이 불타오른다. 하지만 시골지방에서 작은 교회 교인들을 섬기는 정도로 만족하지 못한다. 하나님을 섬기는 일에 크게 쓰임받고 싶어 한다. 지역 유지의 아름다운 딸이 자신에게 관심을 보였지만, 함께 하나님의 일을 감당할 재목이 아니라고 판단해 거부한다.

어느 날, 세인트존이 함께 인도로 가서 선교의 일을 감당하자며 제인에게 청혼한다. 심지가 굳고 돈 욕심에 휘둘리지 않고 맡은 일을 성실하고 유능하게 감당하고 권위에 순종할 줄 아는 제인이 선교의 동역자로 적임자라고 판단한 것이다. 동역하되 친족 관계(알고 보니 세인트존은 제인의 사촌오빠였다!)나 사명감 정도의 끈으로는 부족하고 결혼의 끈으로 단단히 묶여야 한다고 말한다. 남녀 간의 사랑 같은 것은 여기에 들어설 자리가 없다.

제인은 세인트존이 어떤 사람인지 알았다. 고귀한 목표를 위해 자신을 온전히 던지는 사람이요, 동역자에게도 같은 것을 요구할 사람이었다. 제인이 청혼에 응한다면, 그것은 행복한 결혼생활이 아니라 가치 있는 일에 자신을 갈아 넣는 봉사의 인생이 될 테고 자신의 존재는 세인트존의 그늘에서 시들어 가리라. 하지만 그것은 불가피한 희생 같은 게 아닐까.

자신의 목적이 훌륭하고 선하다고 진심으로 믿기에 너무

나 진지하고 자신만만한 세인트존의 압박을 받으며 제인은 어느 순간 그가 존경스러워 보인다. "그와 씨름하기를 그만두고 그의 의지의 급류를 타고 그의 존재의 만으로 들어가 그곳에서 나 자신의 존재를 잊어버리고 싶은 유혹을 느꼈다."• 내세를 위해 지상의 모든 것을 한순간에 희생할 수 있을 것 같았다.

그러나 여전히 확신이 들지 않았다. 제인은 옳은 일을 하고 싶었다. 세인트존의 청혼은 원칙의 틀에서 대답할 수 없는 판단의 문제였다. 그녀는 인생을 어떻게 살아갈지 결정하는 문제를 자기 판단에 맡기라는, 확신에 찬 남자의 청혼(이라고 쓰고 '동업제안'이라고 읽는다) 앞에서 고뇌한다. 하지만 사랑이라는 이름으로 자신의 윤리적 원칙을 포기하지 않았던 제인은, 신앙적 가치라는 이름으로 자신의 주체성을 포기하지도 않는다. 그리고 여기서 제인은 특별한 도움을 경험한다.

뜻밖의 기도응답이 말해 주는 것

옳은 일을 하기를 바라며 제인은 기도했다. "제게 알려 주세요. 제게 길을 알려 주세요!"•• 그러자 갑자기 심장이 빠르게 뛰더니, 심장을 관통하는 어떤 느낌이 머리부터 발끝까지 훑고 지나갔다. 아무것도 보이지 않았지만 어디선가 외치는 소

• 같은 책, 687쪽.
•• 같은 책, 688쪽.

리가 들렸다. "제인, 제인, 제인!"•

어디서 난 것인지 알 수 없었지만 누구 목소리인지는 분명했다. 제인을 간절히 찾는 로체스터의 목소리였다. 그래서 그녀는 "제가 갈게요!" "기다려요! 제가 갈게요!"라고 외치며 문간으로 뛰어나가 복도를 살폈으나 아무도 없었다. 정원으로 달려 나갔지만 거기도 비어 있었다. 어디 있느냐고 소리치며 돌아다녀도 "사방은 황야의 쓸쓸함과 한밤의 적막뿐이었다."••

제인은 이것을 기도응답으로 받아들인다. 그리고 세인트존에게 명확한 거절의 뜻을 밝힌 후, 집으로 들어와 감사하는 마음으로 기도를 드린다. 자신을 부르는 로체스터의 목소리를 듣고 제인의 생각은 선명해진다. 세인트존이 신앙적 확신에 근거하여 들이미는 청혼은 로체스터의 안위를 확인해야 한다는 시급한 과제 앞에서 힘을 잃는다. 두려움은 사라지고

• 같은 책, 689쪽.
•• 같은 책, 689쪽.

우상과 선물_《제인 에어》

분명해진 마음으로 제인은 누워서 날이 밝기를 기다린다.

날이 밝자 제인은 로체스터를 찾아 떠난다. 다시 만난 로체스터는 제인이 그의 목소리를 들었던 그날 그 시간에 절망 속에서 하나님께 기도한 다음 자기도 모르게 "제인! 제인! 제인!"이라고 큰소리로 외쳤다고 말한다. 그리고 어디서 들려오는지 알 수 없는 제인의 목소리를 들었다고 한다. 제인이 그의 목소리를 듣고 화답하며 했던 말들이었다.

제인의 기도응답은 어떤 의미가 있을까? 지금 그녀의 도움이 필요한 사람의 목소리가 들린 것이었다. 그리고 그것은 세인트존이 아니라 로체스터의 목소리였다. '지금'이라는 단어가 중요하다. 로체스터의 목소리를 들어서는 안 될 때가 있었다. 하나님의 선물로 주어진 연인 로체스터가 제인의 우상이 되었을 때였다. 그가 제인을 속이고 정부로 삼고자 하던 때였다.

그때 제인은 다른 사람들의 개입과 마음을 지켜 주시는 은혜에 힘입어 로체스터의 목소리를 외면하고 그의 곁을 떠났었다. 그런데 제인이 떠나 있던 기간에 있었던 일로 로체스터는 홀아비가 되었고, 하나님 앞에서 낮아진 사람, 겸손히 하나님을 의뢰하는 신자가 되어 있었다. 제인이 그의 목소리에 귀를 기울여도 될 때가 되었다. 아니, 기울여야 할 때였다. 그는 큰 어려움에 처해 있었고, 제인의 도움이 절실히 필요했다. 이제 비로소 로체스터와 제인은 서로에게 우상이 아니라 선물이 될 수 있었다.

행복의 비결

어떤 것들은 직접적으론 얻을 수가 없고 간접적 수단을 통해서만 주어진다. 겨울철 너무너무 추운 방에 있던 사람이 도저히 안 되겠다고 판단하고 밖에 나가 '열기'를 가져오리라 마음먹는다고 해 보자. 물론 가당찮은 일이다. 아무리 큰 가방을 들고 나가 봐야 열기를 가져올 수는 없다. 그러면 어떻게 해야 '열기'를 얻을 수 있을까? 간단하다. 땔감을 가져오면 된다. 그래서 난로에 불을 피우면 열기는 저절로 따라온다.

영국의 성공회 신부 J. 존은 《행복의 비결 The Happiness Secret》에서 행복이 이와 같다고 했다. 행복 자체를 추구해서

는 행복을 얻을 수 없다. 참된 행복은 하나님을, 원칙을, 옳은 길을 추구할 때 덤으로 주어지는 것이다. 제인이 다른 것을 다 내던지고 로체스터를 얻고자 했다면, 그렇게 해서 얻은 로체스터는 그녀가 사랑했던 남자가 아니었을 것이다. 그와 함께하는 삶은 그녀에게 기쁨을 안겨 주지 못했을 것이다.

하지만 제인은 그런 선택을 내리지 않았다. 《제인 에어》는 하나님을 의지하고 도덕의 원칙을 따르고 옳은 일을 추구한 끝에 참된 사랑과 행복을 거머쥔 한 주체적 여인의 삶을 매력적으로 그려 낸다. 그 삶에는 많은 시련과 아픔이 있었지만 그 모두를 딛고 나아가게 해 줄 만큼 도움 또한 부족하지 않았다. 이런 삶을 두고 아름답고 복되다고 할 수 있겠다. 《제인 에어》는 독자를 그런 삶으로 초대한다.

소설이 내게 말해 준 것들

함께 읽고 나누기 위한 질문

《제인 에어》

❶ 결혼을 앞두고 제인은 로체스터가 자신에게 "거의 천국의 희망"처럼 변해 버렸음을 깨닫습니다. 누군가(또는 어떤 것이) 우상이 되어 버렸다는 말은 무슨 뜻인가요? 그것을 어떻게 알 수 있을까요?

❷ 로체스터의 입장에서 제인을 속인 것은 나름대로 '제대로 살고 싶은' 절박함에서 나온 처사였겠습니다. 하지만 그의 행동과, 처가 쪽에서 그를 속이고 결혼을 성사시킨 것이 다르다고 할 수 있을까요? 절박한 필요나 '원대한' 목적을 위해 윤리적 원칙을 어기는 것이 정당화되는 상황이 있을까요?

❸ 로체스터는 과거의 이중적 행동과 중혼 시도로 제인에게 큰 상처를 남깁니다. 그럼에도 로체스터는 제인을 붙잡기 위해 세 가지 방법을 동원합니다. 당신이 제인이라면 어떤 방법이 가장 거절하기 어려웠을까요? 로체스터의 입장에서 볼 때는 세 방법 모두 제인에 대한 진실한 사랑에서 나온 행동이지요. 이렇게 지극한 사랑과 의심할 수 없는 진정성이라면 웬만한 행동은 다 정당화하지 않을까요? 행동의 정당성은 사랑이

나 진정성이 아니라 좀 더 객관적인 기준에서 찾아야 한다는 제인의 견해를 어떻게 생각하나요? 고루한 생각일까요, 고결한 결단일까요?

❹ 세인트존은 신앙의 이름하에 제인을 고상한 목적의 파트너로 불렀습니다. 그의 청혼이 어떻게 보이나요? 고귀한 것일까요? 아니면 희생과 헌신의 명분으로 자기 뜻대로 사람을 강요하거나 이용하려는 것일까요? 둘은 어떻게 구분할 수 있을까요?

❺ 제인은 절망에 빠진 순간, 하나님께 '길을 보여 달라, 길을 알려 달라'는 무언의 기도를 드리고 응답을 받습니다. 이 기도는 제인이 들어야 할 사람의 목소리가 들려오는 것으로 응답됩니다. 제인은 그 목소리를 듣고 자신이 해야 할 일을 확신하게 됩니다.

- 뭔가 결정을 해야 할 순간 어찌할 바를 몰라 하나님께 도움을 구했을 때 도움이 주어진 경험이 있나요? 그것을 '도움'이라고 생각하게 된 근거는 무엇인가요?
- 이 장면은 어떤 결정을 내려야 할 때 '나는 지금 누구의 목소리에 귀를 기울여야 할까?'라고 물어봐야 한다는 원리의 비유로 볼 수 있을 것 같습니다. 이것이 결정의 원리로서 의미가 있다고 생각하나요? 그 이유는 무엇인가요?

❻ 누군가는 로체스터와 제인이 멀리 떨어진 상황에서 서로의 목소리를 듣는 이 초자연적 장면을 '둘을 이어 주기 위한 무리수'라고 하더군요. 이것은 합당한 문학적 장치일까요? 왜 그렇게 생각하나요?

❼ "행복 자체를 추구해서는 행복을 얻을 수 없다. 참된 행복은 하나님을, 원칙을, 옳은 길을 추구할 때 덤으로 주어지는 것이다." 필자의 이 말을 어떻게 생각하나요? 동의하든 동의하지 않든, 그 이유를 말씀해 주십시오.

《스토너》

미국의 소설가 존 윌리엄스(1922-1994)가 1965년에 발표한 장편소설. 농부인 아버지는 아들 스토너를 농과대학에 보낸다. 아들이 새로운 농업기술을 익혀 자신의 농사에 큰 보탬이 되어 주기를 기대한 투자였다. 그러나 뜻밖에도 아들은 그곳에서 영문학을 만나고 새로운 세계에 눈을 뜬다. 영문학과 사랑에 빠진 스토너가 영문학과 함께 인생의 각종 고비를 넘어가는 사연이 잔잔하면서도 드라마틱하게 펼쳐진다.

영문학의 자리
《스토너》

16

많은 이들의 극찬이 독서욕을 자극했다. 소설 《스토너》에 영감을 받아서 썼다는 《지켜야 할 세계》(문경민 지음, 다산책방)가 깊은 감동을 안겨 주었기에 기대는 더욱 커졌다. 설레는 마음으로 책을 집어 들었고 재미와 감동을 다 잡은 흡인력 있는 소설이 나를 맞이했다.

영문학과의 연애사

소설 《스토너》는 주인공 스토너와 영문학의 연애사라고 할 만했다. 영문학을 만나고 스토너의 삶이 어떻게 달라졌는지, 평생 영문학과 어떻게 동행했는지 생생하게 그려 나간다. 이 장에서는 영문학이 스토너에게 어떤 의미가 있었는지 살피려고 한다. 역시 영문학을 사랑했던 영문학 교수 C. S. 루이스의 시각에 도움을 받을 계획이다.* 스토너가 영문학의 세계로 들어서는 대목으로 이야기를 시작해 보자.

영문학의 세계로

스토너는 가난한 농부의 아들로 태어나 어릴 때부터 농사일을 도우며 살았다. 뼈 빠지게 일해야 간신히 먹고 사는 것이 부모가 살아온 인생이었고, 본인도 그런 부모의 삶을 이어받을 것으로 알고 있었다. 그런데 인근 미주리대학교에 농과대

---

* 내가 학문으로서 영문학을 제대로 논할 역량은 없다. 소설에서 그려진 스토너와 영문학의 관계를 따라가 볼 따름이다. 나는 스토너에게 영문학이 의미하는 바가 인간이 가장 귀하게 여기고 가장 사랑하는 대상의 상징이 될 수 있다고 본다. 따라서 이 글은 영문학에 관심이 없는 이에게도 여전히 의미가 있으리라 생각한다.

소설이 내게 말해 준 것들

학이 생겼고, 아버지는 아들이 새로운 농업 기술을 익히면 농사일에서 돌파구가 열릴 것으로 기대하고 아들을 대학에 보낸다. 아들의 노동력을 4년 동안 포기하는 희생을 감수한 엄청난 투자를 감행한 셈이다.

그러나 스토너는 대학에서 필수교양과목이었던 영문학 개론 강의를 듣다가 특별한 경험을 한다. 초반에 이 수업은 이해 부득이었다. 첫 시험에서 스토너는 저자들의 이름, 연대, 영향력들을 다 외웠지만 낙제에 가까운 점수를 받았다. 슬론 교수가 숙제로 내준 작품들을 아무리 읽고 또 읽어도 "그가 책에서 읽는 단어들은 그냥 단어일 뿐, 책에서 읽는 내용의 의미가 무엇인지 알 수 없었다."•

문제의 그 특별한 경험은 슬론 교수가 낭송하는 셰익스피어의 73번째 소네트를 듣다가 일어난다. 시인은 자신을 나뭇잎이 거의 다 떨어진 계절과 곧 밤에 밀려날 황혼과 곧 꺼져버릴 불꽃에 비유하며 이렇게 시를 마무리한다.

> 그대 이것을 알아차리면 그대의 사랑이 더욱 강해져
> 머지않아 떠나야 하는 것을 잘 사랑하리.••

• 존 윌리엄스, 《스토너》, 김승욱 옮김, RHK, 2020, 17쪽.
• 같은 책, 19쪽.

교수는 이렇게 묻는다. "셰익스피어가 300년의 세월을 건너뛰어 자네에게 말을 걸고 있네. 스토너 군, 그의 목소리가 들리나?"•

그때 스토너는 처음으로 그냥 물리적 대상으로 사물을 보는 수준을 넘어 은유로, 비유로 사람을 보는 경험을 한다. 시인이 사람을 보았던 그 눈으로 스토너는 주위 학생들의 얼굴에 비친 햇빛, 그들의 피부, 손의 정교함을 바라본다. 그는 "호기심에 차서 사람들을 바라보았다. 마치 그들을 처음 보는 사람처럼."•• 문학적 은유에 기대어 사람을 새롭게 보는 눈이 열린 것이다. 그 사건을 계기로 스토너는 영문학의 세계로 점점 더 깊숙이 들어간다. 농과대학 과목들은 아예 무시한 채로.

그렇게 대책 없이 영문학 공부에 전념하던 스토너를 어느 날 슬론 교수가 부른다. 그리고 교육자의 길을 권한다. 그런 길이 있는지도 몰랐던 스토너는 자신이 잘해 낼지 어떻게 아느냐고 묻는다. 슬론 교수는 자신 있게 말한다. "이건 사랑일세. 자네는 사랑에 빠졌어."•••

스토너가 영문학의 세계에 눈뜨는 장면은 마치 종교적 회심의 경험처럼 신비하게 느껴진다. 영문학과 종교의 이런 유

- • 같은 책, 20쪽.
- •• 같은 책, 21쪽.
- ••• 같은 책, 30쪽.

소설이 내게 말해 준 것들

사성은 이후 스토너가 영문학을 대하는 태도에서 더욱 선명해진다. 그러나 스토너가 영문학을 본격적으로 공부하기 위해선 넘어야 할 문제가 있었다.

영문학의 장애물

졸업식 날에 맞춰서 부모는 아들을 데리러 온다. 새로운 농사 지식을 갖춘 아들이 돌아오면 그동안의 고생이 보상을 받으리라는 기대와 함께. 그런 부모의 마음을 아는 스토너가 자신의 결정을 부모에게 이야기하는 것은 더없이 힘든 일이었다. 하지만 더 이상은 미룰 수 없었다.

   졸업식을 마치고 숙소로 돌아온 스토너는 부모에게 집으로 돌아가지 않겠다고 말한다. 그는 앞으로 무엇을 할 생각인지 설명하려고 했지만 "아버지는 거듭된 주먹질을 받아들이는 돌덩이처럼 그의 말을 받아들였다."• 기대가 무너진 충격 못지않게 아들이 무엇을 하겠다는 것인지 이해할 수 없다는 것도 그를 힘들게 했을 것이다.

   아들은 부모가 이해할 수 없는 세계에 진작 눈을 떴고 이미 그 세계를 선택했다. 그는 영문학을 부모보다 더 사랑했다. 그래서 부모의 기대를 저버리고 대학에 머물면서 영문학 공부를 계속하기로 한다. 이후에도 스토너는 '사랑에 이끌려'

• 같은 책, 34쪽.

'마음 가는 대로' 선택하고 행동한다. 아내에게 구애할 때도 그런 면모를 볼 수 있다.

스토너는 영문학과 사교모임에서 아내를 보고 첫눈에 반해 그녀에게 '직진'한다. 그녀는 부모 슬하에서 철저히 보호(라 쓰고 감시라고 읽는다)를 받으며 자란 처녀였다. 성(性)에 대해서는 무지했고, 부모의 억압에서 벗어날 탈출구로 스토너의 청혼을 받아들인다.

처음부터 그녀는 남편의 세계를 이해하지 못했고 그 세계에 들어갈 마음도 없었다. 하지만 남편의 세계는 수입원이자 교수 아내라는 사회적 지위의 근거이기도 했으니 굳이 반대할 이유가 없었다. 남편은 그만의 세계에 내버려두고 자기도 나름의 세계를 가져보려 했다. 그림도 그리고 예술가들을 집으로 초대하여 어울렸다. 그러나 모두 금세 시들해졌다.

그러다 스토너가 교육자로서 변화(이 변화는 뒤에서 다룬다)를 겪게 되고 그 이후부터 아내의 대응도 달라진다. 그녀는 남편이 집에서 하는 일체의 영문학 관련 활동을 적극 방해한다. 자신이 모르는 세계에서 남편이 뭔가 특별한 것을 누리는 변화를 견딜 수가 없었던 모양이다.

결국 스토너는 집에서는 영문학 관련 일을 전혀 할 수 없는 지경에 이른다. 하지만 그는 아내의 공격을 담담하게 견뎌낼 뿐, 적극적으로 대응하지 않는다. 아내를 경멸한다거나 가르치려고 들지도 않는다. 그저 차이를 인정하고 평화롭게 지내기만 바랄 뿐이다. 그런데 이런 스토너가 집요하게 문제 삼고 적극적으로 대적한 상대가 있었다.

영문학을 더럽히는 위선자

영문학과에는 여러 부류의 사람들이 있었다. 슬론 교수나 스토너처럼 영문학과 사랑에 빠진 이들도 있었지만, 영문학을 그냥 자신에게 맞는 생계수단으로 여기는 이들도 있었다. 스토너는 그들 모두와 무난하게 잘 지냈다. 그러나 박사 과정의 워커는 도저히 받아들일 수가 없었다. 왜냐하면 워커는 영문학을 제대로 공부할 마음도 없으면서 영문학 박사 학위를 취득하여 학생들을 가르칠 생각을 하고 있었기 때문이다.

스토너는 자신의 대학원 수업에 들어온 워커가 발표 시간에 준비도 하지 않고 재치와 순발력과 임기응변으로 버티는 '사기꾼'임을 알게 된다. 스토너는 자신의 의심을 확인하고자 워커에게 발표문 원고를 제출하라고 요구하지만, 워커는 그 요구를 완강히 거부한다. 결국 스토너는 워커에게 낙제점을 준다. 두 사람의 이 충돌은 박사 과정에 워커를 남겨 둘지 결정하는 심사 자리에 스토너가 참여하면서 복잡한 문제가 된다. 스토너는 워커를 집요하게 추궁하여 그의 무지를 백일하에 폭로한다. 워커는 학과장 로맥스 교수가 아끼는 학생이었다.

스토너는 왜 로맥스 교수와 척지고 그로 인한 불이익을 감수하면서까지 워커를 쫓아내려 했을까? 영문학은 스토너에게 너무나 소중했기 때문이다. 영문학의 문외한은 얼마든지 용납할 수 있었다. 기질 탓이든 가정형편 탓이든 영문학에 입문하지 못하는 것은 얼마든지 가능하다. 스토너 본인도 한때 그런 사람이었다.

그러나 영문학을 제대로 공부할 마음은 전혀 없으면서 언변에 기대어 영문학 전문가 행세를 하겠다는 시도는 참을 수 없었다. 그것은 워커 한 사람으로 끝날 문제가 아니었다. 워커와 같은 이들은 영문학을 아무 실체 없는 말장난, 적당한 시늉으로 전문가 행세를 할 수 있는 놀이터로 보이게 만들 터였다. 위선은 위선을 부르는 법. 스토너는 이런 '악'이 영문학과를 오염시키는 것을 막을 수 없을지도 모르지만 시도조차 안 할 수는 없다고 생각한다.

스토너가 교육자의 역할을 이렇듯 심각하게 받아들인 것은 본인이 슬론 교수라는 멘토를 통해 교사의 힘을 누구보다 생생하게 경험했기 때문이리라. "교육자가 될 사람"•이라는 슬론 교수의 격려에 힘입어 그가 영문학 교수의 길로 접어들지 않았던가. 하지만 학생들을 가르치는 일은 스토너에게 만만하지 않았다.

• 같은 책, 29쪽.

소설이 내게 말해 준 것들

교육자 스토너

스토너는 "자신이 영문학에 대해 느끼는 감정과 강의실에서 전달하는 내용 사이에 커다란 틈"이 있음을 늘 의식했다. 시간이 흘러 경험이 쌓여도 나아지지 않았다. "가장 깊숙이 간직하고 있는 감정들", "생기가 넘치던 것들이 그가 하는 말 속에서는 시들어 버렸고, 그에게 가장 감동을 주었던 것들이 차갑게 식어 버렸다."• 자신의 부족함에 대한 자각은 스토너에게 너무나 큰 고민거리가 되었다. 하지만 그의 아내가 친정에 가 있는 동안 변화가 일어났다.

> 강의를 하면서 그는 강의 내용에 완전히 몰입한 나머지 자신의 무능력은 물론 자기 자신과 눈앞의 학생들까지 잊어버리는 경험을 종종 했다. 완전히 열정에 사로잡혀서 … 강의 메모마저 무시해 버린 채 말을 더듬기도 하고 손짓을 동원하기도 했다.••

자신이 제대로 한 것인가 자신이 없었지만 반응은 폭발적이었다. 강의가 끝난 뒤 학생들이 그를 찾아오기 시작했고 과제물에도 학생들의 애정과 상상력이 드러났다. 그래서 그는 새로운 시도를 한다. 그때까지 숨겨 왔던 것, 곧 문학의 글 속

- • 같은 책, 156쪽.
- •• 같은 책, 157쪽.

에서 "저절로 모습을 드러내는 마음과 정신의 신비, 이 모든 것에 대한 사랑"*을 드러내기 시작한 것이다.

그렇게 해서 그는 달라졌다. 그가 발견한 "새로운 자신"은 "자신이 책에 쓴 내용을 진짜 받아들이는 사람, 인간으로서 지닌 어리석음이나 약점이나 무능력이 어떤 것이든 그 모두를 뚫고 드러나는 예술의 위엄을 얻은 사람"**이었다. 그 존재는 누구나 알아볼 수 있었다.

친정에서 오랜 시간을 보낸 후 옷차림과 머리 모양을 싹 바꾸고 집에 돌아온 아내도 남편의 변화를 단번에 알아본다. 그것은 그녀와 같은 겉모습의 변화가 아니라 근본적인 존재의 변화라 할 만한 것이었다. 그것은 그녀의 뭔가를 건드렸고 그 이후로 그녀는 남편을 더욱 적대시하고 남편의 세계를 노골적으로 공격하기 시작한다.

그러나 스토너의 변화는 이런 공격적인 반응만 끌어낸 게 아니었다. 교육자로서 그의 변화는 전혀 뜻밖의 결과로 이어진다.

사랑의 매개, 사랑의 대상

스토너는 대학원 수업 시간에 교수와 학생으로 캐서린을 만났다. 두 사람은 영문학에 대한 사랑을 공유했고 학문적 열정

- 같은 책, 157쪽.
- ** 같은 책, 158쪽.

과 이해를 나눌 수 있는 짝이었다. 캐서린의 논문 준비를 돕는 형식으로 진행되던 두 사람의 만남은 결국 몸과 마음 모두가 하나되는 특별한 관계로 발전한다. 그러나 사회에서 볼 때 두 사람의 아름다운 사랑은 중년의 기혼 교수와 미혼의 젊은 강사가 벌이는 불륜일 뿐이었다.

둘의 순수하고 뜨거운 사랑은 얼마 후 사람들의 눈에 띄고 만다. 로맥스 교수가 둘의 관계를 알고 캐서린의 강사직에 손을 댈 거라는 소식에 스토너는 관계를 정리해야 할 때가 되었다는 판단을 내린다. 스토너도 캐서린도 영문학 없는 인생은 생각할 수 없었고, 대학이라는 세계를 떠난 영문학의 연구는 불가능했다. 그들은 영문학도 대학에서의 자리도 포기할 수 없었다.

사랑의 이름으로 모든 것을 내던지기에는 둘 다 세상을 너무 잘 알았다고 말할 수도 있겠다. 하지만 두 사람의 결정을 사랑의 우선순위, 영문학이 그들의 정체성에서 차지하는 위치의 관점에서 설명할 수도 있다. 그들은 영문학을 매개로 만났고 영문학을 하는 사람으로서 사랑했다. 그들에게 진정한 사랑의 대상은 서로이기 전에 영문학이었다고 할 수 있지 않을까?

영문학과 스토너의 세계
스토너가 영문학의 세계에 눈을 뜨는 장면, 그리고 온갖 상황을 영문학 연구와 수업, 학생 지도로 버텨 가는 모습은 마치 신앙의 세계에 눈을 뜨고 신앙이 주는 힘으로 인생의 어려움을 견뎌 내는 신앙인의 모습과 유사하다. 스토너에게 영문학은 어떤 의미가 있었던 걸까?

인간을 보는 눈을 새롭게 뜨게 해 준 창

그에게 영문학은 권력이나 재물, 명예 등 다른 것의 수단이 아니었다. 그는 영문학이 생계수단이 될 수 있다는 사실조차 모른 채 그냥 사랑해서 공부했다. 그러다 슬론 교수의 눈에 띄어 영문학 교수의 길로 안내를 받았을 뿐이다. 다른 목적을 위한 수단으로서가 아니라 영문학이라는 학문 자체에 집중하는 순수함이라니. 그리고 자신의 그 경험을 나눌 수 있는 기회를 기뻐하는 모습이라니.

제2차 세계대전이 끝나고 몇 년 동안, 전쟁터에서 돌아온 학생들이 바로 이런 자세로 영문학을 공부했다. 그들이 다른 목적을 위한 도구로서가 아니라 영문학 자체에 순수하게 매진하던 그 몇 년이 스토너의 교육자 경력에서 가장 행복한 시기였다. 스토너에게 영문학과 영문학 교육이 어떤 의미가 있는지 잘 보여 주는 대목이다. 이것은 '경건함'이라는 단어를 떠올리게 한다.

혼자인 인생을 버티게 해 주는 동반자

스토너는 아내와의 결혼생활이 불행하기 그지없었다. 아내의 심술과 소유욕으로 딸과 멀어지고 딸이 망가지는 것을 속절없이 지켜봐야 했다. 캐서린과의 관계를 힘겹게 끝내고 한참을 앓아야 했다. 이 모든 과정을 겪으면서도 스토너는 영문학 교수, 학자, 교육자로서 자기 자리를 붙들고 꿋꿋하게 살아간다. 그를 버티게 해 주는 에너지도, 무너지지 않게 루틴을 제공하는 것도 영문학과 대학이었다. 영문학에 대한 사랑. 영문학을 계속 연구하고 가르치고 나눌 수 있게 해 주는 조건으로서의 대학. 그에겐 이것이 전부였다.

그런 그가 죽음을 앞두고 자신의 영문학 저서를 집어 드는 모습은 의미심장하게 다가온다. 그 책은 그의 삶을 상징한다. 이제 아무도 읽지 않아 초라해 보일 수도 있었지만, 그에게는 교수 종신직을 안겨 준 고마운 책이자 땀과 노력의 산물이다. '미생' 식으로 이렇게 말할 수 있겠다. "그래 봐야 영문학, 그래도 영문학."

영문학의 자리_《스토너》

다른 눈으로 보기

《스토너》를 읽고 왠지 모를 거북함을 느꼈다. 그 정체를 놓고 몇 주를 궁리하다가 스토너가 영문학에 입문하고 영문학에 힘입어 살아가는 이 이야기는 사람들이 종교에 입문하고 인생의 여러 과정을 종교에 힘입어 살아가는 이야기를, '영문학'이라는 대체물로 다시 써낸 영문학 버전의 성인전(聖人傳)이 아닐까 하는 생각으로 이어졌다.

주인공 스토너는 영문학과는 가장 거리가 먼 사람이었지만 영문학을 통해 일종의 신비체험이라 할 만한 각성을 경험하고 세상을 다르게 보게 된다. 그는 이 경험을 계기로 영문학에 입문하게 되는데, 그가 영문학에 헌신하는 것을 가로막는 가장 큰 장애물은 그를 사랑하는 부모다. 그리고 이후 그가 영문학자로 살아가는 데 최고의 핍박자는 가장 가까운 아내다.

이 소설의 가장 큰 위험인물, 척결 대상은 영문학과 내부에 있는 위선자다. 영문학의 실체를 의심하게 하고 우습게 만드는, 그리고 그것을 두루 퍼뜨릴 수 있는 존재. 그냥 내버려둘 수 없다. 이것은 스토너가 영문학에서 배운 바를 전수(전도, 양육)하는 교육의 문제로 이어진다. 자신이 믿는 바에 온전히 몰두하고 그것에 전념할 때 진정한 교육이 이루어진다.

진정한 영문학 교육의 원리를 체득한 스토너는 영문학을

사랑하는 이에게 더없이 사랑스러운 존재가 되어 영문학을 매개로 캐서린과 뜨거운 사랑을 나눈다. 그것은 영문학을 모르는 부인과는 나눌 수 없었던 새로운 차원의 사랑이었다. 그러다 결국 캐서린과 헤어지게 되는 계기도 영문학을 더 사랑하기 때문이다. 영문학이 사랑의 계기가 되었으나 영문학을 더 사랑하는 것을 증명하는 시험에 통과한 사건이랄까.

이후 영문학에 힘입어 그가 남은 삶을 살아가는 이야기부터 그의 저서가 바닥으로 떨어지는 마지막 대목까지, 영문학이 그의 삶에서 차지하는 최고의 자리는 거듭 확인된다. 그래서 나는 영문학이 스토너에게 비유적 의미가 아니라 실제로 종교였다고 판단한다.

종교가 된 영문학

영문학이 무슨 종교냐고 반문할지 모르겠다. 《산둥 수용소》에서 랭던 길키는 "인간의 도덕성 또는 비도덕성은 우리 생명의 가장 심오한 영적 중심에서 나온다"며 폴 틸리히를 인용해 가장 깊은 이 중심을 '궁극적 관심'이라고 부른다. "모든 사람은 이 영적 중심을 통해 삶의 안전성과 의미를 얻고, 그것에다 궁극적 사랑과 헌신을 바친다."• 이런 인간의 궁극적 관심과 경배는 곧 종교이고, 이런 의미에서 모든 인간은 종교

• 랭던 길키, 《산둥수용소》(개정판), 이선숙 옮김, 새물결플러스, 2017, 451쪽.

적이다.

흔히 말하는 '종교'를 믿지 않는 사람이라도 나름의 방식으로 종교를 갖고 있다. 자기도 모르게 따르고 있는 '종교'의 정체가 무엇인가, 그것이 문제일 뿐이다. "잘못된 대상(가족, 자신의 그룹, 민족 등)을 경배할 때 인간의 헌신은 수많은 불의와 교만, 이기심의 뿌리가 된다. 따라서 인간의 유일한 소망은 인간의 '종교성'이 우상이 아니라 하나님 안에서 진정한 중심을 발견하는 데 있다."•

이런 의미에서 나는 영문학이 스토너에게 종교였다고 생각한다. 영문학은 그의 인생에 의미를 부여하고 살아갈 힘을 주는, 가장 사랑하는 대상이었다. 하지만 그것은 그 자리를 감당하기에는 부족했다. 왜 그런지 두 가지 이유만 생각해 보자.

종교로서 영문학의 한계

스토너는 영문학을 통해 무엇보다 인간을 새롭게 보게 되었다. 그런 놀라운 개안의 경험을 제공한 학문이었기에 그 자체로 가치 있는 대상으로 다가왔을 것이다. 모든 것을 이익의 도구로 삼는 세상에서 이렇듯 인간을 새롭게 보는 눈을 발견하고 그 매력에 빠져 영문학을 사랑하며 살아가는 스토너의 모습은 신선하고 아름답다.

• 같은 책, 457쪽.

그러나 그가 영문학을 통해 그렇게 귀하게 느끼고, 특별하게 바라보게 된 인간의 가치, 존엄함의 '근거'를 묻는다면 어떨까? 문학은 흥미진진한 이야기와 개성 있는 캐릭터, 감동적인 문구들로 인류애를 고양시키고, 인간 존엄에 대한 직관적 공감을 끌어낼 수 있을 것이다. 그러나 어째서 인간이 그토록 귀한 존재인지, 인간을 사랑하는 것이 왜 그렇게 감동을 주는지 어떻게 설명할 수 있을까? 내가 알기로, 여기에 대해 하나님의 형상으로 창조된 존재라는 '기독교적인 답'을 대체할 만한 만족스러운 답은 아직까지 나오지 않았다.

스토너에게 영문학이 줄 수 없었던 것 또 하나는 옳고 그름의 기초다. 이 부분은 캐서린과의 관계에서 극명하게 드러났다. 그에게는 캐서린과의 관계가 불륜이라는 인식이나 죄책감은 물론이고, 아내에 대한 미안함도 없다. 다른 사람들의 눈에 자신의 연애가 어떻게 보이는지 인식하게 된 순간에도 자신의 행동을 반성하지 않는다. 적어도 이 문제에서는 그에게 객관적인 옳고 그름의 기준을 찾아볼 수 없다. 아니면 사랑으로 행하는 것 자체가 모든 것을 정당화한다고 생각했는지도 모른다. 스토너는 사랑에 이끌려 살아가는 사람이지 않았던가. 하지만 사랑의 감정이 모든 것을 정당화하지 않는다는 것은 이론의 여지가 없다. 사랑이라는 이름으로 얼마나 많은 거짓과 불의가 저질러졌는지 모른다.

하지만 스토너가 영문학을 아무리 귀하게 여겨도 영문학

이 그에게 인간 가치의 근거도, 도덕의 기초도 알려 주지 못하는 것은 당연한 일이었다. 그것이 근본적인 실체가 아니었기 때문이다.

영문학이라는 선물

누구는 인생이 '독고다이'라고 했다. 스토너의 인생을 봐도 그런 것처럼 보인다. 그의 고단하고 팍팍한 인생의 한결같은 동반자는 영문학뿐인 것 같다. 그러나 인간은 인생에서 혼자일 필요가 없다. 영문학만 붙들고 살 필요가 없다. 영문학을 하나님을 대체할 종교로 봐서는 안 된다. 영문학은 하나님이 허락하신 좋은 선물이다. 우리는 선물을 기뻐하고 누리되 선물을 주신 분을 알고 사랑하는 데까지 이르러야 한다.

역시 영문학을 참으로 사랑했던 C. S. 루이스는 자신이 혼자가 아니며, 자신을 찾아온 분이 계시고 그분에게 도움을 구하고 위로를 기대할 수 있음을 경험했다. 물론 그런 신앙이 루이스가 마주한 삶의 문제들을 뚝딱 해결해 주지는 않았다. 겪어 내야 하는 고통들은 만만치 않고 삶의 무게는 호락호락하지 않다. 하지만 그 모든 일을 혼자서 감당할 필요는 없다.

스토너는 영문학을 통해 생존의 세계에서 학문과 은유의 세계로 넘어갔고, 그 세계에 머물면서 거기서 주어지는 힘으로 살아갔다. 하지만 루이스는 거기서 한 단계 더 나아가 기독교 신앙이 열어 주는 또 다른 세계를 발견했고 그 세계에서 학문의 세계까지 아우르는 더욱 풍성한 의미를 찾았다. 루이스는 기쁨, 보람과 함께 고통과 아픔이 가득한 세상에서 또 다른 세계를 호흡하며 그 세계가 주는 도움에 힘입어 살아갔다. 그런 루이스에게 영문학은 기쁘게 누릴 선물이자 다른 세계를 보여 주는 하나의 표지판이었다.

영문학이 가리키는 또 다른 세계

영문학은 인간을 보는 새로운 눈, 은유의 눈을 스토너에게 제공하여 그에게 새로운 세계를 열어 주었다. 그것을 계기로 그는 영문학과 사랑에 빠졌고 그것을 삶의 중심으로 삼았다. 하지만 영문학 안에는 이 세상 너머의 세상을 보게 해 주는 자원이 이미 들어 있었다. 루이스에게도 영문학은 인간과 세상을 새롭게 보게 해 주는 창이자 또 다른 세계를 보게 해 주는 창이었다. 그는 조지 맥도널드, 길버트 키스 체스터턴, 새뮤얼 존슨, 윌리엄 랭런드, 존 던, 토머스 브라운, 조지 허버트 등이 들려주는 이야기에 특히 귀를 기울였다. 그들의 작품에서 기독교의 매력을 발견했다. 영문학에는 하나님을 향한 사랑의 고백이 가득하고, 세상을 "하나님의 장엄으로 충만한"* 곳으로 제시하는 작품들이 많이 있다.

슬론 교수가 스토너에게, 스토너가 제자들에게 자신이 본 것을 볼 수 있게 하고자 힘썼던 것처럼, 루이스도 자기가 본 것을 다른 이들도 볼 수 있게 하려고 노력했다. 문학은 그런 과정에서 강력한 도구로 작동했다. 루이스의 수많은 에세이들과 《나니아 연대기》(시공주니어 역간), 랜섬 3부작**, 《우리가 얼굴을 찾을 때까지》(홍성사 역간) 등은 영문학과의 만남으로 그의 노력이 얼마나 풍성한 결실을 맺었는지 알리는 생생한 증거다.

- • 제라드 맨리 홉킨스(1844-1889)의 시 〈하느님의 장엄〉 첫 번째 행에 나오는 문구. "세상은 하느님의 장엄으로 충전되어 있다."
- •• '랜섬'이라는 언어학자가 주인공으로 등장하는 SF 3부작 《침묵의 행성 밖에서》, 《페렐란드라》, 《그 가공할 힘》(이상 홍성사 역간)을 가리킨다. 일명 '우주 삼부작'이라고도 한다.

소설이 내게 말해 준 것들

함께 읽고 나누기 위한 질문

《스토너》

❶ 스토너가 셰익스피어 소네트를 통해 영문학에 눈을 뜬 경험은 특별한 각성의 경험으로 묘사됩니다. 마치 종교적 회심처럼 느껴질 정도입니다. 자신의 삶에서 비슷한 순간을 경험한 적이 있나요?

❷ 스토너의 부모는 아들의 대학 교육을 위해 큰 희생을 감수했지만, 결국 그의 선택을 이해하지 못합니다. 부모의 기대를 저버리는 스토너의 선택을 어떻게 생각합니까? 그의 선택에 공감하든 공감하지 못하든 그 이유를 말씀해 주십시오.

❸ 스토너는 영문학을 사랑했지만, 아내와의 관계는 갈등으로 점철되었습니다. 아내는 왜 남편을 증오하고 그의 세계를 방해했을까요? 그녀의 행동에 공감할 수 있는 부분이 있나요?

❹ 다른 사람들에게는 한없이 너그러운 스토너가 워커에 대해서만은 그렇게 집요할 만큼 엄격한 모습을 보여 준 이유가 무엇이었을까요? 이런 태도는 스토너의 인간적·학문적 신념을 보여 주는 장면일까요, 아니면 알량한 자부심, 자존심이

드러난 것일 뿐일까요? 아니, 그 둘은 과연 다른 것일까요?

❺ 스토너가 교육자로서 '각성'하는 장면은 교육의 본질에 대한 명확한 주장을 내세웁니다. 좋은 교육과 교육자에 대한 저자의 생각에 동의하나요? 그런 경험을 해 본 적이 있나요?

❻ 슬론 교수는 스토너에게 교육자의 길을 권하며 "이건 사랑일세. 자네는 사랑에 빠졌어"라고 말합니다. 필자는 이 글에서 스토너가 무엇보다 영문학을 사랑했다고 봤는데요, 부모보다, 아내보다, 연인보다 각별했던 스토너의 영문학에 대한 사랑은 그에게 무엇으로 보답했나요?

❼ 스토너의 이야기가 영문학 버전의 성인전(聖人傳)이라는 필자의 판단에 동의하나요? 스토너에게 영문학은 단지 학문의 대상이 아니라 삶의 방향과 의미를 제공하는 그 무엇, 즉 종교였으되 한계가 분명한 유사종교였다는 평가에 대해서는 어떻게 생각하나요? 이런 식의 접근 방식은 세상을 보다 입체적으로 보게 해 주나요, 아니면 그 자체가 이미 너무 종교적인 시각으로 편협하게 느껴지나요?

❽ "영문학은 기쁘게 누릴 선물이자 다른 세계를 보여 주는 하나의 표지판"이라는 필자의 생각을 어떻게 보나요? 그냥

그 자체를 즐기는 것에 충실해야지 다른 것을 위한 도구로서의 기능을 부여하는 것은 문학을 선전의 도구 정도로 만드는 것이 아닐까요? 그런 식으로 도구화되면 그 자체를 즐길 수 없게 되는 것은 아닐까요?

영문학의 자리_《스토너》

《사랑이 한 일》

소설가 이승우(1959–)가 2020년에 출간한 창세기 읽기. 롯, 하갈, 아브라함, 이삭, 야곱이 나오는 다섯 편의 단편소설로 이루어져 있다. 그중 〈허기와 탐식〉은 이삭 이야기를 다룬다. 아브라함의 믿음이 시험을 받는 그 순간, 그 자리에서 시험의 도구가 된 이삭은 어떤 심정이었을까? 아무런 의심도 없이 충격도 받지 않고 순순히, 또는 아버지보다 더한 믿음으로 상황을 받아들였을까? 그에게는 그 일이 어떤 트라우마도 남기지 않았을까? 너무나 상식적인 이런 의문에 소설가 이승우가 답한다. 그의 의문과 답변은 때로는 성경의 '문자'를, 때로는 그 '정신'을 따라가며 뜻밖의 자리로 이끈다.

허기와 탐식이 말해 주는 것
《사랑이 한 일》

17

이승우의 소설 《사랑이 한 일》은 창세기의 다섯 가지 '문제적' 사건을 살핀다. 작가는 이 작품을 불친절한 하나님의 말씀에 대한 "인간적 패러프레이즈" 또는 "소설적 가필"이라고 부른다. 아브라함과 관련된 다섯 편의 단편 중에서 나의 주된 관심은 이삭의 문제를 다룬 〈허기와 탐식〉에 있다. 그 이야기를 제대로 하려면 그 앞의 두 단편 〈하갈의 노래〉와 〈사랑이 한 일〉까지 살펴봐야 한다. 먼저 〈하갈의 노래〉를 들여다보자.

하갈의 노래

하갈은 대를 이을 자식을 낳아 달라는 여주인 사라의 요청에 따라 아브라함의 침실로 들어간다. "후손이 하늘의 별처럼 많아질 거"라는 신의 약속은 이루어질 기미가 보이지 않았고, "신의 약속을 굳게 믿고 이 늙은 아내의 태의 문이 열리기만을 기다리는 저 남편을 더 이상 볼 수가 없다"•는 여주인의 간곡한 부탁을 뿌리칠 수가 없었다. 그렇게 해서 이스마엘이 태어난다.

하갈은 자신이 아이를 임신하자 여주인의 태도가 달라진 것을 발견한다. 여종 주제에 남편의 아이를 가졌다는 이유로 여주인을 멸시하는, 분수도 모르는 존재로 취급받는다. 여주인의 분노는 학대로 이어진다.

분노의 불똥이 남편인 자신에게로 튀자 아브라함은 사라에게 하갈을 마음대로 하라고 말한다. 소설 속 하갈은 여주인의 학대를 방조하는 아브라함의 말을 전해 듣고 절망하여 탈출을 감행한다. 혼란의 도가니다. 이런 상황 속에서 하나님은 보이시지 않는다. 재판장으로 등장하여 잘잘못을 가리지도, 폭주하는 사라의 의지를 꺾지도 않으신다.

하나님은 뜻밖의 지점에서 개입하신다. 광야로 달아난 하갈을 찾아가 그녀를 학대하는 여주인에게 돌아가라고 하신

• 이승우, 《사랑이 한 일》, 문학동네, 2020, 75쪽.

다.《사랑이 한 일》이 다루는 문제적 사건들 곳곳에서 하나님은 인간이 기대할 만한 순간에는 나타나지 않으시고, 전혀 뜻밖의 순간에 나타나신다. 곳곳에서 이해할 수 없는 방식으로 일하시고 (이해할 수 없는 명령을 주시고) 자신의 행동을 해명하지 않으신다.

광야에서 나타나신 하나님은 하갈에게 약속을 주신다. 태어난 아들로 민족을 이루게 해 주겠다는 약속이다. 하갈이 아브라함의 첩이 되고 이스마엘을 임신하게 된 것은 아브라함과 사라의 불신앙의 '부산물'이지만, 하나님은 하갈과 이스마엘에게도 관심을 갖고 그 인생에도 찾아가신다.

집으로 돌아온 이후 하갈이 사라에게 어떤 대우를 받았는지, 아브라함은 또 어떻게 대처했는지는 모른다. 이 대목에서 중요한 것은 하갈이 집으로 돌아왔고, 그렇게 해서 아이가 안전하게 태어나 10년 넘게 잘 자랐다는 것이다. 그것이 다른 무엇보다 중요했다.

사라가 보니

세월이 지나고 드디어 사라가 아들을 낳았다. 아들 이름은 이삭. 그런데 십대가 된 이스마엘이 젖 뗄 무렵의 이삭을 희롱하는 사건이 벌어진다. 이 사건을 계기로 이삭의 안위와 장래에 위협감을 느낀 사라가 하갈과 이스마엘을 쫓아내게 되었다. 이때까지 나는 이스마엘의 이삭 희롱 사건이 명확한 '사실'인 줄 알았다. 그러나 소설 내용을 염두에 두고 성경을 다시 읽으니 "사라가 보니" 이스마엘이 이삭을 희롱하고 있었다고 되어 있었다. 성경이 이 상황의 관찰자로 사라를 제시한 것이다. 이건 '사라의 눈에는 상황이 그렇게 보였다'라고 읽으라는 초대장 같다.

 그동안 갈등의 한복판에서 침묵하시던 하나님이 아예 노골적으로 사라 편을 드시는 것처럼 보인다. 전에 하갈에게 찾아가 주인에게 돌아가서 주인을 섬기라고 하셨던 하나님이, 이제 와서는 아브라함에게 하갈을 아이와 함께 쫓아내라고 하신다. 이해하기 어려운 명령이다. 하갈은 아이를 데리고 광야로 쫓겨나면서 아브라함에게 말한다. "당신이 섬기는 신이 당신에게 내가 겪은 것과 같은 일을 겪게 해 달라고 빌겠다"고.•

 광야는 가혹하고 메마른 곳, 뜨겁고 위험한 곳이다. 광야에서 먹을 것과 물이 없어 기진하여 누운 이스마엘을 멀찍이 두고 하갈이 운다. 서럽고 원통하고 억울하고 막막하여 운다. 그때 하나님은 어디 계시는가. 하나님의 약속은 어디 있는가. 여기서 작가는 하갈이 "문득 어디선가 가느다랗고 뿌연 연기 같은 것이 여러 갈래 피어오르는 것"을 느끼고 "그곳이 아들이 누워 있는 곳 같아서" 눈을 뜨는 장면을 삽입한다. "제물

• 같은 책, 68쪽.

을 태우기 전에 불길이 피어오르는 제단에서 본 것과 같은" 광경에 하갈은 주인 아브라함이 제물을 바치던 장면, 그때 피어오르던 불길과 연기를 떠올린다. 그리고 악에 받쳐 하나님께 소리 지른다. "정녕 당신이 내 아들을 원하십니까?"•

기력을 잃고 의식이 가물가물한 하갈에게 아이의 울음소리가 "하늘과 땅이 한꺼번에 내지르는 것처럼 무시무시"하게 들려온다. 그녀는 귀를 막았지만 그 소리는 더 확실하게 크게 들렸다. 그 순간 "몹시 다급한 목소리"가 그녀를 부른다. "그녀보다 더 놀란 것 같은 목소리"••가 말했다. 왜 그러고 있느냐고. 이 큰 울음소리가 들리지 않느냐고. "네 아이는 죽지 않을 것이다. 어서 일어나서 물을 마시게 해라"라는 재촉을 받으며 하갈은 그 목소리가 전에 들었던 바로 그 음성임을 깨닫는다. 하갈의 눈이 열리니 우물이 보인다.

아이의 울음소리를 들으신 하나님은 이후에도 이스마엘을 보살피셨다. 하나님의 보살피심은 어떻게 펼쳐졌을까? 아브라함을 활용하셨을까? 이스마엘에게 비범한 사냥 실력을 주시고 쉴 새 없이 사냥감을 대 주시는 방식이었을까? 둘 다 아니라고 말할 이유도 없겠다. 둘뿐이었을 거라고 생각할 이유도 없다.

- • 같은 책, 91쪽.
- •• 같은 책, 92쪽.

사랑이 한 일

이삭을 제물로 바치기 위해 사흘 길을 가서 산에 오르기 전, 아브라함은 종들에게 말한다. "내가 아이와 함께 산에 가서 예배드리고 돌아오겠다." 아브라함은 혼자 돌아올 거라고 생각하지 않았다. 어떤 식이 될지는 그도 몰랐다. 하지만 이삭에 대한 하나님의 약속이 있기 때문에 하나님이 이삭을 어떻게든 같이 돌아오게 하실 거라고 생각했다(히브리서는 이것을 부활신앙과 연결해서 설명한다).

하나님이 이삭 대신 예비하신 양을 제물로 바치고 그곳의 이름을 '여호와 이레'라고 부른 다음에 산에서 내려오는 대목에서 성경은 "아브라함이 소년들에게 돌아왔다"고 적고 있다. 아브라함이 돌아왔을 때 이삭이 그와 함께 있었을까? 이때까지 나는 당연히 그럴 거라고 생각했다. 그런데 본문을 자세히 보니 확신할 수가 없었다. 이삭의 이름이 나와 있지 않으니 있는 쪽으로든 없는 쪽으로든 단정할 수가 없었다. 여백이 있었고, 상상력이 작동할 여지가 있었다.

작가는 이 여백에 주목한 것 같다. 그리고 그 여백을 상상력으로 채워 넣는다. 이삭이 그날 아버지와 함께 내려오지 않았을 거라고, 그다음 날에도 곧장 집으로 출발하지 않았을 거라고 짐작한다. 이런 상상은 전혀 이상하지 않다. 그런 일을 겪고도 이삭이 '끝이 좋으면 다 좋아'라고 툴툴 털며 흔쾌히 따라간다면 오히려 그게 더 이상할 것 같다. 이삭으로서는

"내게는 이 상황을 처리할 시간이 필요합니다"라고 충분히 말할 수 있지 않았을까. 만약 소설에 나온 대로 그날 산에 홀로 남았다면, 이삭은 그 이유를 아버지에게 이렇게 대지 않았을까.

"아버지가 하나님을 사랑하는 것도 알겠고, 아버지가 저를 너무나 사랑했기 때문에 하나님이 아버지에게 그런 시험을 주셨다는 것도 알겠고, 하나님이 아버지를 사랑했기 때문에 벌인 시험이라는 것도 알겠어요. 그 시험을 아버지가 통과하자마자 하나님의 천사가 아버지 이름을 두 번이나 다급하게 불러서 아버지를 제지하여 저를 살렸다는 것도 알겠어요.

이제는 하나님이 미리 양을 예비해 놓으셨다는 것도 알아요. 처음부터 저를 죽게 하실 마음이 없으셨다는 거지요. 그것도 알겠어요. 제가 불과 나무는 있는데 제물이 어디 있느냐고 물었을 때, 아버지는 하나님이 명하신 것을 하나님이 준비하실 거라고 하셨지요. 아버지가 어떻게 될지 모르면서 하신 그 대답은 진실을 포착한 것이었어요. 하나님은 원하시는 것을 명하시고, 명하시는 것을 주시는 분이시군요. 만약 제물이 제가 아니라 다른 사람이었다면 저도 이 모든 일이 신기하고 놀랍게 느껴지고, 역시 하나님이라고 감탄할 수도 있었겠지요. 하지만 제가 사건의 당사자잖아요. 제게는 혼자 있을 시간이, 생각을 정리하고 감정을 추스를 시간이 필요합니다. 이대로는 같이 못 가겠습니다."

허기와 탐식이 말해 주는 것_《사랑이 한 일》

이승우는 산에 혼자 남은 이삭에게 하나님이 나타나 많은 말씀을 하셨을 거라고 추측한다. 이삭은 그 말씀을 대부분 이해할 수 없었지만 하나님은 그에게 충분히 말씀하셨을 거라고 말이다.

허기와 탐식

하나님이 이삭에게 직접 나타나서 말씀하시는 것으로 이삭은 모든 상처와 충격을 극복할 수 있었을까. 그날의 일을 툴툴 털고 갈 수 있었을까. 그렇지 않았을 거라는 게 작가 이승우의 생각이다. 그 이야기가 그다음 단편 〈허기와 탐식〉의 내용이다. 나한테는 이 소설을 구성하는 다섯 단편 중에서 클라이맥스에 해당하는 작품이었다.

내가 이삭을 통해 묻게 되는 질문은 이것이었다. 하나님이 믿음의 사람을 부르시고 그들에게 뭔가 엄청난 것을 요구하실 때, 그와 긴밀히 이어져 있는 가족이나 자식 같은 이들은 어떻게 되는 걸까? 그들은 엄청난 대의를 위한 주인공의 커다란 희생과 헌신에 따라오는 '부수적 피해'•를 당할 존재들일 뿐인가. 이런 즉각적 반감은 내가 현대를 살아가는 개인주의자라서 느끼는 것일지도 모른다. 내가 마음에 들어하든 아

• collateral damage. 군사작전으로 인해 발생한 민간인 피해를 완곡하게 부르는 표현.

니든, 인간의 연대성은 너무도 엄연한 현실이다. 연대하는 존재이니 영광과 기쁨을 함께하듯 슬픔과 고난도 함께한다. 부모와 자식의 운명, 또는 한 집단과 그 집단을 대표하는 이의 연결성을 무시하는 것은 정직한 반응이 아닐 것이다.

그래도 나는 그 대답에 온전히 만족하지는 못하겠다. 하나님은 인간을 한 사람 한 사람 귀하게 보신다는 믿음도 가볍게 여길 수 없기 때문이다. 하나님은 사람들을 집단적으로도 대하시지만, 개별적으로도 다가가시지 않는가? 하나님은 그들 각각의 인생에도 다가가시고 말씀하시지 않는가? 내게 〈허기와 탐식〉은 이 문제를 정면으로 다룬 작품으로 읽힌다. 작가 이승우는 성경의 뜻밖의 대목에서 이 문제를 풀 열쇠를 발견한다.

이삭은 에서를 편애했고 리브가는 야곱을 사랑했다. 왜 그랬을까? 리브가가 야곱을 사랑하는 이유는 성경에 나와 있지 않다. 어머니가 아들을 사랑하는 데 무슨 이유가 있겠느냐고 할 수 있겠으나, 두 아들 중 한 아들만 사랑한 이유는 당연히 물을 수 있다. 그 이유는 충분히 짐작할 수 있지만 명시적으로 나와 있지 않다. 반면, 이삭이 에서를 사랑한 이유는 나와 있다. 에서가 잡아 온 고기를 사랑했기 때문이란다. 새번역성경에서는 에서가 사냥해 온 고기에 맛을 들이더니 사랑하게 되었다고 옮기고 있다(창 25:28). 과연 그런 이유로 아버지가 한 아들을 편애한다는 게 말이 될까.

직관적으로 말이 안 된다고 생각한 탓에 내가 심상하게 넘어갔던 이 질문을 〈허기와 탐식〉은 깊이 파고든다. 이 소설은 에서가 사냥해 온 고기 때문에 이삭이 에서를 사랑한 것이 이삭의 감정에 대한 정확한 진단임을 설득한다. 작가는 운명의 그날, 목숨을 건 시험이 있었던 그날, 천사가 다급히 개입하여 간발의 차이로 이삭 목숨을 건진 그날을 주목한다. 그리고 이어지는 대목에서 소설가로서의 상상력을 마음껏 발휘한다. 그는 산에 혼자 남았던 이삭에게 하나님이 찾아와 깊은 이야기를 들려주셨고, 이삭은 그로 인해 중요한 교훈과 깨달음을 얻었을 거라는 상상에서 더 나아가 이삭이 다음 날 누군가를 찾아갔을 거라고 과감하게 추측한다.

소설가적 가필

소설 속에서 이삭은 들에 사는 사냥꾼이자 배다른 형인 이스마엘을 찾아간다. 그리고 형이 차려 준 음식을 얻어먹는다. 자기처럼 하나님의 약속을 받았지만 버림받고 죽도록 내버려진 것 같은 상황을 겪었던 (살리심과 보살핌을 받았다는 면에서도 동일한) 형과 마음을 나눈다. 같은 하나님을 섬기는 같은 아버지 밑에서 비슷한 일을 당하고 살아온 형을, 아직도 가슴이 벌렁거리는 사건의 생생한 기억을 안고 이삭이 찾아간 것이다. 그날 자기 심정을 알아줄 단 한 사람, 형이 주는 음식을 먹으면서 이삭은 채울 수 없는 허기를 느꼈다. 그날, 그는 고기를 탐하는 사람이 되었다.

 그런 이삭이 어느 날 맏아들 에서가 야생동물을 사냥하는 모습을 보았을 테고, 또 어느 날에는 에서가 요리해 주는 고기를 먹기 시작했을 것이다. 그 요리를 먹을 때마다 옛날 형이 차려 준 음식을 떠올렸을 것이다. 상속자로 선택받은 자신과 달리 아버지의 손에 집에서 쫓겨났던 형이 떠올랐을 것이다. 어머니 뱃속에서 이미 선택받지 못한 맏아들 에서의 처지가 생각났을 것이다. 선택받은 자기가 철저히 버림받는 것 같았던 그날도 선명한 기억으로 새삼 찾아왔을 것이다. 에서가 차려 준 고기를 먹으며 이삭의 머릿속에서 이스마엘, 에서, 자신의 인생이 오버랩되었을 것이라고 짐작할 수 있다. 이스마엘을 닮은 에서를 보면서 선택과 사랑의 신비와 냉엄함, 가혹함에 몸을 떨었을 것이고, 에서에 대한 애잔함과 애틋함, 긍휼과 측은지심을 품게 되지 않았을까. 그런 의미에서 이삭은 에서가 사냥해 온 고기 때문에 에서를 사랑했다.
 이것이 이삭이 에서가 잡아 온 고기를 먹고 그 고기에 맛을 들이게 된 사정에 대한 작가 이승우의 소설가적 가필이다.

그가 볼 때 이삭의 트라우마는 쉽게 해결되지 않았다. 그 때문에 하나님이 그를 찾아가셨다. 또한 이스마엘을 마련해 두셨다. 아브라함의 불순종이 빚은 결과물인 이스마엘이 극심한 충격 가운데 허덕이는 이삭을 위로하는 핵심 도구가 되는 아이러니에서 하나님의 신비, 지혜와 자비를 엿보는 것은 무리일까. 이삭은 자신과 전혀 다른 길을 걷고 있지만 한편으로는 같은 아픔을 겪었던 이스마엘을 통해 위로를 받고 형을 이해하게 된다.

 이렇게 생각하면 에서를 향한 이삭의 편애가 이해가 된다. 그의 편애가 결정적으로 표현된 장면이 있다. 이삭이 자신의 끝이 얼마 남지 않았다고 느끼고 에서를 불러 마음껏 축복할 수 있게 야생동물을 잡아 와 요리해 오라고 한 것이다. 하나님이 야곱을 선택하셨음을 분명히 하셨건만, 죽기 전에 에서를 축복하는 방식으로 하나님의 선택을 뒤집으려 시도하는 것 같은 대목이다. 그리고 이삭의 반항은 상상도 못 했던 결과를 낳는다. 아내 리브가와 결탁한 둘째 아들 야곱이 눈먼 자신을 상대로 벌인 사기극. 야곱을 에서로 알고 내린 이삭의 축복. 자기를 속인 동생을 아버지가 돌아가시기만 하면 죽이겠다고 벼르는 에서. 자기 의도와 관계없이 긴박하게 흘러가는 상황을 보며 이삭은 무슨 생각을 했을까. 이 대목에서 작가 이승우의 말을 직접 들어보자.

소설이 내게 말해 준 것들

이미 늙어 눈이 어두웠던 아버지, 언제 죽을지 모르겠다던 아버지는 그러나 그 이후에도 이십 년 이상을 더 살았다. 죽음을 예감하고 죽기 전에 마지막으로 마음껏 축복하겠다던 이삭의 이 긴 생명 연장을 이해하기가 쉽지 않다. 아버지가 일찍 숨을 거두었다면 어쩌면 에서는 정말로 살인자가 되었을지 모른다. 그러나 그것을 막기 위해서였는지 아버지는 아주 오래 살았고, 그사이에 에서는 시간과 함께 원한으로부터 풀려났다. 그리고 어쩌면 이삭은 자기 의도대로 되지 않은 그 축복 사건을 통해 최선을 뛰어넘는 최선, 법과 도리를 넘어서는 신의 섭리에 굴복하지 않을 수 없었을 것이다. 그가 아무리 자기 생각을 앞세워 바꾸려고 해도 신의 뜻을 바꿀 수 없다는 것을 깨달았을 것이다. "큰아이가 작은아이를 섬길 것이다." 그는 신의 뜻을 헤아리려는 시도를 멈추고 아버지처럼 온전히 복종하는 사람이 되었다. 음식에 대한 허기와 탐식도 그와 함께 사라졌을 것으로 추측해 볼 수 있다. 이삭이 죽을 때 두 아들이 그를 조상들 곁에 묻었다.•

우리 안의 이삭에게

기독교인들은 아브라함이 받은 시험이 먼 훗날 친히 아들을

• 같은 책, 170-171쪽.

보내실 하나님의 마음을 보여 주고 먼 미래의 구원사적 의미를 담고 있는 중차대한 사건임을 안다. 하지만 아브라함은 물론이고 시험의 한복판에 있던 이삭도 그런 것을 알 길이 없었을 것이다. 사랑하는 아버지와 그 아버지가 사랑하고 섬기는 하나님 '때문에' 바닥을 알 수 없는 깊은 절망과 공포를 겪어야 했던 이삭. 그런 상처와 아픔은 도대체 수습할 수 있는 것이 아니었을 것 같다.

그러나 우리는 성경의 기록을 통해 이삭이 하나님을 신뢰하는 온유한 사람으로 섰음을, 하나님이 친히 '이삭의 하나님'이라고 부르실 수 있는 그런 신앙의 선조가 되었음을 안다. 이 소설은 혹독하고 어두운 심연 가운데도 하나님이 이삭에게 다가가시고 그가 동생으로, 부모로, 한 사람의 신앙인으

소설이 내게 말해 준 것들

로 자라가는 이야기를 들려주어 두 상태 사이의 공백을 메워 준다. 사랑과 신뢰, 충격과 배신감, 이스마엘과 에서에 대한 공감과 그것에서 나온 편애와 반항을 거쳐 끝내 순복과 신뢰에 이르는 과정은 아브라함의 하나님이 이삭의 하나님이 되시는 이야기였다.

이 글을 쓰는 과정에서 내가 왜 이삭의 심정과 상황에 마음이 쓰였는지 깨닫게 되었다. 이삭에 대한 나의 의문은 남의 일에 대한 호기심이 아니었다. 사정은 각기 다르고 정도와 수준도 천차만별이겠지만, 신자는 다 어느 정도 아브라함이고 신자의 자녀는 어느 정도는 이삭이기 때문이다. 그로 인한

허기와 탐식이 말해 주는 것_《사랑이 한 일》

기쁨과 영광이 있지만, 그에 따른 아픔과 상처도 안고 살아간다. 그것이 설령 불가피하고 값진 대의를 위한 것이라고 해도 상처가 없었던 것이 되지는 않는다. 그러나 그 가운데도 은혜가 주어진다고, 아브라함의 하나님은 이삭의 하나님도 되기를 원하신다고 《사랑이 한 일》은 말한다. 우리 안의 작은 이삭에게 이 메시지가 위로와 격려가 되기를.

소설이 내게 말해 준 것들

함께 읽고 나누기 위한 질문

《사랑이 한 일》

❶ 작가 이승우는 성경이 불친절하기 때문에 인간적 패러프레이즈, 소설가적 가필이 필요하다며 소설 《사랑이 한 일》이 그런 작업의 결과물이라고 말합니다. 성경이 불친절하다는 말, 가필이나 패러프레이즈가 필요하다는 의견에 대해 어떻게 생각하나요?

❷ 성경에는 하갈이 아이를 임신하면서 태도가 달라졌다고 나옵니다. 그런데 이 책의 작가는 정반대로 서술하고 있지요. 이것은 성경에 명확하게 나와 있는 내용을 뒤집는, 본문에 대한 폭력일까요, 아니면 이야기의 흐름과 정신을 파악하여 성경의 '행간을 읽은' 것일까요? 그렇게 생각하는 이유를 말씀해 주십시오.

❸ 필자는 하갈의 이야기를 다루며 "하나님은 인간이 기대할 만한 순간에는 나타나지 않으시고, 전혀 뜻밖의 순간에 나타나신다. 곳곳에서 이해할 수 없는 방식으로 일하시고 (이해할 수 없는 명령을 주시고) 자신의 행동을 해명하지 않으신다"고 평가했습니다. 이 평가에 동의하나요? 본인이나 주변 사람들의

경험에서 하나님에 대해 그렇게 느낀 적이 있나요?

❹ 작가 이승우는 목말라 죽어 가는 아들을 멀찍이 두고 울고 있는 하갈의 눈에 '연기'와 '제단'이 보이는 것으로 설정하여 마치 이스마엘이 제물인 것 같은 인상을 주고, 이후 제물로 바쳐질 처지가 되는 이삭과의 연결고리로 삼습니다. 이렇게 둘을 연결시키는 것이 이야기를 더 풍성하게 만드나요, 아니면 부당하게 해석하게 만드나요? 그렇게 생각하는 이유를 말씀해 주십시오.

❺ 이승우는 이삭이 제물이 될 위기를 벗어난 후 아버지와 바로 집으로 돌아가지 못했을 거라고, 혼자 산에 남았을 거라고 추측합니다. 생각과 감정을 추스를 시간이 필요했을 거라고 보는 거지요. 하나님과 아버지 사이의 문제로 '부수적 피해'를 당한, 또는 졸지에 '봉변을 당한' 입장에서 하나님의 해명이 필요했다고 할 수도 있겠지요. 이런 일을 겪고도 그냥 툭툭 털고 일어난다는 것이 오히려 이상하게 보입니다. 하갈에게 아무 해명도 하지 않으셨던 하나님이 이삭에게는 해명을 하셨을까요? 그렇게 생각하는 이유가 무엇인지요? 하셨다면 뭐라고 하셨을까요?

❻ 이삭이 에서를 사랑하는 이유가 "에서가 잡아 온 고기를

소설이 내게 말해 준 것들

사랑했기 때문"이라는 성경말씀을 있는 그대로 받아들이고 치열하게 읽어 낸 저자의 집념과 역량은 놀라울 정도입니다. 이런 문자적인 본문 읽기는 2번 질문에서 다루었던, 하갈과 사라의 충돌을 다룬 본문을 읽을 때 보여 준 자유로운 독해와는 다른 모습으로 보입니다. 이것은 그의 성경읽기가 일관성을 잃은 모습일까요? 아니면 각 본문에 대한 치열한 읽기와 행간 읽기가 이끌어 낸 결실일까요? 어느 쪽이라고 생각하든, 그 이유를 말씀해 주십시오.

❼ 필자는 "신자는 다 어느 정도 아브라함이고 신자의 자녀는 어느 정도는 이삭"이라고 말하며 "그로 인한 기쁨과 영광이 있지만, 그에 따른 아픔과 상처도 안고 살아간다"고 말했습니다. 자신을 이렇게 느껴 본 적이 있나요? 그로 인한 고난과 위로의 경험이 있나요? 이런 문제로 고민하는 사람이 있다면 뭐라고 말씀할 것 같나요?

허기와 탐식이 말해 주는 것_《사랑이 한 일》

《아버지의 해방일지》

정지아(1965-) 작가가 2022년에 발표한 장편소설이다. 아버지는 빨치산이었고 이후 오랫동안 국가기관의 감시를 받으며 살아야 했다. 그런 아버지로 인해 인생이 힘들어졌던 딸은 아버지에 대한 시선이 곱지만은 않다. 딸은 아버지의 장례식에 나타난 사람들을 통해 아버지가 어떤 삶을 살면서 신념과 인간성을 지켰는지, 자신이 아버지에게 어떤 존재였는지를 알아간다. 작가는 이 과정을 때때로 발랄하고 유쾌하게, 그러다 마침내 뭉클하게 펼쳐낸다.

빨치산 아버지의 초상
《아버지의 해방일지》

18

세상을 떠난 아버지를 추억하는 자식의 마음은 복잡할 수밖에 없다. 대외적으로 아무리 훌륭한 사람이었다 해도 집 안에서의 모습을 가까이서 오랫동안 지켜본 자식의 눈을 어찌 피할 수 있으리. 게다가 어린 시절 자식은 자신의 욕구와 필요, 한계 내에서 부모를 바라볼 수밖에 없고, 성장 과정에서 어느 정도 부모에 대한 기대가 꺾이고 환멸을 느끼기 마련이다. 그러다 장성하여 부모가 되거나 나름의 경험과 지식이 쌓이면서, 또는 미처 알지 못했던 부모의 뒷사정을 어느 정도 헤아릴 수 있게 되면서 부모에 대한 감정은 복합적인 양가감정으로 바뀌어 간다.

　물론 이건 부모자식 관계에 대해 일반적으로 할 수 있는 말이겠다. 하지만 아버지가 빨치산 출신이라면 상황이 복잡해진다. 여기가 어딘가. 극한의 이념 대립으로 나라가 갈리고, 전쟁까지 겪고, 이후 수십 년간 그 극심한 파장에 시달리며 지금도 거기서 자유롭지 못한 대한민국 아닌가. 그런 나라에서 빨치산으로 활동했다가 살아남았을 뿐 아니라 수십 년 동안 투철한 사회주의자로 끝까지 살아 낸 아버지라면 그의 인생에는 얼마나 많은 사연과 굴곡이 있겠는가. 그런 빨치산 아버지의 딸이라는 사실로 규정되어 사사건건 인생에서 발목이 잡혀 수십 년을 살아왔는데, 그 아버지가 갑자기 세상을 떠난다면 어떤 생각이 들까. 《아버지의 해방일지》는 이런 이야기를 참으로 경쾌하면서도 시니컬하게, 그리고 끝내 눈물 나게 풀어낸다.

아버지의 사회주의가 일관성을 잃고 비껴 가는 모습

인간은 모순투성이의 존재다. 선을 행하고 싶은 마음도 없지 않지만 대개 자신의 이익과 생존을 우선시한다. "나도 살려고 그랬다"는 영화 대사처럼 말이다. 선을 행할 능력과 의지 모두에서 한계가 있는 인간이 사회주의라는 신념에 (아니, 어떤 일관된 신념체계에라도) 충실하게 살아가려고 마음먹는다고 할 때, 필연적으로 사상과 실천의 일관성 면에서 한계를 드러낼 수

밖에 없고 그에 따라 모순적인 존재, 위선자로 비판을 받기 십상이다.

특히 소설의 앞부분에서 저자는 사회주의자 아버지의 그런 한계를 여러 방식으로 드러낸다. 자본주의에 맞서야 할 사회주의자가 깡촌으로 들어가서 농사를 짓는다. 가치창출의 유일한 근원인 '노동'에 도무지 정을 붙이지 못하고 소주의 힘에 기대어 최소한의 농사일을 근근이 한다. 딸의 박사학위 취득과 저서 출간에 기뻐하고 동네 사람들에게 자랑하는 아버지는 어떤가. 딸의 말대로, 사회주의자라면 논문과 책 나부랭이보다 노동자·농민의 역할을 더 자랑스러워하고, 딸에게도 그 길을 권해야 하는 것 아닌가?

하지만 깡촌으로 들어가 농사를 지은 것은 빨치산 출신이 취할 수 있는 유일한 생존의 길이었다. 소주의 힘에라도 기대어 노동에 충실하고자 했던 노력을 가상하게 여길 수도 있을 것이다. 번듯한 학위를 따고 고상한 책을 낸 자식의 성과를 자랑스러워하는 사회주의자의 모습을 굳이 그렇게 삐딱하게 바라볼 것이 무엇인가. 박사학위와 저서출간을 위해 아버지가 사회주의 정신에 위배되는 행동을 한 것도 아니고, 딸이 열심히 노력하여 이루어 낸 결과물을 기뻐하고 자랑스러워하는 것이 무어 그리 흉이 된단 말인가.

뭔가 원칙을 가지고 거기에 충실하려는 사람을 귀하게 여기고 그를 거울삼아 자신을 돌아보는 이도 있지만, 그런 사람

빨치산 아버지의 초상_《아버지의 해방일지》

의 원칙이 온전히 지켜지지 못하고 어그러질 것을 기대하며 그런 일이 벌어질 때 '너도 별수 없잖아' 하며 비웃는 이도 있다. 그렇게 신념을 가진 누군가의 부족함을 비웃는 것으로 마치 자신이 더 낫다고 여기거나, 그런 것에 '매이지 않은' 자신의 유연함, 자유로움에 안도하는 것은 쉬운 일이다. 하지만 그것은 참으로 가벼운 일이기도 하다. 처음에 딸이 아버지에게 보여 주는 반응이 그와 같다. 아무것도 안 하면 뭔가를 잘 못했다는 말을 들을 일이 없겠고, 신념이 없으면 신념의 일관성의 문제로 고민할 필요도 없을 것이다. 하지만 화자의 아버지는 그런 식으로 가볍게 웃어넘길 수 있는 수준의 사람이 아니었다는 것이 점점 드러난다.

아버지가 자신의 신념에 충실하게 살아가는 모습

화자의 아버지와 어머니는 모두 빨치산으로 목숨을 걸고 싸운 전사였다. 그리고 그들은 혁명을 위해 싸웠다. 모두가 사람대접받고 평등하게 살 수 있는 세상을 건설하기 위한, 민중을 위한 싸움이었다. 그런데 이것은 막연한 구호나 이념에 그치지 않았다.

초반에 좀 우스꽝스럽게 그려지긴 했지만, 차편이 끊겨서 막막해진 생판 모르는 방물장수를 방 두 칸짜리 집에 불쑥 데려온 장면에서 그것이 잘 드러난다. 집에 누일 자리가 없으니 밥이나 먹여서 보내자는 아내의 말에 아버지는 일갈한다. "지리산서 멋을 위해 목숨을 걸었능가? 민중을 위해서 아니었능가? 저이가 바로 자네가 목숨 걸고 지킬라 했던 민중이여, 민중!"• 그리고 놀랍게도, 어머니는 그 말에 곧장 꼬리를 내리고 없는 형편에 극진한 식사와 잠자리를 대접한다.

그런데 다음 날, 그 '민중'은 서까래에 매달아 놓은 마늘 반접을 가지고 사라진다. 화자 부모의 선의에 대한 통렬한 배신이라 할 만한데, 여기에 대한 아버지의 반응은 "오죽하면"이었다. 오죽하면 그랬을까. 그러니 더더욱 민중이 마늘 반접을 훔쳐 갈 필요가 없는 세상을 만들어야지 하고 다짐한다. 그런 일은 오히려 아버지의 사회주의적 신념을 더 강화시킬 따

• 정지아,《아버지의 해방일지》, 창비, 2022, 12쪽.

빨치산 아버지의 초상_《아버지의 해방일지》

름이었다. 그의 사회주의의 근저에 놓인 것이 바로 이 인간에 대한 사랑, 연민이지 싶다. 그는 어떤 경우에도 사람에게 실망하지 않는다. 믿어 주고, 자신의 것을 헐어서 사람들을 돕는다.

그가 꼭 성공을 확신해서 사회주의를 끝까지 붙든 것은 아니었다. 처음에는 그랬는지 모르지만, 상황이 진행되는 것을 보면서 누가 강한지를 파악할 정도의 현실감각은 있었다. 어쨌든 한 명의 동지라도 아쉬운 상황에서, 그가 목숨을 구해 준 누군가가 은혜를 갚겠다며 함께 싸우게 해 달라고 찾아왔을 때는 그를 쫓아낸다. 왜 그랬을까? 오랜 세월이 지난 후, 그는 질 싸움이라서 그랬다고 대답한다. 자기는 이미 발을 들여놓았지만 신념도 없는 애먼 사람 끌어들이고 싶지 않다고 했다. 은혜를 갚는 것도 신념 아니냐는 항변에 아버지는, 그건 "인간의 도리"라고 답한다. 여기서는 아버지가 신념(이념)과 인간의 도리를 구분하는 것이 흥미롭다. 아버지는 민중을 도구로 삼고 이용하는 사람이 아니었다. 그에게 민중은 목숨 걸고 지키고 싶은 삶의 목적이었다. 아버지에게는 오히려 사회주의가 민중이라는 목적을 위한 수단이었던 것 같다.

사회주의를 위해 목숨을 걸고 싸웠으나 현실에서는 이념에 경도되지 않는 아버지의 모습은 여러 군데서 드러난다. 감옥에서 사식을 혼자 먹겠다고 화장실에 숨겨 놓는 사회주의자보다 자신의 사식을 모두와 함께 나눠 먹는 여호와의 증인이 훨씬 낫더라는 아버지의 회고는 현실을 인정하는 정직함을 보여 준다. 아버지의 평생지기가 빨치산 토벌군으로 투입되었다가 결국 평생 교련 선생을 했고 〈조선일보〉 애독자라는 것도 범상치 않다. 사상으로 완전히 환원되지 않는 인간의 모습에 대한 인정이랄까.

평생 투철한 사회주의자였으나, 그것은 자기를 희생해 가며 인민을 위해 봉사하는 모습으로 구현될 뿐, 다른 신앙인들의 아름다운 행태를 부인하거나 자신의 교우관계를 이념적으로 제한하는 편협한 모습으로 나타나지 않았다. '사회주의자라는 점만 빼면' 동네 사람들의 무한한 신뢰를 얻은 사람, 진실하고 말이 천금 같다는 평가를 받은 사람이었다. 그런 순수한 마음은 어디에 기반한 것일까. 소설을 읽는 내내 계속해서 떠오른 질문이다. 어떻게 그는 사람을 '오죽하면'의 정신으로 한결같이 불쌍히 여기고 믿을 수 있었을까. 어떻게 그런 자신을 지킬 수 있었을까?

빨치산 아버지의 초상_《아버지의 해방일지》

무엇보다 나의 아버지

문상을 온 사람들의 증언이 점점 늘어 가면서, 생전에 아버지의 은혜를 입은 사람들의 사연도 하나둘씩 더해진다. 그 사연들을 여기서 구구절절 소개하지는 않겠다. 그러나 결국 이 책은 '사회주의자의 해방일지'가 아니라 '아버지의 해방일지'다. '딸에게 아버지가 어떤 존재였는지' 이야기하며 시작된 이야기는 결국 '아버지에게 딸은 어떤 존재였는지' 이야기하는 것으로 마무리된다. 그리고 그 사실 앞에서 딸은 기어이 눈물을 쏟고 만다.

여섯 살 때까지 누구보다 가까웠던 부녀지간. 수년간의 감옥살이로 소원해지고 끝내 회복되지 못한 두 사람의 관계. 소설 초반에서 딸은 이 소원해진 관계의 프리즘을 통해, 유년기에 자신을 방치한 존재로서 아버지를 냉랭하게 바라본다. 하지만 유년기에 자신이 아버지에게 어떤 존재였는지 기억을 떠올리며, 자신이 감옥에 있던 아버지를 그리워하며 서러움에 눈물지었던 것 이상으로 아버지는 감옥에서 딸을 사무치게 그리워했을 것을 비로소 깨닫게 된다.

딸을 향한 아버지의 사랑은, 아버지가 자주 찾던 하동댁 가게에서 하동댁 궁뎅이를 두들기다 딸아이가 "썽을 내자" 화들짝 놀라는 것으로 표현된다. 그때의 심정을 담아낸 아버지의 대사를, 아버지의 담배 친구인 소녀가 딸에게 이렇게 전해 준다. "아부지라는 거이 이런 건갑다, 산에 있을 적보담 더 무섭드래. 겡찰보담 군인보담 미군보담 더 무섭드래." 그리고 비로소 딸은 아버지를 따스하게 받아들이게 된다. "빨치산도 아닌, 빨갱이도 아닌, 나의 아버지"로.•

다른 신앙의 길에서 배운다

민중을 사랑하는 아버지의 자세는, 이웃을 사랑하기 위해 힘쓰는 참된 그리스도인의 모습과 많이 닮았다. 아버지가 이웃을 사랑하는 어느 여호와의 증인의 미덕을 깔끔하게 인정하고 존중하는 것처럼, 신자는 민중을 위해 한결같이 투신하는 화자 아버지의 모습에 부끄러움을 느끼게 된다.

그리고 사회주의자로서 화자의 아버지 고상욱 씨가 그 길에서 만나는 유혹, 시련도 신자가 신자답게 살고자 할 때 겪는 시련과 닮은꼴이다. 차라리 사회주의를 접하지 않았다면 이런 고생도 없었을 거라는 생각, 없었을까? 그는 젊은 날의 선택으로 인해 감당해야 하는 기나긴 세월 동안 어떻게 자신을 지켜 냈을까? 자신의 선의가 배신당할 때 겪는 배신감과 환멸의 유혹을 어떻게 이겨 냈을까? 순교와 배교라는 용어로 설명해도 무방할 먼저 간 동지들의 죽음, 본인의 장기투옥과 전향의 순간들은 또 어떤가.

여기엔 다른 언어와 논리로 펼쳐지기는 하지만 신앙인이

• 같은 책, 265쪽.

빨치산 아버지의 초상_《아버지의 해방일지》

고민할 만한 문제들이 상당수 들어 있다. 그것은 특정 신념의 문제라기보다는 믿는 존재, 신념의 존재로서의 인간이 그 신념을 공유하는 이들 사이에서, 또는 신념을 공유하지 않는 이들과 관계하여 살아가면서 피할 수 없는 문제인지도 모르겠다. 그래서 이 책《아버지의 해방일지》는 내게 그리스도인의 삶을 성찰하게 해 주는 면에서도 묵직하게 다가왔다. 독자인 나를 겸손하게 만든, 가슴 뭉클하게 한 책이다.

소설이 내게 말해 준 것들

함께 읽고 나누기 위한 질문

《아버지의 해방일지》

❶ 필자는 떠난 부모를 회상하는 자식의 '양가감정'을 이야기했습니다. 혹시 돌아가신 부모님을 떠올리면 어떤 생각이 드나요? 또는 부모님이 돌아가신 이후를 상상해 볼 때, 부모님에 대해 어떤 생각을 하게 될 것 같은가요?

❷ 어떤 신념이라도 내세우고 그에 충실하게 살아가려면 사상과 실천의 일관성 면에서 한계를 드러낼 수밖에 없습니다. 이것은 위선보다 차라리 노골적인 뻔뻔함을 좋게 보는 모습의 원인으로 작용하기도 합니다. 김교신 선생은 20세기 초에 이미 '위선조차 그립다'고 일갈한 바 있습니다. 위선이란 모종의 기준이나 수준을 인정할 때에만 나오는 것이니까요. 이런 문제의식에 대해 어떻게 생각하나요?

❸ 빨치산 출신의 아버지에게 '민중'은 '도구'가 아닌, 목숨 걸고 지키고 싶은 '목적'이었습니다. 기독교인이 자기 자신처럼 사랑해야 할 대상인 '이웃'과 비슷한 무게를 갖는 존재로 다가옵니다. 아버지의 '오죽하면'의 정신은 또 어떻습니까? 이런 마음은 어디서 나오는 것일까요? 이런 선의지의 근원은 늘 필

빨치산 아버지의 초상_《아버지의 해방일지》

자에게 신비롭게 다가옵니다. 당신의 생각을 말해 주세요.

❹ 모든 행동의 기반에 사회주의라는 이념이 자리 잡고 있었지만 이웃들에게 아버지는 "사회주의자라는 점만 빼면" 무한 신뢰를 얻는 사람이었습니다. C. S. 루이스가 무신론자 시절에 체스터턴의 글을 읽고 비슷한 소감을 밝힌 적이 있지요. '기독교인이라는 점만 빼면' 모든 면에서 괜찮은 작가라고. 하지만 체스터턴의 글과 그의 기독교 신앙을 분리하기는 어려울 것입니다. 이념이나 종교가 다른 누군가에게서 이런 느낌을 받은 적이 있나요? 어떤 모습에서 그런 느낌을 받았나요?

❺ 웹툰 〈미생〉에서 주인공 장그래가 자신이 어머니의 자부심임을 떠올리며 자신을 추스르듯, 부모는 자식을 통해 더 나은 사람이 되고 싶은 자극을 받곤 합니다. 이런 느낌, 각오를 해본 적이 있는지, 그것이 긍정적인 결과로 이어진 면이 있는지 말씀해 주십시오.

❻ 감옥에서 몰래 자기만 먹으려고 하던 사회주의자보다 사식을 나눠 먹는 여호와의 증인이 낫다는 아버지의 평가는 자신과 생각이 다른 사람들에게서도 배울 수 있는 자세를 보여줍니다. 이처럼 자신과 다른 이념이나 종교의 신봉자로부터 배움을 얻은 적이 있나요?

이제 끝났습니다. 수고했어요!

소설이 내게 말해 준 것들
문학, 공감하며 함께 읽기

홍종락 지음

2025년 9월 29일 초판 1쇄 발행

펴낸이 김도완
등록번호 제2021-000048호
　　　　　(2017년 2월 1일)
전화 02-929-1732
전자우편 viator@homoviator.co.kr

펴낸곳 비아토르
주소 서울시 종로구 삼일대로 428, 500-26호
　　　　(우편번호 03140)
팩스 02-928-4229

편집 이현주
제작 제이오

일러스트 홍은수, 홍종락
인쇄 민언프린텍

디자인 임현주
제본 다온바인텍

ISBN 979-11-94216-25-4　03230　　　**저작권자** ⓒ 홍종락, 2025